이 책을 함부로 펼치지 말 것!
그저 그런 단어장에 낭비했던 시간이 억울해 잠이 오지 않을 테니

WORD
MATE

워드메이트 **❶**

WORD MATE 워드메이트 1

초판1쇄 인쇄 2012년 11월 5일
초판1쇄 발행 2012년 11월 15일

지은이 권도원 | 그린이 정의정
펴낸이 연준혁
편집 임명진, 지연
제작 이재승

펴낸곳 (주)위즈덤하우스 | 출판등록 2000년 5월 23일 제13-1071호
주소 경기도 고양시 일산동구 장항동 846번지 센트럴프라자 6층
전화 031)936-4000 팩스 031)903-3891
홈페이지 www.wisdomhouse.co.kr
종이 월드페이퍼 | 인쇄·제본 현문인쇄

값 14,500원 **ISBN** 978-89-6086-567-9 [13740]
　　　　　　　 ISBN 978-89-6086-569-3(세트)

국립중앙도서관 출판시도서목록(CIP)

워드메이트 1 = Word Mate 1 : 단어와 친해지는 기적의 영어책 /
권도원 지음 ; 정의정 그림. — 고양 : 위즈덤하우스, 2012
　　p. ;　cm

권말부록: 어휘정복을 위한 핵심 어법 총정리
본문은 한국어, 영어가 혼합수록됨
ISBN 978-89-6086-567-9 [13740] : ₩14500
ISBN 978-89-6086-569-3(세트)

영어 단어[英語單語]
744-KDC5
428-DDC21　　　　　　　　 CIP2012004887

WORD MATE

단어와 친해지는 기적의 영어책

워드메이트 ①

권도원 지음 • 정의징 그림

단어 암기봉 MP3 무료 제공
www.wisdomhouse.co.kr

테마별 이미지 연상 암기로 고등 필수 영단어를 Quick하게 끝낸다!

위즈덤하우스

영단어 공부, 왜 이렇게 괴로울까요?

다른 언어와 마찬가지로 영어 역시 어휘력이 올라가면 영어실력이 향상되는 것은 자명한 사실입니다. 하지만 현실적으로 학생들 대부분 단어 암기에 어려움을 느끼고, 아무리 외워도 시간이 지나면 기억 속에서 사라져버리는 단어 때문에 단어 암기 자체에 흥미를 잃고 거부감을 갖게 되는 경우가 많았습니다. 강의 현장에서 수많은 학생들이 영단어 학습에 힘들어하는 모습을 곁에서 지켜보며 가르치는 사람으로서 저 역시 힘들고 마음이 아팠습니다.

언어로서의 영어가 아닌 시험을 위한 영어로 고생하는 학생들에게 영어를 배우는 즐거움을 느끼게 해주고 싶었습니다. 학생들이 영어를 좋아하게 하고 원하는 점수를 받을 수 있도록 영어를 가르치는 선생인 제가 뭔가 작은 보탬이 되고 싶었습니다.

영단어와 친구가 되는 책 《Word Mate 워드메이트》

그래서 이 책을 만들기로 했습니다. (조금 진부한 표현일지도 모르겠으나) 지금까지 나온 그 어떤 책보다 더 쉽고 빠르게 단어를 터득할 수 있는 책을 한번 만들어보기로 한 것입니다.

《Word Mate》는 제목 그대로 영단어와 친구가 되는 책입니다.

숨이 막히는 빽빽한 텍스트, 뜻과 예문의 반복적인 나열로 단어의 암기를 강요하는 책이 아니라 귀여운 캐릭터와 흥미로운 상황 설정의 일러스트를 통해 단어의 뜻과 쓰임을 자연스럽게 터득할 수 있도록 했습니다. 단순히 예문만 설명하는 삽화가 아니라 이미지를 통해 단어의 뜻과 쓰임을 연상시키는 일러스트들을 단어와 일대일로 대응했습니다.

이미지 연상과 더불어 단어 학습에 가장 효과적인 방법이 바로 테마별 연관어휘 학습입니다. 그래서 이 책에서는 수록 어휘들을 유사한 주제들끼리 한데 묶어 암기하게 함으로써 단어 학습의 효과를 극대화했습니다.

이 책에 수록된 어휘들은 모두 고등학교 전 교과서에서 평가원 시험 지문에 자주 출제되고 EBS 수능 연계 교재에 있는 어휘들을 엄선한 것입니다. 표제어와 함께 파생어, 유의어, 반의어를 정리하였고 어원(접두사, 어근, 접미사)도 함께 다루면서 수능 시험에 필요한 어휘들을 풍부하게 제공하고 있습니다. 뿐만 아니라, 단원이 끝날 때마다 4단계의 연습문제를 통해 배운 단어를 완벽하게 자신의 것으로 소화해낼 수 있도록 하였습니다.

이 책에 나온 어휘들만 제대로 익힌다면 여러분은 수능과 내신에 필요한 영어 어휘들을 확실하게 채울 수 있을 것입니다.

끝으로, 작은 소망과 감사의 말…

모쪼록 《Word Mate》가 영단어 학습에 지친 수험생들과 예비 수험생, N수생들에게 미력한 도움이 될 수 있다면, 이 책을 통해 독자들이 좀 더 즐겁고 알찬 영단어 학습을 할 수 있다면 저자로서 더 바랄 것이 없을 것 같습니다.

이 책이 이 세상에 나올 수 있게 해주신 하나님께 진심으로 감사 드리며, 끝까지 동고동락을 같이한 최고의 일러스트레이터 정의정 님과 이경희 목사님을 비롯하여 기도로 후원해주신 많은 분들과 사랑하는 나의 아내 유승옥, 그리고 아들 형욱이와 딸 승현이에게도 감사의 말을 전합니다.

끝으로 이 책의 가능성을 믿고 편집과 제작에 힘써 주신 출판사 위즈덤하우스 분들께도 깊은 감사를 전하고 싶습니다.

저자 권도원

How to Use 구성 및 활용법

이 책은 고등학교 전 교과서와 EBS, 수능, 평가원 모의고사의 최다 빈출 어휘들을 관련된 주제별로 분류하여 총 12개의 챕터로 정리했습니다. 챕터별로 나눠서 학습하거나 하루 몇 단어씩 목표를 정해서 꾸준히 학습해보세요.

미리보기
Check-up
본격적인 주제별 어휘 학습에 앞서 나의 어휘 실력을 점검하는 파트입니다. 아는 단어가 있으면 □에 ✔표시합니다. 해당 단원의 학습이 끝난 후 점검용으로 다시 활용해도 좋습니다.

기본학습
주제별 이미지 연상 암기법
단어의 뜻과 쓰임을 이해시키는 재미난 일러스트들을 표제어와 일대일로 대응했습니다. 학습이 끝난 뒤에는 (책날개에서 오린) 책갈피로 오른쪽 표제어 또는 우리말 뜻을 가리고 제대로 익혔는지 확인합니다.

표제어
일러스트

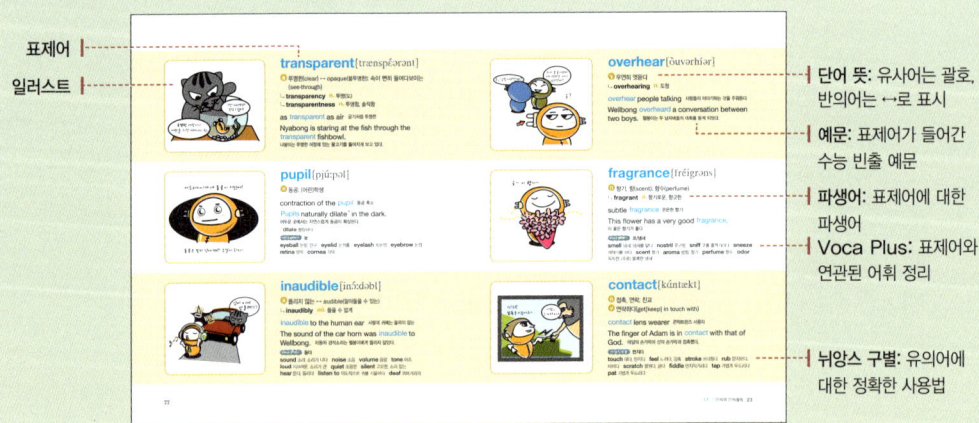

단어 뜻: 유사어는 괄호로, 반의어는 ↔로 표시

예문: 표제어가 들어간 수능 빈출 예문

파생어: 표제어에 대한 파생어

Voca Plus: 표제어와 연관된 어휘 정리

뉘앙스 구별: 유의어에 대한 정확한 사용법

품사기호 표시

n 명사 | **v** 동사 | **a** 형용사 | **ad** 부사 | **prep** 전치사 | **sb** somebody | **sth** something | **to V** to부정사 | **V-ing** 동명사

4-Step 완벽 복습 시스템

Step 1 영단어에 맞는 우리말 뜻 채워넣기 (주관식)
Step 2 밑줄 친 단어의 유의어 선택하기 (객관식)
Step 3 빈칸에 알맞은 단어 선택하기 (객관식)
Step 4 보기에서 빈칸에 알맞은 단어 골라 쓰기 (주관식)

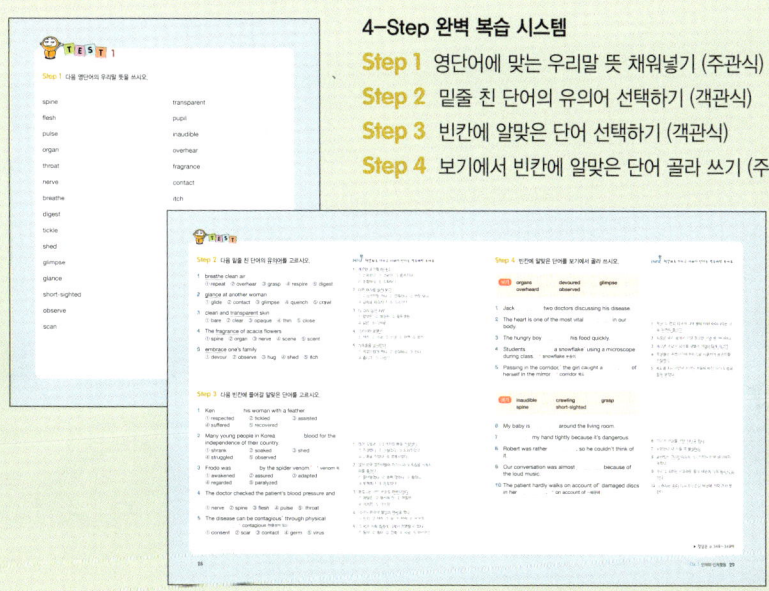

연습문제 정답

정답은 채점이 용이하도록 권말에 모아서 수록했습니다.
절취선을 따라 잘라서 활용하면 더욱 편리합니다.

부록

더욱 효과적인 어휘 학습을 위해 필요한 어법(워드메이트 1)과 어원(워드메이트 2)을 정리했습니다. 부담없이 한번 쭉 읽어보세요.

무료 MP3 파일 & 테스트

워드메이트 책에 수록된 모든 표제어와 파생어, 예문을 원어민의 음성으로 녹음했습니다. MP3파일은 위즈덤하우스 홈페이지(www.wisdomhouse.co.kr)의 MP3 자료실에서 무료로 다운로드 받으실 수 있습니다. 그리고 학원 선생님들을 위해 홈페이지에 단어 테스트 자료도 준비하였으니 수업에 활용해주세요.

Characters 등장인물 소개

주인공 Main Character

>> 프로필

이름: 웰봉이
탄생일: 6th, Sep, 2004
성격: 긍정적인 마인드와 칠전팔기의 도전정신으로 무장한 오뚝이.
가끔 어수룩해 보일 때도 있지만 넓은 아량과 노력으로 수험생들의 웰빙라이프를 위해 불철주야 힘쓰고 있다. 다양한 얼굴표정이 주특기! 플러그 모양의 귀는 언제든지 에너지 충전가능.

주변 인물 Supporting Character

냐봉이 (웰봉이의 애완
동물이자 고양이)

분홍이 (웰봉이의 여자
친구)

보라 (웰봉이를 짝사랑
하는 여인네)

웰봉이 아빠

웰봉이 엄마

봉여사 (보석을 사랑하
는 재벌 여인)

샤샤 (봉여사의 애완
고양이)

김비서 (봉여사의 오른팔)

파랑이 (웰봉이의 베스트
프렌드)

초록이 (웰봉이 라이벌)

담임선생님

샤이니봉 (당대 최고
아이돌)

한느끼 (느끼함으로 무장한
헬스 트레이너)

그 외 다수…

Table of Contents 차례

Ch.1

인체와 인체활동

Check-up 아는 단어에 ✔ 표시

☐ spine   ☐ transparent

☐ flesh   ☐ pupil

☐ pulse   ☐ inaudible

☐ organ   ☐ overhear

☐ throat   ☐ fragrance

☐ nerve   ☐ contact

☐ breathe   ☐ itch

☐ digest   ☐ grasp

☐ tickle   ☐ grab

☐ shed   ☐ embrace

☐ glimpse   ☐ crawl

☐ glance   ☐ bare

☐ short-sighted   ☐ quench

☐ observe   ☐ devour

☐ scan   ☐ swell

spine [spáin]

ⓝ 척추(vertebra), 등뼈(backbone); 가시(thorn)
 └ **spinal** **a.** 척추의

support the spine 척추를 지지하다

If Bora wants to protect her spine, she has to go on a diet. 척추를 보호하려면 보라는 다이어트를 해야 한다.

voca plus+ 뼈와 살

skeleton 해골, 골격 **skull** 두개골 **rib** 늑골, 갈빗대 **flesh** 살
muscle 근육 **joint** 관절

flesh [fléʃ]

ⓝ 살, 고기 ↔ bone(뼈); 피부(skin)
 └ **fleshy** **a.** 살집이 있는, 살찐

a bullet embedded in the flesh 살 속에 박힌 총알

Bora has a lot of flesh around her sides.
보라는 옆구리에 살이 많다.

pulse [pʌ́ls]

ⓝ 맥박(regular beat), 고동(throb)
ⓥ 맥박 치다, 고동치다

regular pulse 규칙적인 맥박

Butterman pretended to take her pulse to talk to her. 느끼남은 맥박을 재는 척하며 그 여자에게 말을 걸었다.

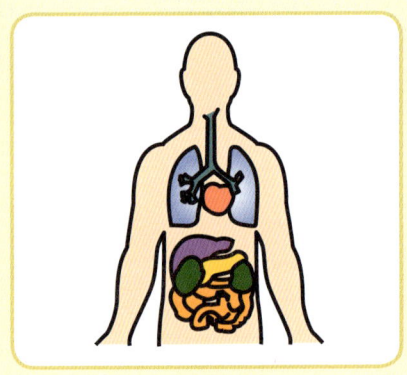

organ [ɔ́ːrgən]

🄝 장기, 기관; 오르간(악기)
↳ **organic** **a.** 장기의, 유기체의, 유기농의
↳ **organism** **n.** 유기체, 미생물

donate an organ 장기를 기증하다
transplant an organ 장기를 이식하다

There are various internal organs in our body.
우리 몸 안에는 다양한 내부 장기들이 있다.

voca plus+ 주요 장기
lung 폐 **heart** 심장 **stomach** 위(장) **kidney** 신장 **intestine** 장, 창자

throat [θróut]

🄝 목구멍
↳ **throaty** **a.** 목이 쉰 듯한

a sore throat 인후염

Wellbong opened his mouth wide so his
throat could be seen well.
웰봉이는 목구멍을 잘 보이게 하기 위해서 입을 크게 벌렸다.

voca plus+ 구강
oral 입의 **lip** 입술 **tongue** 혀 **molar** 어금니 **wisdom tooth**
사랑니 **gums** 잇몸 **saliva/spit** 침, 타액 **phlegm** 가래

nerve [nə́ːrv]

🄝 신경, 긴장; 대담성 🅥 용기를 내어 ~하다
↳ **nervous** **a.** 신경의, 불안해하는, 신경질적인

nerve cell 신경 세포
have the nerve to V ~할 수 있는 용기를 가지다

A neuron is the most basic cell which consists
of a nerve system.
뉴런은 신경계를 구성하는 가장 기초적인 세포이다.

breathe [bríːð]

ⓥ 호흡하다, 숨을 쉬다(respire)
    cf) inhale 숨을 들이쉬다 ↔ exhale(숨을 내쉬다)
  ↳ **breath** **n.** 호흡, 숨(respiration)
  ↳ **breathtaking** **a.** 숨이 막히는[멎는 듯한]
  ↳ **breathless** **a.** 숨이 차는(out of breath)

Wellbong is breathing the fresh air.
웰봉이는 신선한 공기를 마시고 있다.

voca plus+ 호흡

gasp 숨이 막히다 **pant** 숨을 헐떡거리다 **choke** 질식하다 **suffocate** 질식사하다 **stifle** 숨 막히다 **strangle** 목 졸라 죽이다

digest [didʒést]

ⓥ 음식을 소화시키다; 내용을 이해하다; 요약하다(summarize)
ⓝ [daídʒest] 요약, 개요(summary)
  ↳ **digestion** **n.** 소화(력) ↔ indigestion(소화불량)
             cf) metabolism 신진대사
  ↳ **digestive** **a.** 소화의

food easy to digest 소화가 잘 되는 음식

Wellbong can digest almost all kinds of food.
웰봉이는 거의 모든 종류의 음식을 소화시킬 수 있다.

tickle [tíkl]

ⓥ 간지럼을 태우다, 간질이다

tickle one's feet 남의 발을 간질이다

Wellbong used to chase Nyabong and tickle him. 웰봉이는 냐봉이를 쫓아서 간지럼을 태우기도 했다.

voca plus+ 생리현상

sweat 땀을 흘리다 **perspire** 호흡하다 **hiccup** 딸꾹질하다 **burp** 트림하다

shed [ʃéd]

ⓥ 눈물을 흘리다(weep); (빛 등을) 발산하다(emit);
(옷, 가죽 등을) 벗다 **ⓝ** 작은 헛간(barn)

shed sweat 땀을 흘리다

Wellbong shed tears when he heard the sad
news. 웰봉이는 슬픈 소식에 눈물을 흘렸다.

뉘앙스 구별 울다
cry 울다(가장 일반적) weep 몹시 슬퍼하며 울다 sob 흐느껴 울다
wail 울부짖다

glimpse [glímps]

ⓥ 잠깐 보다, 언뜻 보다 **ⓝ** 잠깐 봄, 언뜻 봄

catch a glimpse 언뜻 보다

Wellbong glimpsed something through the
window. 웰봉이는 창문을 통해 무언가를 언뜻 보았다.

뉘앙스 구별 보다
look 보다(가장 일반적) stare 한참을 응시하다 gaze 화난 눈빛으로 노려
보다 glare 뚫어지게 응시하다 peer 주의 깊게 응시하다 peep 은밀히
들여다보다 peek 살짝 들여다보다 watch 지켜보다 witness 목격하다
behold (예스러운 말) 보다 monitor 감시하다

glance [glǽns]

ⓥ 힐끗 보다(at) **ⓝ** 힐끗 봄(glimpse)

a side glance 곁눈질
at first glance 첫눈에

Wellbong glanced up quickly to see the
woman passing by.
웰봉이는 고개를 휙 들어 지나가는 여자를 힐끗 보았다.

short-sighted [ʃɔ́ːrtsáitid]

ⓐ 근시안의, 선견지명이 없는(near-sighted)

A frog in the well is short-sighted.*
우물 안 개구리는 시야가 좁다.

* be short-sighted 시야가 좁다

voca plus+ 시력
near-sighted 근시의 **far-sighted** 원시의(long-sighted)
color-blind 색맹의 **blind** 눈이 먼 **eyesight** 시력

observe [əbzə́ːrv]

ⓥ 관찰하다, 관측하다; 준수하다; 알아차리다(notice); 의견을 말하다(comment); 축하하다(celebrate)
└ **observational a.** 관찰의
└ **observatory n.** 관측소, 기상대
└ **observance n.** (규칙, 법률 등의) 준수, 기념
└ **observation n.** 관찰, 관측, 감시, 주시

Wellbong is observing some minerals with a magnifying glass. 웰봉이는 돋보기로 광물들을 관찰하고 있다.

scan [skǽn]

ⓥ (대충) 훑어보다; 유심히 살피다, (초음파 등을 이용하여) 정밀 촬영[검사]하다; (스캐너로) 스캔하다
└ **scanner n.** 판독[기록]장치, 스캐너

scan a morning paper 조간(朝刊)을 대충 훑어보다
Bora told Wellbong to scan the reference book. 보라는 웰봉이에게 그 참고서를 대충 훑어보라고만 말했다.

transparent [trænspέərənt]

ⓐ 투명한(clear) ↔ opaque(불투명한); 속이 뻔히 들여다보이는 (see-through)
∟ **transparency** **n.** 투명(도)
∟ **transparentness** **n.** 투명함, 솔직함

as transparent as air 공기처럼 투명한

Nyabong is staring at the fish through the transparent fishbowl.
냐봉이는 투명한 어항에 있는 물고기를 뚫어지게 보고 있다.

pupil [pjú:pəl]

ⓝ 동공; (어린)학생

contraction of the pupil 동공 축소

Pupils naturally dilate* in the dark.
어두운 곳에서는 자연스럽게 동공이 확장된다.
* dilate 팽창하다

voca plus+ 눈
eyeball 눈알, 안구 eyelid 눈꺼풀 eyelash 속눈썹 eyebrow 눈썹
retina 망막 cornea 각막

inaudible [inɔ́:dəbl]

ⓐ 들리지 않는 ↔ audible(알아들을 수 있는)
∟ **inaudibly** **ad.** 들을 수 없게

inaudible to the human ear 사람의 귀에는 들리지 않는

The sound of the car horn was inaudible to Wellbong. 자동차 경적소리는 웰봉이에게 들리지 않았다.

voca plus+ 듣다
sound 소리; 소리가 나다 noise 소음 volume 음량 tone 어조
loud 시끄러운, 소리가 큰 quiet 조용한 silent 고요한, 소리 없는
hear 듣다, 들리다 listen to 의도적으로 귀를 기울이다 deaf 귀머거리의

overhear [òuvərhíər]

ⓥ 우연히 엿듣다
└ **overhearing** **n.** 도청

overhear people talking 사람들이 이야기하는 것을 주워듣다
Wellbong **overheard** a conversation between two boys. 웰봉이는 두 남자애들의 대화를 듣게 되었다.

fragrance [fréigrəns]

ⓝ 향기, 향(scent); 향수(perfume)
└ **fragrant** **a.** 향기로운, 향긋한

subtle **fragrance** 은은한 향기
This flower has a very good **fragrance**.
이 꽃은 향기가 좋다

voca plus+ 코/냄새
smell 냄새; 냄새를 맡다 **nostril** 콧구멍 **sniff** 코를 훌쩍거리다 **sneeze** 재채기를 하다 **scent** 향기 **aroma** 방향, 향기 **perfume** 향수 **odor** 독특한; (주로) 불쾌한 냄새

contact [kántækt]

ⓝ 접촉, 연락; 친교
ⓥ 연락하다(get[keep] in touch with)

contact lens wearer 콘택트렌즈 사용자
The finger of Adam is in **contact** with that of God. 아담의 손가락이 신의 손가락과 접촉했다.

뉘앙스 구별 만지다
touch 내다, 만지다 **feel** 느끼다, 감촉 **stroke** 쓰다듬다 **rub** 문지르다, 비비다 **scratch** 할퀴다; 긁다 **fiddle** 만지작거리다 **tap** 가볍게 두드리다 **pat** 가볍게 두드리다

itch [ítʃ]

ⓥ 가렵다; ~하고 싶어 근질거리다

└ **itchy** **a.** 가려운, ~하고 싶어 못 견디는(itching)

scratch the itch 가려운 데를 긁다

Nyabong itched all over his body because he didn't wash. 냐봉이는 씻지 않아서 온 몸이 가려웠다.

grasp [grǽsp]

ⓥ 꽉 잡다, 움켜잡다(catch hold of); 완전히 이해하다 (understand)

└ **grasping** **a.** 움켜잡는, 욕심 많은

Bora desperately grasped Shiny Bong's robe to get his autograph.
보라는 샤이니 봉의 사인을 받으려고 그의 옷자락을 필사적으로 움켜잡았다.

뉘앙스 구별 잡다

hold 붙잡다 **grip** 움켜쥐다 **grab** 움켜잡다 **snatch** 낚아채다
seize 붙잡다 **catch** 붙잡다 **cling** 매달리다, 들러붙다

grab [grǽb]

ⓥ 붙잡다, 움켜잡다

└ **grabby** **a.** 꽉 잡은, 욕심 많은

grab the chances 기회를 잡다

Nyabong grabbed the strap of the bus with two hands. 냐봉이는 두 손으로 버스 손잡이를 움켜잡았다.

embrace [imbréis]

v 포옹하다, 껴안다(hug)
  └ **embracement** **n.** 포옹, 받아들임

embrace a child tenderly 아이를 부드럽게 껴안다
Nyabong and Wellbong embraced each other with delight. 냐봉이와 웰봉이는 기뻐서 서로 껴안았다.

뉘앙스 구별 안다
cuddle 따뜻하게 품에 안다 **snuggle** 아늑하게 안다

crawl [krɔ́:l]

v 기어가다, 기다

crawl on hands and knees 네 발로 기어 다니다
Our baby is just starting to crawl.
우리 아기는 막 기기 시작했다.

뉘앙스 구별 기다
sneak 살금살금 가다 **tiptoe** 발가락 끝으로 살금살금 걷다
creep 벌레 등이 기다

bare [bέər]

a 발가벗은(naked, stripped, nude)
  └ **barefoot** **a.** 맨발의 **ad.** 맨발로
  └ **barely** **ad.** 간신히, 가까스로

bare feet 맨발
bare hands 맨손
Wellbong became shy of his bare body after a shower. 웰봉이는 샤워 후 드러난 맨 몸을 부끄러워했다.

quench [kwéntʃ]

v (갈증 등을)해소시키다; (불 등을)끄다(extinguish)
↳ **quencher** **n.** 갈증을 풀어 주는 것

quench one's thirst 갈증을 풀다

Wellbong, a passerby, quenched his thirst
with a bowl of cold water served by a maiden.
행인 웰봉이는 한 아가씨가 준 냉수 한 사발로 갈증을 해소했다.

뉘앙스 구별 마시다
drink 마시다(가장 일반적) **have a long drink** 쭉 들이키다
sip 홀짝[찔끔] 마시다

devour [diváuər]

v 게걸스럽게 먹다, 먹어치우다(eat up)
↳ **devouring** **a.** 게걸스럽게 먹는

devour in an instant 순식간에 먹어 치우다

Nyabong devoured the food after not eating
for three days. 냐봉이는 3일을 굶어서 음식을 게걸스럽게 먹었다.

뉘앙스 구별 먹다
eat 먹다(가장 일반적) **have** 입으로 음식을 넣는 행위 **feed** 먹이다
chew 씹다 **bite** 물어뜯다 **nibble** 조금씩 뜯어먹다 **swallow** 삼키다
gulp down 꿀꺽꿀꺽 먹다 **suck** 빨다 **overeat** 과식하다

swell [swél]

동사변화 swell–swelled–swelled/swollen
v 부풀다, 팽창하다(inflate)
↳ **swollen** **a.** 부푼, 부어오른

ankle **swells** up soon 발목이 곧 부어오르다

Wellbong's eye was beginning to **swell** up
where the bee had stung him.
벌이 쏜 웰봉이의 눈이 붓기 시작했다.

Step 1 다음 영단어의 우리말 뜻을 쓰시오.

spine	transparent
flesh	pupil
pulse	inaudible
organ	overhear
throat	fragrance
nerve	contact
breathe	itch
digest	grasp
tickle	grab
shed	embrace
glimpse	crawl
glance	bare
short-sighted	quench
observe	devour
scan	swell

Step 2 다음 밑줄 친 단어의 유의어를 고르시오.

1 <u>breathe</u> clean air
① repeat ② overhear ③ grasp ④ respire ⑤ digest

2 <u>glance</u> at another woman
① glide ② contact ③ glimpse ④ quench ⑤ crawl

3 clean and <u>transparent</u> skin
① bare ② clear ③ opaque ④ thin ⑤ close

4 The <u>fragrance</u> of acacia flowers
① spine ② organ ③ nerve ④ scene ⑤ scent

5 <u>embrace</u> one's family
① devour ② observe ③ hug ④ shed ⑤ itch

Hint 책갈피로 가리고 이해가 안가는 경우에만 보세요.

1 깨끗한 공기를 <u>마시다</u>
① 반복하다 ② 엿듣다 ③ 움켜쥐다
④ 호흡하다 ⑤ 소화하다

2 다른 여자를 슬쩍 <u>보다</u>
① 미끄러지듯 가다 ② 접촉하다 ③ 언뜻 보다
④ 갈증을 해소하다 ⑤ 기어가다

3 티 없이 <u>맑은</u> 피부
① 헐벗은 ② 깨끗한 ③ 불투명한
④ 얇은 ⑤ 가까운

4 아카시아 <u>꽃향기</u>
① 척추 ② 기관 ③ 신경 ④ 장면 ⑤ 향기

5 가족들을 <u>얼싸안다</u>
① 게걸스럽게 먹다 ② 관찰하다 ③ 안다
④ 흘리다 ⑤ 가렵다

Step 3 다음 빈칸에 들어갈 알맞은 단어를 고르시오.

1 Ken .... his woman with a feather.
① respected ② tickled ③ assisted
④ suffered ⑤ recovered

2 Many young people in Korea .... blood for the independence of their country.
① shrank ② soaked ③ shed
④ struggled ⑤ observed

3 Frodo was .... by the spider venom.*   * venom 독
① awakened ② assured ③ adapted
④ regarded ⑤ paralyzed

4 The doctor checked the patient's blood pressure and ....
① nerve ② spine ③ flesh ④ pulse ⑤ throat

5 The disease can be contagious* through physical ....   * contagious 전염성이 있는
① consent ② scar ③ contact ④ germ ⑤ virus

1 켄은 깃털로 그의 여자의 빰을 <u>간질였다</u>.
① 존경했다 ② 간질였다 ③ 도와주었다
④ 고통을 주었다 ⑤ 회복시켰다

2 많은 한국 젊은이들이 자기 나라의 독립을 위해서 피를 <u>흘렸다</u>.
① 줄어들었다 ② 흠뻑 젖었다 ③ 흘렸다
④ 투쟁했다 ⑤ 관찰했다

3 프로도는 거미 독으로 <u>마비되었다</u>.
① 깨달은 ② 확신에 찬 ③ 적응된
④ 여겨진 ⑤ 마비된

4 의사는 환자의 혈압과 <u>맥박</u>을 쟀다.
① 신경 ② 척추 ③ 살 ④ 맥박 ⑤ 목구멍

5 그 병은 신체 <u>접촉</u>에 의해서 전염될 수 있다.
① 동의 ② 흉터 ③ 접촉 ④ 세균 ⑤ 바이러스

Step 4 빈칸에 알맞은 단어를 보기에서 골라 쓰시오.

Hint 책갈피로 가리고 이해가 안가는 경우에만 보세요.

> **보기** organs devoured glimpse
> overheard observed

1 Jack .... two doctors discussing his disease.

2 The heart is one of the most vital .... in our body.

3 The hungry boy .... his food quickly.

4 Students .... a snowflake* using a microscope during class.   * snowflake 눈송이

5 Passing in the corridor,* the girl caught a .... of herself in the mirror.   * corridor 복도

1 잭은 두 명의 의사가 그의 병에 대해 이야기하는 것을 우연히 들었다.

2 심장은 우리 몸에서 가장 중요한 기관 중 하나이다.

3 배고픈 소년은 음식을 재빨리 게걸스럽게 먹었다.

4 학생들은 수업시간에 현미경을 사용하여 눈송이를 관찰했다.

5 복도를 지나가면서 소녀는 거울에 비친 자기 모습을 힐끗 보았다.

> **보기** inaudible crawling grasp
> spine short-sighted

6 My baby is .... around the living room.

7 .... my hand tightly because it's dangerous.

8 Robert was rather ...., so he couldn't think of it.

9 Our conversation was almost .... because of the loud music.

10 The patient hardly walks on account of* damaged discs in her ....   * on account of ~때문에

6 아기가 거실을 기어 다니고 있다.

7 위험하니 내 손을 꼭 붙잡아요.

8 로버트는 근시안이어서 거기까지는 미처 생각하지 못했다.

9 우리의 대화는 시끄러운 음악 때문에 거의 들리지 않았다.

10 그 환자는 허리 디스크의 손상 때문에 거의 걷지 못한다.

▶ 정답은 p.348~349에

Your attitude today determines your success tomorrow.

Keith Harrell

오늘 당신의 태도가 내일 당신의 성공을 결정한다.

– 케이스 헤럴, 미국의 동기부여 연설가

Ch.2

건강과 의학

Check-up 아는 단어에 ✔ 표시

- ☐ obese
- ☐ sturdy
- ☐ lift
- ☐ invigorate
- ☐ lively
- ☐ stout
- ☐ immune
- ☐ sensitive
- ☐ suffer
- ☐ impair
- ☐ refuse
- ☐ cause
- ☐ soothe
- ☐ recover
- ☐ plague
- ☐ scar
- ☐ germ
- ☐ disabled
- ☐ fatigue
- ☐ sting
- ☐ symptom

- ☐ infected
- ☐ prescription
- ☐ diagnose
- ☐ injection
- ☐ psychiatrist
- ☐ medical
- ☐ surgery
- ☐ pesticide
- ☐ tablet
- ☐ hardy
- ☐ prevent
- ☐ fatal
- ☐ paralyze
- ☐ dependent
- ☐ aspire
- ☐ side effect
- ☐ addict
- ☐ procedure
- ☐ examine
- ☐ misuse
- ☐ entail

obese [oubíːs]

ⓐ 과체중의, 비만의(overweight, fat)
↔ slim, slender(날씬한, 마른)
┗ **obesity** **n.** 비만

become more obese   더 뚱뚱해지다

Wellbong found himself obese after weighing himself.   웰봉이는 체중을 재보더니 자신이 비만이라는 것을 알았다.

sturdy [stə́ːrdi]

ⓐ (몸이) 억센, 튼튼한; 힘센(strong, robust)
┗ **sturdiness** **n.** 억셈, 기운찬 모습

sturdy legs   튼튼한 다리

Bora is very sturdy even though she is a girl.
보라는 여자지만 매우 힘이 세다.

(voca plus+) '튼튼한, 강한'이 유외어
strong   powerful   robust

lift [líft]

ⓥ (힘들여) 들어 올리다   ⓝ 엘리베이터
┗ **liftable** **a.** 들어 올릴 수 있는

lift one's head up   고개를 쳐들다

Wellbong lifted the weight to win a gold medal.   웰봉이는 금메달을 따기 위해 역기를 들었다.

(뉘앙스 구별) 들어 올리다
raise 힘들이지 않고 들어 올리다   pick up 가벼운 물건을 집어 올리다
elevate 들어 올리다   hoist 특수 장비를 써서 끌어 올리다

invigorate [invígərèit]

v 기운 나게 하다, 활기를 북돋우다(vitalize)
↳ **vigor** n. 활력, 기력, 정력(vitality)
↳ **vigorous** a. 원기 왕성한(energetic, powerful)

invigorate the economy 경제를 활성화하다

Popeye feels **invigorated** after having spinach.
뽀빠이는 시금치를 먹으면 기운이 난다.

voca plus+ '기운 나게 하다'의 유의어
vitalize refresh recuperate

lively [láivli]

a 활기[생기] 넘치는, 생생한(vivid)
↳ **liveliness** n. 활기, 생기

a **lively** discussion 활발한 토론

The fish that Wellbong just caught looks really
lively. 웰봉이가 방금 잡은 고기는 정말 생기 넘쳐 보인다.

voca plus+ '활기 넘치는'의 유의어
animated, vivacious, active

stout [stáut]

a 통통한, 뚱뚱한(fat); 튼튼한(sturdy); 용감한(brave)
↳ **stoutness** n. 뚱뚱함, 튼튼함
↳ **stouten** v. 튼튼하게 하다[되다]

stout arms 굵은 팔뚝

Bora and Nyabong became **stout** due to
eating too well. 보라와 냐봉이는 잘 먹어서 살이 통통하게 쪘다.

immune [imjúːn]

a 면역성이 있는(to)
↳ **immunity** **n.** 면역력, 면제
↳ **immunize** **v.** 면역력을 갖게 하다

immune system   면역 체계

Wellbong became **immune to** his mom's nagging.   웰봉이는 엄마의 잔소리에 면역이 생겼다.

sensitive [sénsətiv]

a 민감한(to), 예민한(susceptible) ↔ insensitive(둔감한)
↳ **sensitivity** **n.** 감수성, 민감성
↳ **sensitiveness** **n.** 민감함, 예민함

Wellbong is so **sensitive to** the unwashed fur of Nyabong.   웰봉이는 나봉이의 더러운 털에 매우 민감하다.

voca plus+ 철자와 의미에 주의
sensible 현명한, 분별 있는   **sensual** 육체의, 관능적인
sensuous 감각적인, 미적인   **sensational** 선풍적인, 돌풍을 일으키는

suffer [sʌ́fər]

v 시달리다, 고통 받다(from); (아픔을) 겪다
↳ **suffering** **n.** 고통(pain), 괴로움

suffer injuries   부상 당하다

Wellbong **suffered** severely **from** the cactus thorns.   웰봉이는 선인장 가시로 매우 고통스러워했다.

뉘앙스 구별 고통
pain 고통, 통증(가장 일반적)   **agony** 육체적·정신적 고통   **anguish** 고통, 고뇌   **torment** 고통, 고뇌   **distress** 정신적 고통, 괴로움

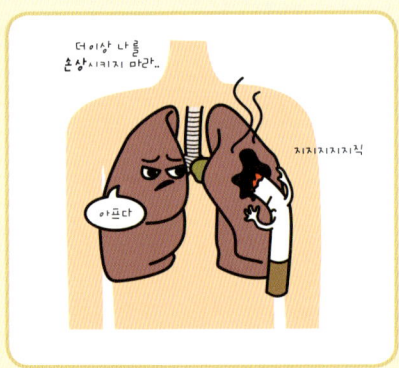

impair [impέər]

v 손상시키다, 악화시키다
└ **impairment** **n.** 손상, 악화

impair credit 신용을 손상하다.

Smoking can seriously impair a smoker's lungs. 흡연은 흡연자의 폐를 심하게 손상시킬 수 있다.

voca plus+ '악화시키다' 유의어
worsen deteriorate aggravate

refuse [rifjúːz]

v 거부하다, 거절하다 ↔ allow(허락하다)
n [réfjuːs] 쓰레기
└ **refusal** **n.** 거절, 거부

refuse a request 요청을 거절하다

Wellbong flatly refused to drink and smoke.
웰봉이는 단호히 술과 담배를 거절했다.

voca plus+ '거부, 거절'의 유의어
reject deny turn down decline

cause [kɔ́ːz]

v ~을 야기하다
n 원인, 이유, 대의명분

cause-and-effect 인과 관계
cause a dispute 논쟁을 불러일으키다

Smoking causes fatal lung cancer.
흡연은 치명적인 폐암을 초래한다.

수능 빈출표현
cause A to V A가 ~하도록 야기시키다

soothe [súːð]

ⓥ 달래다, 위로하다; 누그러뜨리다, 완화시키다(relieve, alleviate)
↳ **soothing** **a.** 달래는, 진정시키는

soothe a crying child 우는 아이를 달래다

Wellbong's mom is soothing herself with an ice pack. 웰봉이 엄마는 아이스 팩으로 자신을 진정시키고 있다.

`voca plus+` '위로하다'의 유의어
comfort solace console appease

recover [rikʌ́vər]

ⓥ 회복되다(from)
↳ **recovery** **n.** 회복(recuperation) *recovery* room 회복실

recover data 데이터를 복구하다

Wellbong is recovering from his operation.
웰봉이는 수술 후 회복하고 있는 중이다.

`voca plus+` '회복하다'의 유의어
recuperate get over get better

plague [pléig]

ⓝ 전염병, 유행병(epidemic, pandemic)
ⓥ 괴롭히다(annoy)

plague-stricken 역병이 유행하는
a plague on the town 마을에 역병이 내리다

Wellbong is going to be isolated because of the plague. 웰봉이는 전염병 때문에 격리될 예정이다.

scar [skáːr]

동사변화 scar–scarred–scarred
v 상처[흉터]를 남기다
n 상처, 흉터, 자국

a scar on her cheek   그녀의 뺨에 난 흉터

Nyabong got scars on both sides of his face.
냐봉이는 양쪽 얼굴에 상처가 생겼다.

germ [dʒə́ːrm]

n 세균; 미생물

germ-free world   세균이 없는 세상

Germ-man could cause the spread of disease.   세균맨은 질병을 퍼뜨릴 수 있다.

voca plus+
virus 바이러스 세균   **bacteria** 박테리아 *cf)* 단수형 bacterium

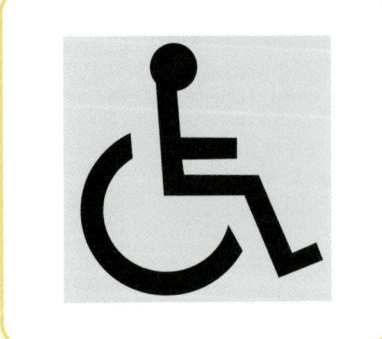

disabled [diséibld]

a 장애를 가진(handicapped), 불구의(lame, crippled)
↳ **disable** v. 불구로 만들다
↳ **disability** n. 신체장애

the disabled   신체장애자들(the handicapped)

We must not discriminate against the disabled.   우리는 장애인들을 차별해서는 안 된다.

fatigue [fətíːg]

🄝 피로, 피곤(weariness, exhaustion) ↔ vigor(활력)
🅥 지치게 하다(exhaust)
↳ **fatigued** **a.** 심신이 지친, 피로한(tired, weary)
　　　　↔ energetic, vigorous(활기찬)

fatigue recovery 피로회복
chronic fatigue 만성피로

Bak-Cha-Go helps to overcome physical
fatigue. 박차고는 육체의 피로 회복에 도움을 준다.

sting [stíŋ]

동사변화 sting–stung–stung
🅥 쏘다, 찌르다(prick)
🄝 찌르기, 쏘기; 심한 고통; 침, 가시

an insect sting 곤충의 한번 쏘기

You need to be careful not to be stung by a
bee. 벌에 쏘이지 않도록 소심할 필요가 있다.

symptom [símptəm]

🄝 증상, 징후(syndrome)
↳ **symptomatic** **a.** ~의 증상을 나타내는(of)

a mysterious symptom 이상한 징후

Wellbong is telling the doctor about his recent
symptoms. 웰봉이는 의사에게 최근 증상에 대해 말하고 있다.

voca plus+ 증상
fever 열 **cough** 기침 **headache** 두통 **stomachache** 복
통 **spasm** 경련 **vomit** 구토 **diarrhea** 설사 **nausea** 구역질
vertigo 현기증 **rash** 발진

infected [inféktid]

ⓐ 전염된(with), 오염된
↳ **infect** **v.** 전염시키다, 오염시키다(contaminate)
↳ **infection** **n.** 전염, 오염
↳ **infectious** **a.** 전염되는 *cf)* contagious 접촉해서 전염되는

be infected by parasites 기생충에 감염되다

Poor Wellbong was infected with pig cholera.
가엾은 웰봉이는 돼지콜레라에 전염되었다.

prescription [priskrípʃən]

ⓝ 처방전; 규정, 법규
↳ **prescribe** **v.** 처방을 내리다; 규정하다
↳ **non-prescription** **a.** 처방전 없이 살 수 있는

prescription counter 조제대

The doctor wrote Nyabong a prescription for his cold. 의사는 냐봉이에게 감기약 처방을 해 주었다.

diagnose [dáiəgnòus]

ⓥ 진단하다
↳ **diagnosis** **n.** 진단 *pl)* diagnoses
↳ **diagnostic** **a.** 진단의

Recently Wellbong has been diagnosed with enteritis. 웰봉이는 최근에 장염 진단을 받았다.

voca plus+ 주요 병명

enteritis 장염 influenza, flu 독감, 유행성감기 allergy 알레르기
asthma 천식 cancer 암 diabetes 당뇨병 heart disease
심장병 insomnia 불면증 leukemia 백혈병 measles 홍역
migraine 편두통 stroke 뇌졸중

injection [indʒékʃən]

n 주사(shot), 주입
↳ **inject** **v.** 주사하다, 주입하다(into)
↳ **injector** **n.** 주사기, 주사 놓는 사람

Wellbong was treated with a cold injection.
웰봉이는 감기주사를 한 대 맞았다.

voca plus+ 진찰/치료

check-up 건강 검진 **treat** 치료하다 **cure** 병을 고치다 **heal** 낫게 하다
remedy 치료법[약] **therapy** 치료, 요법 **stethoscope** 청진기
anesthesia 마취 **transfusion** 수혈 **bandage** 붕대
transplant 이식하다 **implant** 인공장기를 이식하다 **first aid** 응급치료

psychiatrist [sikáiətrist]

n 정신과 의사
↳ **psychiatry** **n.** 정신의학

Wellbong was interviewed by a psychiatrist owing to a certain disorder.
웰봉이는 어떤 장애로 인해 정신과 의사와 상담을 했다.

voca plus+ 의사/환자

physician 내과의사 **surgeon** 외과의사 **therapist** 치료사 **intern** 인턴(수련의) **paramedic** 의료진(보조원) **patient** 환자 **outpatient** 외래환자 **invalid** 거동이 불편한 병약자

medical [médikəl]

a 의학의, 의료의
↳ **medication** **n.** 약, 약물
↳ **medicine** **n.** 의학, 의술, 의료(remedy); (특히 액체로 된) 약, 약물

medical care 의료
medical school 의과 대학, 의학부

Modern medical technology has given Koreans longer life expectancies.
현대 의학기술의 발달로 한국인의 평균수명이 늘어났다.

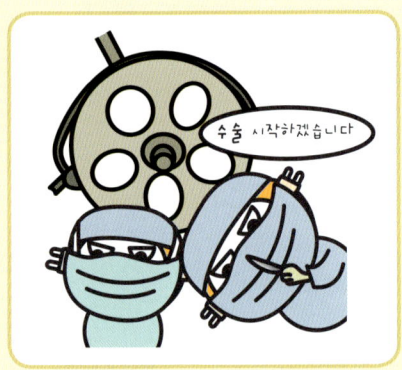

surgery [sə́ːrdʒəri]

n 수술(operation)
  ↳ **surgical a.** 수술의
  ↳ **surgeon n.** 외과 전문의

perform surgery   외과 수술을 하다

The surgeons began the surgery.
외과 전문의들이 수술을 시작했다.

pesticide [péstisàid]

n 농약, 살충(insecticide)
  cf) 제초제는 herbicide, weedkiller

spray agricultural pesticide   농약을 치다

Nyabong is spraying some pesticide to remove fleas.   냐봉이는 벼룩을 제거하기 위해 살충제를 뿌리고 있다.

tablet [tǽblit]

n 정제(둥글넓적한 모양의 약제)(pill); 명판

vitamin tablets   비타민제

Wellbong doesn't like to take tablets.
웰봉이는 알약 먹기를 좋아하지 않는다.

voca plus+   의약

drug 일반적인 약 **medicine** (내복)약 **medication** 약, 약물, 약품 **ointment** 연고 **painkiller** 진통제 **antiseptic** 소독제 **antibiotic** 항생제 **antidote** 해독제 **prescription** 처방전 **drug store** 약국 **pharmacy** 약국 **over-the-counter** 처방전 필요 없는

hardy [háːrdi]

a (척박한 환경에도) 강인한(strong)
↳ **hardiness**　**n.** 강인, 억셈

hardy people　굳건한 민족

A cactus is **hardy** enough to survive in the desert.　선인장은 아주 강인해서 사막에서도 살아남을 수 있다.

prevent [privént]

v 예방하다(ward off); 방해하다(disturb, interfere)
↳ **prevention**　**n.** 예방; 방해(disturbance)
↳ **preventive**　**a.** 예방의　**n.** 예방수단

prevent an accident　사고를 방지하다

Washing hands frequently is the best way to **prevent** colds.
손을 자주 씻는 것은 감기를 예방하는 가장 좋은 방법이다.

수능 빈출표현
prevent A from V-ing A가 ~을 못하도록 예방하다

fatal [féitl]

n 치명적인(to), 죽음을 초래하는(deadly, mortal, lethal)
v 운명 짓다(destine)
↳ **fate**　**n.** 운명(destiny)
↳ **fatality**　**n.** 사망자　*fatality* rate 사망률(mortality, death rate)

Just a drop of this liquid could be **fatal to** the human body.　이 액체 한 방울이 인체에 치명적일 수 있다.

paralyze [pǽrəlàiz]

v 마비시키다
↳ **paralytic** **a.** 마비된, 마비상태의(numb)
↳ **paralysis** **n.** 마비 *pl)* paralyses

paralyze the nerves 신경을 마비시키다

Wellbong became paralyzed by the deadly poison. 웰봉이는 치명적인 독으로 마비되었다.

dependent [dipéndənt]

a 의존하는, 의지하는(on), 의존적인(contingent upon)
    ↔ independent of(독립적인)
↳ **depend** **v.** 의존하다
↳ **dependence** **n.** 의존 ↔ independence(독립, 자립) (from)

Wellbong is heavily dependent on drugs.
웰봉이는 약에 심하게 의존한다.

voca plus+ '의존하다'의 동의어
rely on   depend on   turn to   rest on   count on resort to

aspire [əspáiər]

v 열망하다, 염원하다(to)
    cf) spir 호흡하다(breathe)
↳ **aspiration** **n.** 열망, 염원; 포부
↳ **aspiring** **a.** 열망하는

aspire to success 성공을 열망하다

Wellbong aspired to become a Strongman.
웰봉이는 근육남이 되기를 열망했다.

side effect [sáidifèkt]

ⓝ 부작용 ↔ efficacy, effectiveness(효험, 효과)

have no side effects 부작용이 없다

The side effects of double eyelid surgery got worse. 쌍꺼풀 수술로 부작용이 심해졌다.

addict [ǽdikt]

ⓝ 중독자(to)
ⓥ [ədíkt] (나쁜 버릇, 습관 등에) 중독되다, 몰두시키다
⌐ **addiction** n. 중독, 몰두
⌐ **addicted** a. 중독되어 있는

a soccer addict 열렬한 축구팬

Wellbong used to be addicted to computer games. 웰봉이는 한때 컴퓨터 게임 중독자였다.

procedure [prəsí:dʒər]

ⓝ 절차, 순서 *cf)* process 진행, 과정
⌐ **proceed** v. 진행하다, 나아가다(advance, go forward)

go through the entry procedure 입국 수속을 밟다

Wellbong should go through procedures to receive medical treatment.
웰봉이는 치료를 받기 위해 절차를 밟아야 한다.

examine [igzǽmin]

ⓥ 검사하다, 진찰하다(diagnose); 조사하다,
검토하다(look over); 시험을 실시하다(test)

↳ **examination** **n.** 조사, 검토, 검사; 시험

examine a patient　환자를 진찰하다

The doctor examined his eyesight with an
eye chart.　의사는 시력검사표를 통해 그의 시력을 검사했다.

misuse [misjúːz]

ⓥ 남용하다, 오용하다, 악용하다; 학대하다

ⓝ [misjúːs] 남용, 오용, 악용; 학대

misuse one's power　권력을 남용하다

Bora misused the diet pills to lose weight.
보라는 살을 빼기 위해 다이어트용 알약을 남용했다.

뉘앙스 구별 남용/오용
misuse 의도성 없이 잘못 사용하다, 오용하다
abuse 의도성을 가지고 부당하게 사용하다, 남용하다

entail [intéil]

ⓥ 수반하다(involve)

entail great hardships　심한 곤란을 수반하다

Rights entail duties.　권리에는 의무가 따른다.

Having beauty entails an element of pain.
아름다워지려면 고통이 따르는 법이다.

Step 1 다음 영단어의 우리말 뜻을 쓰시오.

obese	infected
sturdy	prescription
lift	diagnose
invigorate	injection
lively	psychiatrist
stout	medical
immune	surgery
sensitive	pesticide
suffer	tablet
impair	hardy
refuse	prevent
cause	fatal
soothe	paralyze
recover	dependent
plague	aspire
scar	side effect
germ	addict
disabled	procedure
fatigue	examine
sting	misuse
symptom	entail

Step 2 다음 밑줄 친 단어의 유의어를 고르시오.

Hint 책갈피로 가리고 이해가 안가는 경우에만 보세요.

1 a <u>fatal</u> defect
① economic ② aware ③ deadly ④ infamous ⑤ equal

2 take <u>tablets</u> three times a day
① tasks ② dishes ③ dessert ④ pills ⑤ snack

3 stomach <u>surgery</u>
① allergy ② surgeon ③ capsule
④ operation ⑤ injection

4 <u>entail</u> risks
① cover ② trust ③ involve ④ stiffen ⑤ contain

5 become <u>obese</u>
① slash ② obscure ③ overweight ④ slender ⑤ sore

1 치명적인 결함
① 경제의 ② 인식하고 있는 ③ 치명적인
④ 악명 높은 ⑤ 대등한

2 하루에 세 번 <u>약</u>을 복용하다
① 임무 ② 접시 ③ 디저트 ④ 알약 ⑤ 스낵

3 위 <u>수술</u>
① 알레르기 ② 외과의사 ③ 캡슐 ④ 수술 ⑤ 주사

4 위험을 <u>수반하다</u>
① 덮다 ② 신뢰하다 ③ 수반하다
④ 뻣뻣하게 하다 ⑤ 포함하다

5 비만이 되다
① 대폭 줄이다 ② 애매모호한 ③ 과체중의
④ 날씬한 ⑤ 쓰린, 따가운

Step 3 다음 빈칸에 들어갈 알맞은 단어를 고르시오.

1 I think it is good to exercise every day in order to
.... a heart attack.* * heart attack 심장마비
① prepare ② prevent ③ achieve ④ propel ⑤ absorb

2 Koreans are a .... people since they have
overcome many difficulties single mindedly.
① weak ② vivid ③ hardy ④ neutral ⑤ cowardly

3 Farmers spray crops with .... for the good
harvest.
① suicide ② painkiller ③ beverage
④ pesticide ⑤ survivor

4 A patient received .... treatment from a doctor.
① average ② scientific ③ literal ④ reluctant ⑤ medical

5 A .... is a doctor who treats people suffering
from mental illness.
① botanist ② philosopher ③ novelist
④ psychiatrist ⑤ physicist

1 나는 심장마비를 예방하기 위하여 매일 운동하는 것
이 좋다고 생각한다.
① 준비하다 ② 예방하다 ③ 성취하다
④ 추진하다 ⑤ 흡수하다

2 한국인들은 한 마음으로 많은 어려움을 극복했기 때
문에 <u>강인한</u> 민족이다.
① 약한 ② 생생한 ③ 강인한
④ 중립의 ⑤ 겁이 많은

3 농부들은 좋은 수확을 위해 작물에 살충제를 뿌린다.
① 자살 ② 진통제 ③ 음료 ④ 살충제 ⑤ 생존자

4 한 환자가 의사로부터 <u>의학적</u> 치료를 받았다.
① 평균의 ② 과학의 ③ 문자 그대로의
④ 꺼리는 ⑤ 의학의, 의료의

5 <u>정신과 의사</u>는 정신 건강으로 고통 받는 사람을 치료
하는 의사이다.
① 식물학자 ② 철학자 ③ 소설가
④ 정신과 의사 ⑤ 물리학자

Step 4 빈칸에 알맞은 단어를 보기에서 골라 쓰시오.

Hint 책갈피로 가리고 이해가 안가는 경우에만 보세요.

> **보기** diagnose   sting   prescription
>   injection   infected

1 The nurse gave the patient a(n) .... in his buttocks.*   * buttocks 엉덩이

2 The test is used to .... a variety of diseases.

3 Susan took medicine three times a day on ....

4 One of my computer programs is .... with a virus.

5 Dragonflies do not .... or bite humans.

1 간호사가 환자의 엉덩이에 <u>주사</u>를 놓았다.

2 그 테스트는 다양한 질병들을 <u>진단하는</u> 데 이용된다.

3 수잔은 <u>처방전</u>에 따라 약을 하루에 세 번 복용했다.

4 내 컴퓨터 프로그램 중 하나가 바이러스에 <u>감염되었다</u>.

5 잠자리들은 사람들을 <u>쏘거나</u> 물지 않는다.

> **보기** scar   immune   symptoms
>   germs   disabled

6 If caught early, these .... can be easily treated in the hospital.

7 Stress can weaken your .... system.

8 We should not treat .... people differently from anyone else.

9 The human body has an immune system to fight off ....

10 The gangster had a knife .... under his eye.

6 조기에 발견되면 이러한 <u>증상들은</u> 병원에서 쉽게 치료받을 수 있다.

7 스트레스는 <u>면역</u> 체계를 약화시킬 수 있다.

8 <u>장애인을</u> 다른 사람과 달리 취급해서는 안 된다.

9 사람의 몸은 <u>병균을</u> 퇴치할 면역 체계를 가지고 있다.

10 그 조직폭력배는 눈 밑에 칼자<u>국</u>이 있었다.

▶ 정답은 p.349~350에

A = 1*

T = 20

T = 20

I = 9

T = 21

U = 21

D = 4

E = 5

─────────────────

ATTITUDE = 100

* 뒤에 있는 숫자는 각 알파벳의 순서임

Ch.3

인간의 삶과 인간관계

Check-up 아는 단어에 ✔ 표시

- ☐ gender
- ☐ select
- ☐ infant
- ☐ nurture
- ☐ sacrifice
- ☐ affection
- ☐ growth
- ☐ intimate
- ☐ bond
- ☐ assist
- ☐ adolescent
- ☐ hospitality

- ☐ grateful
- ☐ prominent
- ☐ companion
- ☐ relationship
- ☐ reconcile
- ☐ resume
- ☐ prestigious
- ☐ greet
- ☐ resemble
- ☐ acquaintance
- ☐ individual
- ☐ crowd

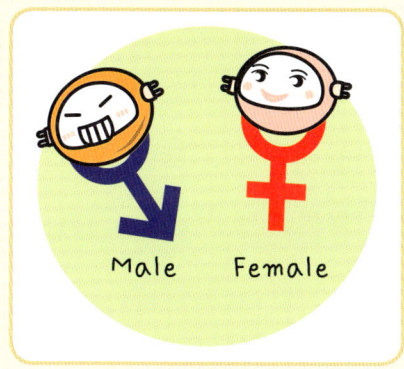

Male Female

gender [dʒèndər]

ⓝ 성, 성별
└ **engender** **v.** 생기게 하다
└ **gender-neutral** **a.** (낱말 등이) 성중립적인

The gender of Wellbong is male and that of Boonhong female. 웰봉이는 남성이고 분홍이는 여성이다.

뉘앙스 구별
sex 생물학적 관점에서의 성별 **gender** 사회학적 관점에서의 성별
voca plus+ 성
male 남성 **female** 여성 **feminine** 여성의 **masculine** 남성의

뭘 잡을까?
돈 집어!
오만원
50000

select [silékt]

ⓥ 선택하다(choose, opt)
└ **selection** **n.** 선발, 선정, 선택(choice, option)
└ **selective** **a.** 선택적인, 선별적인(optional)

select the best one 가장 좋은 것을 고르다

Baby Wellbong didn't know what to select among the various items.
웰봉이는 다양한 물건들 중에서 뭘 골라야 할지 몰랐다.

아직 말은 못하구요
젖만 먹구 있어요~

infant [ínfənt]

ⓝ 유아, 젖먹이, 아기 **ⓐ** 유아(용)의; 초기의
└ **infancy** **n.** 유아기

an infant genius 신동

Wellbong was an infant who was not able to speak. 웰봉이는 말을 할 수 없는 아기였다.

voca plus+ 아기 어린이
baby 갓난 아이 **toddler** 아장아장 걷는 아이 **diaper** 기저귀 **stroller** 유모차 **babysit** 아이를 돌보다 **child** 어린 아이 **children** 아이들 **kid** (구어체) 어린이 **childhood** 유년시절 **boy** 남자아이 **girl** 여자아이

nurture [nə́:rtʃr]

ⓥ 기르다(nourish), 양육하다(foster); 재배하다(cultivate)
ㄴ **nurturer** **n.** 양육하는 사람

Nurture is above nature. 교육은 천성보다 중요하다.

These young plants need to be carefully
nurtured. 이 어린 화초들은 세심한 보살핌이 필요하다.

sacrifice [sǽkrəfàis]

ⓝ 희생, 희생물(victim); 제물
ⓥ 희생하다; 제물로 바치다
ㄴ **sacrificial** **a.** 희생적인; 제물로 바쳐진

the spirit of self-sacrifice 자기희생 정신

His friends could cross the dangerous place
safely thanks to Wellbong's sacrifice.
웰봉이의 희생 덕분에 그의 친구들은 위험한 곳을 무사히 건널 수 있었다.

affection [əfékʃən]

ⓝ 애정, 정(精)
  cf) affectation 가장, 꾸밈 (철자와 의미 혼동에 주의)
ㄴ **affectionate** **a.** 애정 어린
ㄴ **affectionless** **a.** 애정이 없는

paternal affection 아버지의 사랑

There is one pie in Korea which means
affection. 한국에는 정을 의미하는 파이가 하나 있다.

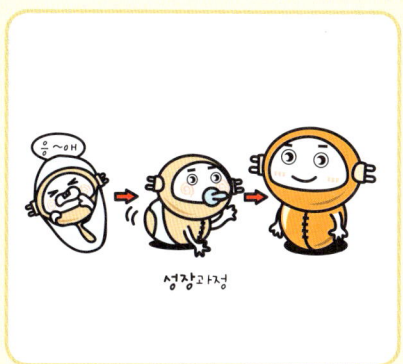

growth [gróuθ]

n 성장; 증가(increase)
⌐ **grow** **v.** 자라다; 재배하다(grow–grew–grown)

a plant in full growth 완전히 자란 식물
This is the process of Wellbong's growth.
이것은 웰봉이의 성장과정이다.

intimate [íntəmət]

a 친밀한(close), 친숙한(familiar)
⌐ **intimacy** **n.** 친밀함(closeness), 친숙함(familiarity)

intimate friends 친한 친구들
Wellbong pretended to be intimate with his mom to raise his allowance.
웰봉이는 용돈을 올리려고 엄마에게 친한 척 하려고 했다.

bond [bánd]

n 유대, 결속(~s); 채권; 접착제 본드
v 유대를 맺다; 접착시키다
⌐ **bondage** **n.** 구속, 속박; 신체 결박

the bond between nations 국가 간의 유대
Wellbong's family is bound with the bond of love. 웰봉이 가족우 사랑의 끈으로 묶어있다.

assist [əsíst]

ⓥ 돕다, 원조하다(help, aid)
ㄴ **assistance n.** 도움, 원조, 지원
ㄴ **assistant n.** 조수, 보조원

assist a friend 친구를 돕다

Wellbong will do anything to assist injured Nyabong. 웰봉이는 다친 냐봉이를 돕기 위해 뭐든지 다 할 것이다.

adolescent [ædəlésnt]

ⓝ ⓐ 청소년(의) (약 13~18세의 나이) (juvenile youth)
cf) -esce는 '~하기 시작하다, ~으로 되다'의 뜻
　　　evanesce 차츰 사라지다
ㄴ **adolescence n.** 청소년기, 사춘기(puberty)

an adolescent boy of 15 15세의 청소년

Three adolescents wear a school uniform neatly. 세 명의 청소년들이 교복을 말끔히 입고 있다.

hospitality [hàspətǽləti]

ⓝ 환대, 후대(welcoming)
ㄴ **hospitable a.** (손님, 방문객을) 환대하는, 친절한(amicable)

hearty hospitality 마음속으로부터의 대접

The father showed his prodigal son* great hospitality when he came back home.
아버지는 방탕했던 아들이 집에 돌아오자 크게 환대해 주었다.
* prodigal son 탕자

grateful [gréitfəl]

a 고마워하는(to), 감사하는(thankful)
↔ ungrateful(감사치 않는)
∟ **gratitude** **n.** 감사 ↔ ingratitude(배은망덕)

a grateful letter 감사의 편지

Wellbong is extremely grateful to his parents
for their grace. 웰봉이는 부모님의 은혜에 매우 감사해 한다.

뉘앙스 구별 감사하다
thank 사람에게 감사하다(for) **appreciate** 사람을 목적어로 쓰지 않는다.

prominent [prámənənt]

a 눈에 잘 띄는, 두드러진(conspicuous);
유명한(famous, eminent)
∟ **prominently** **ad.** 두드러지게, 현저히(remarkably)
∟ **prominence** **n.** 현저, 탁월; 저명함

prominent figure 거물, 저명인사

Boonhong's look was extremely prominent
among her friends.
분홍이의 외모는 친구들 사이에서 확연히 눈에 띄었다.

companion [kəmpǽnjən]

n 동료, 친구, 벗, 동무; 동행(go with)
∟ **companionate** **a.** 동료의, 동반자의, 친구의

congenial companion 다정한 친구

Parang was a precious companion during
Wellbong's childhood. 파랑이는 웰봉이의 어릴 적 소중한 친구였다.

voca plus+ '친구, 동료'의 유의어
친구 friend, buddy, mate
동료 colleague, co-worker, fellow worker, associate, peer

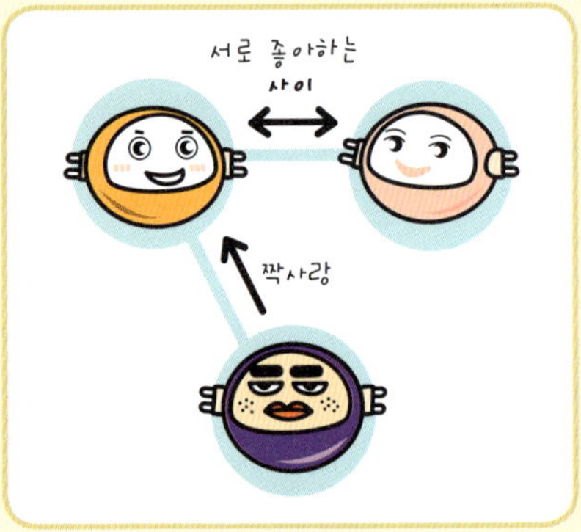

relationship [riléiʃənʃìp]

n 관계, 관련; 친척관계
cf) 친밀한 관계는 rapport

intimate relationship 친근한 사이

This is the relationship map among them.
이것은 그들 사이의 관계도이다.

수능 빈출표현
the relationship between A and B A와 B 사이의 관계

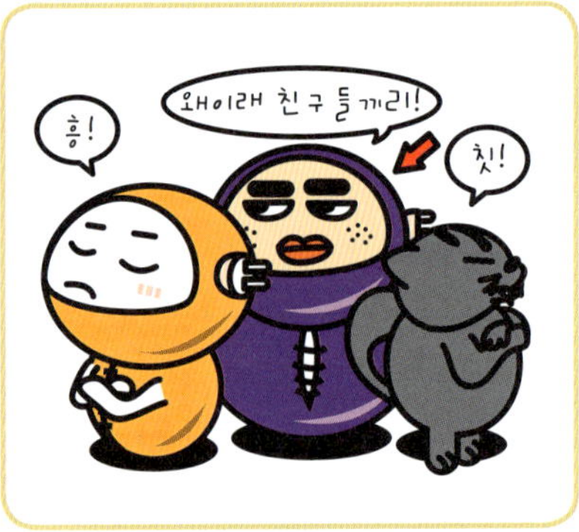

reconcile [rékənsàil]

v 조화시키다(harmonize); 화해시키다(make peace with, compromise)

↳ **reconciliation** n. 화해; 조화

reconcile a dispute 논쟁을 조정하다

Bora gave an attempt to reconcile Wellbong and Nyabong. 보라는 웰봉이와 냐봉이를 화해시키려 했다.

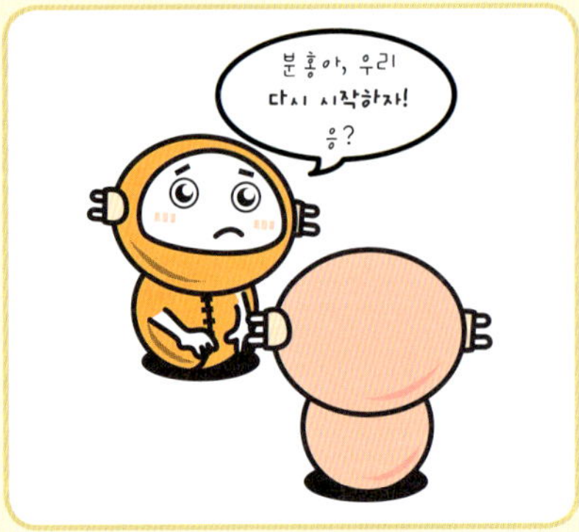

resume [rizú:m]

v 다시 시작하다(begin again)
cf) résumé(resumé) 이력서, 레쥬메

↳ **resumption** n. 재개, 되찾음

resume a conversation 이야기를 다시 시작하다
mail one's resume 이력서를 메일로 보내다

Wellbong tried to resume his relationship with Boonhong. 웰봉이는 분홍이와의 관계를 재개하려고 노력했다.

prestigious [prestídʒə]

ⓐ 명성이 있는(reputational), 명문의(noble); 유명한(famous)
ⓝ 명성(renown, fame)
↳ **prestige** **n.** 위신(dignity), 명성(reputation)
　　　　　　prestige schools 명문학교

prestigious university　일류 대학

Wellbong has been attending a prestigious university for 2 years.　웰봉이는 2년째 명문대에 다니고 있다.

greet [gríːt]

ⓥ ~에게 인사하다(bow to, salute); 환영하다(welcome)
↳ **greeting** **n.** 인사, 안부의 말(~s) *greetings* card 인사 카드

greet politely　깍듯하게 인사하다

Wellbong and John are greeting each other warmly.　웰봉이와 존은 서로 따뜻하게 인사했다.

resemble [rizémbl]

ⓥ 닮다(take after), 비슷하다
　　cf) 뒤에 전치사를 쓰지 않고 바로 목적어를 취함
↳ **resemblance** **n.** 닮음(to), 비슷함, 유사성(similarity)

resemble each other　서로 닮다

Bora closely resembles the middle aged a woman sitting on the seat.
보라는 자리에 앉아있는 한 중년여성을 많이 닮았다.

acquaintance [əkwéintəns]

ⓝ 아는 사람, 알고 지냄, 면식

┗ **acquaint** **v.** 익히다, 숙지하다

have a nodding acquaintance 인사나 할 정도의 사이이다

They encountered the acquaintance who Bora had seen. 그들은 보라가 보았던 그 지인을 우연히 만났다.

individual [ìndəvídʒuəl]

ⓐ 각각의, 개인의

┗ **individuality** **n.** 개성, 특성
┗ **individualize** **v.** 개인의 요구에 맞추다
┗ **individualism** **n.** 개인주의
┗ **individualist** **a.** 개인주의자

an individual locker 개인용 로커

An individual locker is allotted to each of the students. 개인 로커가 모든 학생들에게 할당된다.

crowd [kráud]

ⓝ 군중, 인파(throng)

┗ **crowded** **a.** 붐비는(with)

gather a crowd 관객[관중]을 끌다

Wellbong wanted to know why a crowd had gathered on the street.
웰봉이는 왜 거리에 사람들이 모여 있는지 알고 싶어 했다.

수능 빈출표현

be crowded[jammed, packed, congested] with ~로 붐비다
be overcrowded with ~로 너무 붐비다

Step 1 다음 영단어의 우리말 뜻을 쓰시오.

gender

grateful

select

prominent

infant

companion

nurture

relationship

sacrifice

reconcile

affection

resume

growth

prestigious

intimate

greet

bond

resemble

assist

acquaintance

adolescent

individual

hospitality

crowd

Step 2 다음 밑줄 친 단어의 유의어를 고르시오.

Hint 책갈피로 가지고 이해가 안가는 경우에만 보세요.

1 close <u>companion</u>
① parent ② friend ③ character ④ necessity ⑤ climate

2 <u>select</u> one search engine
① exclude ② astonish ③ choose ④ cherish ⑤ ponder

3 <u>nurture</u> the delicate flowers
① abuse ② wither ③ succeed ④ nourish ⑤ enhance

4 become so <u>intimate</u> after a fight
① separated ② envious ③ close ④ clumsy ⑤ remote

5 so <u>grateful</u> for the support
① useful ② harmful ③ monotonous
④ thankful ⑤ obscure

1 가까운 <u>친구</u>
① 부모 ② 친구 ③ 주인공 ④ 필요성 ⑤ 기후

2 하나의 검색 엔진을 <u>선택하다</u>
① 배제하다 ② 놀라게 하다 ③ 선택하다
④ 소중히 여기다 ⑤ 곰곰이 생각하다

3 그 여린 화초들을 잘 <u>키우다</u>
① 학대하다 ② 시들다 ③ 성공하다
④ 영양분을 주다, 키우다 ⑤ 향상시키다

4 싸움 후 아주 <u>친밀해지다</u>
① 분리된 ② 시기하는 ③ 가까운
④ 서투른 ⑤ 외딴, 먼

5 성원에 아주 <u>감사해하는</u>
① 유용한 ② 해로운 ③ 단조로운
④ 감사하는 ⑤ 불분명한

Step 3 다음 빈칸에 들어갈 알맞은 단어를 고르시오.

1 The patriot* is willing to .... his life for his country.   * patriot 애국자
① replace ② sacrifice ③ protest
④ overlook ⑤ support

2 My friend, Tommy .... me in moving to a new apartment.
① revealed ② impressed ③ removed
④ encouraged ⑤ assisted

3 The church tower was a .... feature in the landscape.
① profitable ② desperate ③ notorious
④ prominent ⑤ economical

4 The .... ratio in this class is fifty-fifty.
① cell ② germ ③ gender ④ gesture ⑤ percentage

5 A mother is feeding her ....
① ancestor ② mate ③ principal ④ infant ⑤ peer

1 그 애국자는 나라를 위해서라면 기꺼이 목숨을 <u>희생</u> <u>하려 한다.</u>
① 대체하다 ② 희생하다 ③ 저항하다
④ 간과하다 ⑤ 지지하다

2 새 아파트로 이사할 때 친구인 토미가 <u>도와주었다.</u>
① 드러냈다 ② 인상을 주었다 ③ 제거했다
④ 격려했다 ⑤ 도와주었다

3 그 교회 탑은 그 풍경에서 <u>두드러진</u> 요소였다.
① 이득이 되는 ② 절망적인 ③ 악명 높은
④ 두드러진 ⑤ 경제적인

4 이 학급의 <u>성비</u>는 반반이다.
① 세포 ② 세균 ③ 성 ④ 몸짓 ⑤ 백분율

5 한 엄마가 <u>아기</u>에게 젖을 먹이고 있다.
① 조상 ② 친구 ③ 교장 ④ 유아 ⑤ 또래

Step 4 빈칸에 알맞은 단어를 보기에서 골라 쓰시오.

Hint 책갈피로 가리고 이해가 안가는 경우에만 보세요.

> **보기** affection   adolescents   prestigious
> relationship   acquaintance

1 The neighbor living next door was only a(n) ....

2 How they look can be extremely important to ....

3 The English teacher had a motherly .... for his students.

4 There is intense competition to enter .... universities in Korea.

5 Communication is very important in our ....

1 옆집에 사는 그 이웃은 그저 얼굴만 아는 사람이었다.

2 어떻게 보이냐는 것은 청소년들에게 매우 중요하다.

3 영어 선생님이 학생들을 사랑하는 마음은 어머니와 같았다.

4 한국에서는 명문 대학에 들어가기 위한 경쟁이 치열하다.

5 의사소통은 우리의 관계에서 매우 중요하다.

> **보기** reconcile   individual   hospitality
> crowd   resumed

6 Schools play a key role in socialization of a(n) ....

7 It's difficult to .... different points of view.

8 Thank you very much for your .... during our stay here.

9 The soccer match .... quickly after the stoppage. * stoppage 경기의 중단

10 The .... gathered to watch the fight.

6 학교는 개인의 사회화에 핵심 역할을 한다.

7 다른 견해를 조정하기란 어렵다.

8 우리가 여기에 머무는 동안 베풀어주신 환대에 정말 감사드립니다.

9 축구경기는 중단되었다가 곧 재개되었다.

10 군중들이 싸움을 구경하기 위해 모여들었다.

▶ 정답은 p.350~351에

Check-up 아는 단어에 ✔ 표시

☐ encounter

☐ attract

☐ crave

☐ impress

☐ introduce

☐ inappropriate

☐ pregnant

☐ welfare

☐ fate

☐ survive

☐ inevitable

☐ coffin

☐ dynamics

☐ inherited

☐ heritage

☐ heredity

☐ ancestor

☐ offspring

☐ orphan

☐ conventional

☐ institution

☐ reputation

☐ eminent

☐ refer

encounter [inkáuntər]

ⓥ 우연히 마주치다; (곤란, 문제 등에) 직면하다(confront, face)
ⓝ 뜻밖의 만남[조우]; 충돌(conflict)

encounter an old friend 옛 친구를 우연히 만나다

The two enemies have encountered each other on a single log bridge.
서로의 적인 그들은 외나무다리에서 맞닥뜨렸다.

voca plus+ '우연히 마주치다'의 유의어
come across   run into   meet by chance

attract [ətrǽkt]

ⓥ 끌다(draw), 마음을 끌다(allure, fascinate)
└ **attraction** n. 끌림, 매력; 명소, 명물
└ **attractive** a. 매력적인

attract one's attention[notice] 주의를 끌다

Butterman's perfect figure has attracted the attention of the passing woman.
느끼남의 완벽한 모습이 지나가는 여자의 관심을 끌었다.

crave [kréiv]

ⓥ 갈망하다; 간청하다(for), 애원하다
└ **craving** n. 갈망, 열망
└ **cravingness** n. 갈망함, 간청함

crave pardon 용서를 빌다
crave for power 권력을 갈망하다

Wellbong really craves Boonhong for his girlfriend. 웰봉이는 분홍이를 여자친구로 맞이하기를 진정으로 원한다.

voca plus+ '간청하다, 애원하다'의 유의어
beg   solicit   implore

impress [imprés]

v ~에게 깊은 인상을 주다, 감동시키다; (도장 등을) 찍다
└ **impression** **n.** 인상, 느낌, 감명, 감동
└ **impressive** **a.** 인상적인, 인상 깊은(moving)
└ **impressionable** **a.** 쉽게 외부의 영향을 받는(sensitive)
└ **Impressionism** **n.** 인상주의, 인상파
└ **impressionist** **n.** 인상파 화가

Wellbong's always trying to impress Boonhong. 웰봉이는 항상 분홍이에게 좋은 인상을 주려고 한다.

introduce [ìntrədjúːs]

v 소개하다, 도입하다
└ **introduction** **n.** 소개, 도입(to)
└ **introductory** **n.** 서두, 서론, 도입부

introduce a new system 새로운 제도를 도입하다

Wellman introduced himself lengthily at a blind date. 웰만이는 맞선에서 장황하게 자신을 소개했다.

수능 빈출표현
introduce A to B A를 B에게 소개하다

inappropriate [ìnəpróupriət]

a 부적절한, 부적합한 ↔ appropriate(적절한)
└ **inappropriately** **ad.** 부적합하게
└ **inappropriateness** **n.** 부적절함

in an inappropriate manner 부적절한 방법으로

Wellbong is wearing inappropriate clothes to the wedding ceremony.
웰봉이는 결혼식에 부적합한 옷을 입고 있다.

pregnant [prégnənt]

ⓐ 임신한

↳ **pregnancy** **n.** 임신(기간) (conception)

Wellbong is happy by imagining that someday Boonhong would be pregnant with his baby.
웰봉이는 언젠가 아빠가 될 거라는 상상에 행복해하고 있다.

(voca plus+) 임신과 출산

maternity 임산부의, 출산의 **embryo** 임신 8주까지의 태아 **fetus** 임신 9주부터의 태아 **contraception** 피임 **fertility** 다산 **infertility, sterility** 불임 **be born** 태어나다 **give birth to** ~를 낳다 **deliver** 분만하다

welfare [wélfɛ̀ər]

ⓝ 안녕, 행복(happiness); 복지후생(well-being)

a welfare state   복지 국가
student welfare   학생의 후생

My grandma is living in a retirement home which gives a lot of welfare.
나의 할머니는 많은 복지를 제공하는 실버타운에서 살고 있다.

fate [féit]

ⓝ 운명(특히 좋지 않은) **ⓥ** 운명 짓다(destine)
   cf) destiny는 운명이 이미 정해진 필연성을 강조한다.
↳ **fated** **a.** 운명 지어진(destined)   ↳ **fatalism** **n.** 운명론
↳ **fatalist** **n.** 운명론자

lament one's hard fate   자신의 불운을 슬퍼하다

Wellbong is bound by fate to enjoy health and longevity.   웰봉이는 건강과 장수를 누릴 운명이다.

(수능 빈출표현)
be fated[destined] to V ~할 운명이다

survive [sərváiv]

v 살아남다, ~보다 오래 살다(outlive)
ㄴ **survival** **n.** 생존, 잔존
ㄴ **survivor** **n.** 생존자

survive to the last 끝까지 살아남다

Wellbong survived the shipwreck all alone.
웰봉이는 조난사고에서 혼자 살아남았다.

inevitable [inévətəbl]

a 피할 수 없는, 불가피한(unavoidable)
ㄴ **inevitably** **ad.** 필연적으로, 반드시

be inevitable 모면할 수 없다

There comes the inevitable hour of death for everybody. 모든 이들에게 필연적인 죽음의 시간이 온다.

coffin [kɔ́:fin]

n 관(棺) (casket)
ㄴ **coffin-like** **a.** 관 모양의

put one's corpse in a coffin 시체를 관에 넣다

Wellbong anguished over the coffin of his beloved one. 웰봉이는 사랑했던 이의 관 위에서 몹시 슬퍼했다.

voca plus+ 장례
grave 시체를 묻은 땅 **tomb** 돌로 만든 구조물을 지닌 큰 무덤 **epitaph** 비문
gravestone, tombstone 묘비 **graveyard** 묘지 **cemetery** 공
동묘지 **funeral** 장례식 **hearse** 영구차 **bury** 매장하다 **will** 유언장

dynamics [dainǽmiks]

n 원동력; [물리] 역학
↳ **dynamic** **a.** 동적인(kinetic), 박진감 있는; 정력적인(energetic, vigorous)

a dynamic young woman 역동적인 젊은 여성

Wellbong's dynamics are to entertain his father. 웰봉이의 활력이 그의 아버지를 즐겁게 해준다.

inherited [inhéritid]

a 상속한, 유전의(hereditary)
↳ **inherit** **v.** 상속받다, 물려받다 inherit an estate 토지를 상속받다
↳ **inheritance** **n.** 상속받은 재산, 유산, 유전(heredity)
　　　　　　　　　　　　inheritance tax 상속세

inherited disease 유전병

Mrs. Bong's fortune is supposed to^ be inherited by Shasha. 봉여사의 재산이 샤샤에게 상속될 것이다.
* be supposed to V ~하기로 되어있다

heritage [héritidʒ]

n 유산(heritance); 전승(tradition)

cultural heritage 문화유산
UNESCO World Heritage Site
유네스코 세계 문화유산 보호지역

The brass coin from his grandfather was a reminder of his heritage. 할아버지로부터 받은 엽전 한 냥이 유일한 유산이었다.

뉘앙스 구별 유산
inheritance 개인적인 유산 상속　**heredity** 유전적 상속
heir 유산 상속인 (여성은 heiress)

heredity [hərédəti]

n 유전(inheritance)
↳ **hereditary** **a.** 유전적인(inherited)

the Mendelian theory of heredity 멘델의 유전학설
Wellbong got upset at the imaginary result of heredity predicted by Bora.
웰봉이는 보라가 예측한 가상의 유전 결과를 보고 화가 났다.

ancestor [ǽnsestər]

n 조상, 선조 ↔ descendant, posterity(후손)
↳ **ancestral** **a.** 조상의

a remote ancestor 먼 조상
The figure in the picture is one of Wellbong's ancestors. 그림 속의 인물은 웰봉이의 조상 중 한 분이다.

offspring [ɔ́ːfspríŋ]

n 자식(children), 새끼(young)
cf) 격식을 차리거나 해학적인 표현

produce offspring 자손을 낳다
Wellbong is the only offspring.
웰봉이는 유일한 자식이다.

orphan [ɔ́ːrfən]

n 고아　**v** 고아로 만들다
└ **orphanage** **n.** 고아원
└ **orphanhood** **n.** 고아 신세

an unprotected orphan　보호자 없는 고아
be orphaned　고아가 되다

The poor boy was left an orphan at the age of
five.　가엾은 소년은 5살 때 고아가 되었다.

conventional [kənvénʃənl]

a 관습적인; 전통적인(traditional)
└ **convention** **n.** 관습(custom); 전통(tradition);
　　　　　　　　회의, 집회(conference, convention)

a conventional wedding　전통 혼례

Wellbong was embarrassed by the
conventional behavior of the foreigner.
웰봉이는 한 외국인의 관습에 당황해했다.

institution [ìnstətjúːʃən]

n 기관, 단체, 협회; 제도; 관례, 관습
└ **institutional** **a.** 제도상의, 기관의
└ **institute** **n.** 학회, 협회, 연구소

a public institution　공공 기관

Wellbong visited a charitable institution to
donate with his close friend.
웰봉이는 기부하려고 친한 친구와 자선단체를 방문했다

reputation [rèpjutéiʃən]

n 평판, 명성(repute)
↳ **reputational** **a.** 평판의, 명성이 있는(well-known, famous)

a man of good/bad reputation　평판이 좋은/나쁜 사람

She finally acquired an outstanding reputation through her 40-year-old secret recipe.
그녀는 40년의 비밀 요리법으로 마침내 뛰어난 명성을 얻었다.

eminent [èmənənt]

a 저명한; 탁월한
↳ **eminently** **ad.** 탁월하게
↳ **eminence** **n.** 명성, 저명

Dr. Na-jeomyung showed eminent ability in this scientific field.
나저명 박사는 이 과학 분야에서 탁월한 능력을 보여주었다.

voca plus+ '저명한, 탁월한'의 유의어
renowned　outstanding　prominent　distinguished

refer [rifə́ːr]

동사변화 refer–referred–referred
v (~을) (…에게) 보내다; 언급하다(to); 참조하다, 조회하다; 문의하다; 관련이 있다(to)
　　cf) -fer은 carry(옮기다, 나르다)의 의미
↳ **reference** **n.** 언급; 참고, 참조; 문의; 추천서, 추천인; 참고문헌

Mrs. Bong referred to her secretary for information on Nyabong.
봉여사는 비서에게 냐봉이에 대한 정보를 알아보도록 하였다.

Step 1 다음 영단어의 우리말 뜻을 쓰시오.

encounter	dynamics
attract	inherited
crave	heritage
impress	heredity
introduce	ancestor
inappropriate	offspring
pregnant	orphan
welfare	conventional
fate	institution
survive	reputation
inevitable	eminent
coffin	refer

Step 2 다음 밑줄 친 단어의 유의어를 고르시오.

Hint 책갈피로 가리고 이해가 안가는 경우에만 보세요.

1 <u>attract</u> steel
① draw ② push ③ stare ④ impose ⑤ widen

2 <u>inevitable</u> for all humans
① unexpectable ② unconditional ③ unavoidable
④ unattractive ⑤ uncommon

3 the <u>conventional</u> medicine
① significant ② several ③ modified
④ traditional ⑤ anticipated

4 one of the most <u>eminent</u> scientists
① intimate ② protective ③ unnecessary
④ renowned ⑤ extreme

5 produce three <u>offspring</u>
① resemblance ② young ③ ancestor
④ generation ⑤ chronicle

Step 3 다음 빈칸에 들어갈 알맞은 단어를 고르시오.

1 No one can tell about one's ....
① glory ② birth ③ mess ④ fate ⑤ order

2 He is a lawyer of good .... in our town.
① adaptability ② reputation ③ sensitivity
④ repetition ⑤ resumption

3 Every child .... affection from its parents.
① creates ② craves ③ believes ④ causes ⑤ decides

4 All of us were so .... with her sacrifice.
① respected ② impressed ③ attracted
④ reduced ⑤ exhausted

5 Now, I'd like to .... you to my parents.
① remove ② conserve ③ regret
④ introduce ⑤ separate

1 쇠를 끌어당기다
① 끌어당기다 ② 밀다 ③ 응시하다
④ 부과하다 ⑤ 넓히다

2 모든 사람에게 피할 수 없는
① 예상치 못한 ② 무조건적인 ③ 피할 수 없는
④ 매력적이지 않은 ⑤ 흔하지 않은

3 전통 진료
① 중요한 ② 몇몇의 ③ 수정된
④ 전통적인 ⑤ 예상된

4 가장 저명한 과학자들 중 한 명
① 친근한 ② 보호하는 ③ 불필요한
④ 저명한 ⑤ 극도의

5 세 마리의 새끼를 낳다
① 닮음 ② 새끼 ③ 조상 ④ 세대 ⑤ 연대기

1 운명이란 아무도 알 수 없는 것이다.
① 영광 ② 탄생 ③ 엉망 ④ 운명 ⑤ 질서, 순서

2 그는 우리 마을에서 평판이 좋은 변호사이다.
① 적응력 ② 평판, 명성 ③ 민감성
④ 반복 ⑤ 재개

3 모든 아이들은 부모의 애정을 갈망한다.
① 창조하다 ② 갈망하다 ③ 믿다
④ 야기하다 ⑤ 결정하다

4 우리 모두는 그녀의 희생에 매우 감동을 받았다.
① 훌륭한 ② 감동 받은 ③ 이끌려진
④ 감소된 ⑤ 고갈된, 다 써버린

5 이제 당신을 나의 부모님께 소개해주고 싶어요.
① 제거하다 ② 보존하다 ③ 후회하다
④ 소개하다 ⑤ 분리하다

Step 4 빈칸에 알맞은 단어를 보기에서 골라 쓰시오.

Hint 책갈피로 가리고 이해가 안가는 경우에만 보세요.

보기	institution	encountered	pregnant
	inappropriate	heredity	

1 I .... an old friend on the street yesterday.

2 DNA is the basic substance of ....

3 The school is a private ....

4 Flowered shirts are .... for a funeral costume.

5 Mary was .... with her fourth child.

1 나는 어제 길에서 옛 친구를 <u>우연히 만났다</u>.
2 DNA는 <u>유전</u>의 기본 물질이다.
3 그 학교는 사립 <u>기관</u>이다.
4 꽃무늬 셔츠는 장례식 복장으로 <u>어울리지 않는다</u>.
5 메리는 넷째 아이를 <u>임신하고</u> 있었다.

보기	inherited	welfare	orphan
	survive	ancestors	

6 All parents in the world are anxious for the ....
of their children.

7 The last person to .... in the survival game is
the winner.

8 The only son .... a large fortune from his father.

9 There were portraits of his .... on the walls of
the living room.

10 The child was left a(n) .... when both parents
died in the war.

6 세상의 모든 부모들은 자식의 <u>행복</u>을 열망한다.
7 생존게임에서 맨 마지막까지 <u>살아남는</u> 사람이 승자
이다.
8 그 독자는 그의 아버지로부터 많은 재산을 <u>상속받았
다</u>.
9 거실 벽 위에 그의 <u>조상들</u>의 초상화가 걸려 있었다.
10 부모가 둘 다 전쟁으로 죽자 그 아이는 <u>고아</u>가 됐다.

▶ 정답은 p.351에

Stay Hungry, Stay Foolish.

Steve Jobs

항상 갈구하라, 바보짓을 두려워 말라.

– 스티브 잡스, 미국 애플 社의 창업자

Ch.4

성격과 태도

Check-up 아는 단어에 ✔ 표시

☐ generous   ☐ passionate

☐ sociable   ☐ volunteer

☐ reliable   ☐ courageous

☐ wholesome   ☐ spontaneous

☐ humble   ☐ virtue

☐ affirmative   ☐ respect

☐ patient   ☐ steady

☐ obstinate   ☐ courteous

☐ rigid   ☐ curious

☐ behavior   ☐ temperament

☐ conduct   ☐ tendency

☐ adopt   ☐ determined

☐ attitude   ☐ resolute

☐ confident   ☐ motivated

☐ ambition   ☐ dare

generous [dʒénərəs]

ⓐ 후한(lavish), 관대한(tolerant)
ㄴ **generously** ad. 후하게, 관대하게
ㄴ **generosity** n. 너그러움, 관대함

a generous giver   아낌없이 주는 사람

She is always generous with pork hocks.
그녀는 항상 족발을 넉넉히 준다.

sociable [sóuʃəbl]

ⓐ 사교적인, 붙임성 있는(affable) ↔ hostile(적대적인)
ㄴ **society** n. 사회
ㄴ **social** a. 사회의, 사교의
ㄴ **socialize** v. 사회화하다
ㄴ **socialization** n. 사회화

Wellbong is so sociable^ that he has many friends.   웰봉이는 매우 사교적이어서 친구가 많다.
* be sociable[friendly, amiable]   붙임성이 있다

reliable [riláiəbl]

ⓐ 믿을[신뢰할] 수 있는(trustworthy)
ㄴ **rely** v. 의지하다(on); 신뢰하다
ㄴ **reliance** n. 의존, 의지; 신뢰

a reliable friend   믿을 수 있는 친구

Mrs. Bong is looking for someone who is reliable and hard-working.
봉여사는 믿음직하고 성실한 사람을 찾고 있다.

wholesome [hóulsəm]

ⓐ 건전한(sound); 건강에 좋은(healthful)

a wholesome idea   건전한 생각
wholesome foods   건강식
Wellbong enjoys the wholesome youth culture.   웰봉이는 건전한 청소년 문화를 즐긴다.

humble [hʌ́mbl]

ⓐ 겸손한(modest) ↔ arrogant(교만한); 비천한
 └ **humility** **n.** 겸손(modesty)
 └ **humbling** **a.** 초라하게 하는

in a humble way   겸허하게
in my humble opinion   저의 부족한 의견으로는
The drooping rice stands for the humble man.
고개 숙인 벼는 겸손한 사람을 의미한다.

affirmative [əfə́ːrmətiv]

ⓐ 긍정의(positive, optimistic)
   ↔ pessimistic(비관적인), negative(부정적인)
ⓝ 긍정
 └ **affirm** **v.** 단언하다, 확언하다

an affirmative answer   긍정적 대답
Wellbong always tries to look upon the world with an affirmative point of view.
웰봉이는 항상 긍정적인 관점으로 세상을 바라보려고 노력한다.

patient [péiʃənt]

ⓐ 참을성 있는, 인내심 있는(forbearing, enduring)
  ↔ impatient(조바심을 내는)
ⓝ 환자
  ↳ **patiently** ad. 끈기 있게, 참을성 있게
  ↳ **patience** n. 인내(력) (endurance) ↔ impatience(조바심)

cure a patient   환자를 치료하다

Wellbong is very patient with the heat in the sauna.   웰봉이는 사우나의 열기에도 아주 잘 참는다.

obstinate [ɑ́bstənət]

ⓐ 고집 센(stubborn)
  ↳ **obstinately** ad. 막무가내로
  ↳ **obstinateness** n. 완고함, 완강함(obstinacy)

as obstinate as a mule   고집불통인, 완고한

When Wellbong becomes obstinate, nobody can stop him.
웰봉이가 고집을 부리면 아무도 그를 막지 못한다.

rigid [rídʒid]

ⓐ 엄격한 ↔ pliable(유연한); 경직된(stiff)
  ↳ **rigidly** ad. 융통성 없이, 완고하게
  ↳ **rigidity** n. 엄격함; 경직

rigid rules   엄격한 규칙

The school Wellbong attends has rigid regulations.   웰봉이가 다니는 학교는 교칙이 엄격하다.

voca plus+   '엄격한'의 유의어
strict   rigorous   stern

behavior [bihéivjər]

n 행동, 행실; 태도; 품행
↳ **behave** **v.** 처신하다, 행동하다, 예의 바르게 행동하다
↳ **behavioral** **a.** 행동의

abnormal behavior 이상 행동

We should always be polite in our behavior to our elders. 웃어른에게 항상 공손하게 행동해야 한다.

conduct [kəndʌ́kt]

v 처신하다, (조사 등을) 실시하다, 수행하다; 지휘하다, (어떤 장소를 이리저리) 안내하다; (열이나 전기를) 전도하다
a [kʌ́ndʌkt] 행위, 행실(behavior); 수행, 실시

Wellbong conducted himself very appropriately in the moment of danger.
웰봉이는 위험한 순간에 매우 적절하게 처신했다.

수능 빈출표현
conduct a survey[interview, experiment]
설문[인터뷰, 실험]을 하다

adopt [ədápt]

v 채택하다(choose); 입양하다
cf) adapt 적응하다 (철자와 의미 혼동에 유의)
↳ **adoption** **n.** 채택; 입양
↳ **adoptable** **a.** 채택할 수 있는

make up one's mind to adopt a child
아이를 입양하기로 결정하다

Nyabong sometimes adopts a unique posture to let other people know his condition.
냐봉이는 자신의 상태를 알리기 위해 때론 독특한 자세를 취하기도 한다.

attitude [ǽtitjùːd]

🄝 태도(정신적 자세, 마음가짐); (몸의) 자세(posture)
   cf) aptitude 적성 altitude 고도, 높이 (철자와 의미에 유의)
   ↳ **attitudinal** **a.** 태도의, 사고방식의

Nyabong tends to have a poor attitude in class. 냐봉이는 수업 중에 불량한 태도를 보이는 경향이 있다.

voca plus+ -titude(= state 상태) 어미를 가진 단어들
gratitude 감사 **latitude** 위도, 자율성 **longtitude** 경도

confident [kɑ́nfədənt]

🄐 자신감 있는(of), 확신하는(assured, certain)
   ↳ **overconfident** **a.** 지나치게 확신하는
   ↳ **confidence** **n.** 신뢰, 자신, 확신
   ↳ **confide** **v.** 비밀을 털어 놓다
   ↳ **confidential** **a.** 비밀의
   ↳ **confidentiality** **n.** 비밀, 비밀리

Mrs. Trotters feels extremely confident in her food. 족발할머니는 본인의 음식에 무척 자신감이 있다.

ambition [æmbíʃən]

🄝 야망, 포부, 야심(aspiration)
   ↳ **ambitious** **a.** 야망 있는(aspiring, zealous)
   ↳ **ambitionless** **a.** 야망 없는

an ambition to be an actor 배우가 되려는 야망
Eventually Wellbong achieved his ambition.
결국 웰봉이는 야망을 이루었다.

passionate [pǽʃənət]

a 열정적인(enthusiastic), 열렬한(fervent, ardent)
↳ **passion** **n.** 열정(enthusiasm), 기독교에서 예수의 수난 (the Passion)

a very passionate woman 매우 정열적인 여자

Wellbong has a very passionate attitude to get a higher grade.
웰봉이는 더 높은 점수를 얻기 위해 매우 열정적인 태도를 가지고 있다.

volunteer [vɑ̀ləntíər]

n 지원자, 자원 봉사자
v 자원하다, 자원 봉사로 하다
↳ **voluntary** **a.** 자발적인
　　　　↔ mandatory, compulsory(의무적인, 강제적인)

do volunteer work 자원 봉사를 하다

Wellbong volunteered to clean the flower bed in the school. 웰봉이는 학교 화단청소를 자원했다.

courageous [kəréidʒəs]

a 용기있는, 담력 있는 ↔ cowardly(겁쟁이의), timid(소심한)
↳ **courage** **n.** 용기(bravery) ↔ cowardice(겁)

perform a courageous act 용감한 일을 하다

Wellbong is a courageous warrior who doesn't surrender to the enemy.
웰봉이는 적에게 굴복하지 않는 용감한 전사이다.

voca plus+ '용감한'의 유의어

bold brave daring gallant audacious adventurous
valiant undaunted fearless unafraid intrepid

spontaneous [spantéiniəs]

ⓐ 자발적인; 자연스러운(natural)
↳ **spontaneously** **ad.** 자발적으로; 자연스럽게
↳ **spontaneousness** **n.** 자발적임; 자연 발생적임

a spontaneous offer of help   자발적인 도움 제의

Wellbong tried the food first with his spontaneous heart.   웰봉이는 자진해서 먼저 그 음식을 먹어보려고 했다.

voca plus+ '자발적인'의 유의어
voluntary free-will willing self-directed

virtue [vɜ́ːrtʃuː]

ⓝ 미덕 ↔ vice(악덕); 덕목; 장점(merit)
↳ **virtuous** **a.** 미덕의 ↔ vicious(악덕의)

accumulate virtue   선행을 쌓다

Wellbong tried to lead a life of virtue.
웰봉이는 덕 있는 삶을 살려고 노력했다

respect [rispékt]

ⓝ 존경, 존중; 관계 **ⓥ** 존경하다, 존중하다
↳ **respectively** **ad.** 각자, 각각, 제각기

Nyabong respects his owner, Wellbong.
냐봉이는 그의 주인인 웰봉이를 존경한다.

voca plus+ 철자와 의미에 주의
respectable 존경할 만한(venerable) **respected** 훌륭한, 소문
난, 높이 평가되는 **respectful** 손경심을 보이는(to); 정중한(courteous)
respective 각자의, 각각의

steady [stédi]

ⓐ (발달 등이) 꾸준한, 변함없는, 한결같은; 고정된, 흔들림 없는
ㄴ **steadily** ad. 꾸준하게
ㄴ **steadiness** n. 꾸준함, 끈기

The tortoise made slow but steady progress.
거북이는 느리지만 꾸준한 진전을 보이고 있다.

Slow and steady wins the race.
천천히, 착실히 하는 것이 경주에서 이기는 길이다. (수능 빈출속담)

courteous [kə́ːrtiəs]

ⓐ 공손한, 정중한 ↔ impolite(무례한)
ㄴ **courtesy** n. 예의
ㄴ **courteously** ad. 예의바르게, 공손하게

courteous in wording 말씨가 정중한

Wellbong is a courteous young man.
웰봉이는 공손한 젊은이다.

voca plus+ '공손한'의 유의어
polite   respectful   well-mannered

curious [kjùəriəs]

ⓐ 호기심이 많은(about) ↔ uninteresting(흥미 없는)
ㄴ **curiosity** n. 호기심

curious behavior 호기심 어린 행동

Wellbong is curious about how a baby is born. 웰봉이는 아기가 어떻게 태어나는지에 대해 궁금해했다.

voca plus+ '호기심 많은'의 유의어
inquiring   inquisitive   interested

temperament [témpərəmənt]

n 기질, 성향(disposition)
└ **temperamental** **a.** 신경질적인, 기질적인
└ **temper** **n.** 기질, 성미 lose one's *temper* 참지 못하고 화내다
└ **temperate** **a.** 절제하는; 기후가 온화한(mild)

Wellbong seems to have a violent
temperament, judging by his piano playing.
웰봉이가 피아노 치는 걸로 봐서 폭력적인 기질을 가지고 있는 것 같다.

tendency [téndənsi]

n 성향, 기질, 추세(trend)
└ **tend** **v.** (~하는) 경향이 있다(to V), ~하기 쉽다, 보살피다

a general tendency   일반적 경향

Wellbong has a tendency to stammer a little
bit in Boonhong's presence.
웰봉이는 분홍이가 앞에 있으면 말을 좀 더듬는 경향이 있다.

determined [ditə́:rmind]

a 단단히 결심한(resolved), 단호한(resolute)
└ **determine** **v.** 결정짓다, 결심하다(decide, make up one's mind)
└ **determination** **n.** 결심, 결의

in a determined way   확고한 태도로

Bora determined to go on a diet in order to
get a date with Shiny Bong.
보라는 샤이니 봉과 데이트하기 위해 다이어트를 하기로 결심했다.

resolute [rézəlùːt]

ⓐ 확고한(steadfast, adamant), 결단력 있는(determined)
  ↔ irresolute(우유부단한)

└ **resolution n.** 결단, 다짐, 결심; 컴퓨터 화면 해상도
└ **resolve v.** 다짐하다; 해결하다(solve)
└ **resolved a.** 해결된(solved, settled)

resolute attitude 단호한 태도

Candy is **resolute** never to cry even if she is lonely and sad. 캔디는 외로워도 슬퍼도 절대 울지 않기로 결심했다.

motivated [móutəvèitid]

ⓐ 자극받은, 동기가 부여된

└ **motivate v.** 동기를 부여하다(incite, stimulate)
└ **motivation n.** 동기부여, 자극
└ **motive n.** 동기 **a.** 원동력이 되는

highly **motivated** 의욕적인

The horse was **motivated** by the carrot.
그 말은 당근으로 자극받았다.

⟨수능 빈출표현⟩
motivate A to V A가 ~하도록 동기를 유발하다

dare [dɛ́ər]

ⓥ 감히 ~하다(venture)

└ **daring a.** 대담한(bold, audacious, intrepid)
└ **daringness n.** 대담함(boldness), 용감함(bravery)

The little mouse has **dared** the others to hang the bell around the cat's neck.
생쥐 한마리가 다른 쥐들에게 고양이 목에 방울을 걸라고 부추겼다.

⟨수능 빈출표현⟩
dare to V 감히 ~하다

Step 1 다음 영단어의 우리말 뜻을 쓰시오.

generous	passionate
sociable	volunteer
reliable	courageous
wholesome	spontaneous
humble	virtue
affirmative	respect
patient	steady
obstinate	courteous
rigid	curious
behavior	temperament
conduct	tendency
adopt	determined
attitude	resolute
confident	motivated
ambitious	dare

Step 2 다음 밑줄 친 단어의 유의어를 고르시오.

Hint 책갈피로 가리고 이해가 안가는 경우에만 보세요.

1 very <u>reliable</u>
① worthwhile   ② respectful   ③ applicable
④ trustworthy   ⑤ incredible

2 "Be <u>humble</u> and Don't be arrogant"
① humid   ② sensitive   ③ proud   ④ diligent   ⑤ modest

3 the <u>courageous</u> young man
① brave   ② timid   ③ bright   ④ crucial   ⑤ alert

4 be <u>patient</u> as a saint*   * saint 성자
① confident   ② exotic   ③ adverse   ④ enduring   ⑤ ordinary

5 the <u>passionate</u> performance
① impatient   ② enthusiastic   ③ substantial
④ adequate   ⑤ incessant

1 아주 믿을만한
① 가치 있는 ② 정중한 ③ 해당하는
④ 믿을만한 ⑤ 믿기 어려운

2 "겸손해지고 교만하지 말자"
① 습한 ② 민감한 ③ 자랑스러운, 교만한
④ 부지런한 ⑤ 겸손한

3 용감한 젊은이
① 용감한 ② 소심한 ③ 영리한
④ 중요한 ⑤ 기민한, 정신이 초롱초롱한

4 성자만큼 참을성이 있는
① 신뢰하는 ② 이국적인 ③ 불리한
④ 견디는 ⑤ 일상적인

5 열정적인 연주
① 조바심 내는 ② 열정적인 ③ 상당한, 기본적인
④ 적합한 ⑤ 끊임없는

Step 3 다음 빈칸에 들어갈 알맞은 단어를 고르시오.

1 My father was .... enough to forgive my big mistake.
① trivial   ② neutral   ③ generous   ④ stingy   ⑤ prompt

2 Ann easily became close to people around her because she is so ....
① adjacent   ② narrow   ③ slender   ④ sociable   ⑤ isolated

3 The more .... the learner is, the more effectively he or she will study.
① pleasant   ② awkward   ③ discouraged
④ ill-tempered   ⑤ motivated

4 Her response was ...., not indecisive.
① indecisive   ② immense   ③ resolute
④ terrific   ⑤ obsolete

5 His actions were obviously .... and not compelled.
① reluctant   ② spontaneous   ③ demanding
④ satisfied   ⑤ obligatory

1 아버지는 관대하게도 나의 큰 잘못을 용서하셨다.
① 사소한 ② 중립의 ③ 관대한
④ 인색한 ⑤ 즉각적인

2 앤은 사교적이기 때문에 쉽게 주변사람들과 가까워진다.
① 인접한 ② 좁은 ③ 날씬한
④ 사교적인 ⑤ 고립된

3 동기부여가 강한 학습자일수록 학습 효과가 높다.
① 유쾌한 ② 어색한 ③ 낙심한
④ 성질이 나쁜 ⑤ 동기부여를 받은

4 그녀의 반응은 확고했고 우유부단하지 않았다.
① 우유부단한 ② 거대한 ③ 확고한, 결단력 있는
④ 끔찍한 ⑤ 구식의, 한물간

5 그의 행동은 분명 자발적인 것이지 강요에 의한 것은 아니었다.
① 꺼리는 ② 자발적인 ③ 부담이 큰
④ 만족한 ⑤ 의무적인

Step 4 빈칸에 알맞은 단어를 보기에서 골라 쓰시오.

Hint 책갈피로 가리고 이해가 안가는 경우에만 보세요.

보기
| attitude | tendency | volunteer |
| behavior | steady | |

1 Slow and .... can win the race.

2 A positive .... always guarantees success.

3 The student's bad .... resulted in his expulsion* from school.   * expulsion 퇴학

4 Bob often does .... work at an orphanage.

5 Boys have a stronger .... to fight than girls.

1 느려도 꾸준하면 시합에서 이길 수 있다.

2 긍정적인 태도는 항상 성공을 보장한다.

3 그 학생은 나쁜 행실 때문에 퇴학당했다.

4 밥은 종종 고아원에서 자원 봉사를 한다.

5 사내애들은 여자애들보다 싸움질하려는 경향이 더 강하다.

보기
| virtues | obstinate | respect |
| temperament | adopted | |

6 Taekwondo was .... as a competitive sport in the Olympic Games.

7 The boy is .... and determined and will not easily give up.

8 We have to .... our parents and the elderly.

9 Humility is the foundation of all ....
   * humility 겸손

10 My daughter has an artistic ....

6 태권도는 올림픽 게임에서 경기 종목으로 채택되었다.

7 그 소년은 고집이 세고 단호하며 쉽사리 포기하려 하지 않는다.

8 우리는 부모님과 노인들을 공경해야 한다.

9 겸손은 미덕의 근본이다.

10 내 딸은 예술가 기질이 있다.

▶ 정답은 p.351~352에

Check-up 아는 단어에 ✔ 표시

- ☐ incline
- ☐ prone
- ☐ pretend
- ☐ neutral
- ☐ serious
- ☐ solemn
- ☐ passive
- ☐ brutal
- ☐ fierce
- ☐ harsh
- ☐ severe
- ☐ aggressive
- ☐ ruthless
- ☐ drastic
- ☐ radical

- ☐ reckless
- ☐ arrogance
- ☐ greedy
- ☐ negative
- ☐ tease
- ☐ jealous
- ☐ flatter
- ☐ complimentary
- ☐ applause
- ☐ boast
- ☐ favorable
- ☐ partial
- ☐ bias
- ☐ disappointed
- ☐ complain

incline [inkláin]

v (마음이) ~쪽으로 기울다; ~쪽으로 경사지다(slant)
↳ **inclined a.** 하고 싶은; ~하는 경향이 있는
  be *inclined* to V ~하고 싶다
↳ **inclination n.** 경향, 성향, 기호; 경사

incline to one side 한 쪽으로 기울다

Wellbong's mind was already inclined to buy the latest smart phone.
웰봉이의 마음은 이미 최신형 스마트폰을 사는 쪽으로 기울었다.

prone [próun]

a ~의 경향이 있는, ~하기 쉬운(to) (liable); 엎드린

earthquake-prone 지진이 일어나기 쉬운
lie prone 엎드리다

Wellbong is prone to belleve whatever people say readily. 웰봉이는 사람들이 말하는대로 쉽사리 믿는다.

pretend [priténd]

v ~인 체하다(make believe), 가장하다(camouflage, mask)
↳ **pretense n.** ~인 체하기, 구실, 핑계,
↳ **pretension n.** 허세, 가식
↳ **pretentious a.** 허세 부리는 ↔ unpretentious(겸손한); 가식적인

pretend to be honest 정직한 체하다

Nyabong pretended to be a shark under the sea to surprise Wellbong.
냐봉이는 웰봉이를 놀래켜 주려고 물속에서 상어인 척 했다.

neutral [njúːtrəl]

ⓐ 중립적인, 중립의(impartial)
└ **neutrality** **n.** 중립
└ **neutralize** **v.** 중립화하다

remain neutral 여전히 중립을 지키다

The ball on the net is in the state of being perfectly neutral. 그물 위의 공은 완벽한 중립상태에 있다.

serious [síəriəs]

ⓐ 심각한(grave); 진지한(earnest)
└ **seriously** **ad.** 심각하게, 진지하게
└ **seriousness** **n.** 심각함, 진지함

serious injury 중상

Wellbong is serious about volunteering in Africa. 웰봉이는 진지하게 아프리카로 봉사를 떠날 생각을 하고 있다.

solemn [sáləm]

ⓐ 침통한, 엄숙한(serious) ↔ cheerful(유쾌한)
└ **solemnly** **ad.** 엄숙하게
└ **solemnness** **n.** 진지함, 엄숙함

in solemn tones 엄숙한 어조로

Their facial expressions look extremely solemn in the photo.
사진 속에 있는 그들의 얼굴표정은 매우 엄숙해 보인다.

passive [pǽsiv]

a 수동적인, 소극적인 ↔ active, positive(적극적인)
ㄴ **passively** ad. 수동적으로, 소극적으로

passive resistance 소극적 저항

Nyabong who is normally confident becomes passive in front of a pretty female cat.
평소 당당한 냐봉이도 귀여운 암고양이 앞에서는 소극적으로 변한다.

brutal [brúːtl]

a 잔인한(cruel), 야만적인
ㄴ **brutality** n. 잔인성, 야만성

a brutal instinct 야수적 본능

Mr. Nyabongmura becomes really brutal when torturing. 냐봉무라상은 고문할 때 정말 잔인하게 변한다.

voca plus+ '야만적'의 유의어
savage   barbarous   uncivilized

fierce [fíərs]

a 사나운(ferocious), 맹렬한, 격렬한(intense)
ㄴ **fiercely** ad. 사납게, 맹렬하게, 지독하게
ㄴ **fierce** n. 사나움(ferocity), 맹렬

a fierce dog 맹견

Nyabong can be so fierce when angry.
화가 날 때 냐봉이는 아주 사나워 질 수 있다.

harsh [háːrʃ]

ⓐ 거친; 가혹한, 냉혹한, 혹독한(severe, cruel)
ↄ **harshly** **ad.** 매몰스럽게
ↄ **harshness** **n.** 가혹함, 혹독함

a harsh climate 혹독한 기후

The harsh beating was hard for Wellbong to stand. 그 가혹한 구타는 웰봉이가 참기에는 힘들었다.

severe [sivíər]

ⓐ 극심한(intense, extreme), 가혹한(harsh), 엄격한(strict, stern)
ↄ **severely** **ad.** 심각하게; 엄격하게, 혹독하게
ↄ **severity** **n.** 엄격, 가혹(severeness)

a severe shock 심한 충격
a severe illness 중병

Wellbong gave Nyabong severe pain.
웰봉이는 냐봉이에게 극도의 고통을 주었다.

aggressive [əgrésiv]

ⓐ 공격적인(offensive) ↔ defensive(방어적인)
진취적인(active) ↔ passive(수동적인)
ↄ **aggressively** **ad.** 공격적으로
ↄ **aggression** **n.** 공격성, 공격, 침략(invasion)

aggressive strength 공격력

Bora has a strong aggressive tendency.
보라는 공격적 성향이 강하다.

ruthless [rúːθlis]

ⓐ 무자비한, 인정사정없는

↳ **ruthlessly** ad. 무자비하게, 잔인하게

a ruthless murderer 잔인한 살해자

The fly was killed by ruthless Wellbong.
파리는 무자비한 웰봉이에 의해 죽었다.

voca plus+ '무자비한'의 유의어

cruel pitiless unmercial brutal merciless
inhumane relentless

drastic [drǽstik]

ⓐ 극단적인, (변화 등이) 과감한; (수단 등이) 철저한; 급격한

↳ **drastically** ad. 과감하게, 철저하게

drastic change 급격한 변화
drastic measure 극단적인 조치

The little mouse had to take drastic action in
order to survive.
생쥐는 살아남기 위해서 극단적인 행동을 취해야만 했다.

radical [rǽdikəl]

ⓐ 급진적인, 과격한(extreme); 근본적인(fundamental);
철저한(thorough)

↳ **radically** ad. 급진적으로, 근본적으로

radical innovations 급진적 혁신

Wellbong is showing a radical reaction to the
rumor. 웰봉이는 그 루머에 과격한 반응을 보이고 있다.

reckless [réklis]

ⓐ 무모한, 앞뒤를 가리지 않는(rash)
  ↳ **recklessly　ad.** 무모하게, 개의치 않고
  ↳ **recklessness　n.** 무모함

reckless courage　만용[蠻勇]

Bora is going to do a very reckless thing.
보라는 아주 무모한 짓을 하려고 한다.

arrogance [ǽrəgəns]

ⓝ 오만, 거만(pride, snobbishness)
  ↳ **arrogant　a.** 오만한, 건방진 ↔ humble, modest(겸손한)

arrogance along with one's popularity
인기에 의한 오만

Mrs. Bong is full of arrogance.
봉여사는 교만으로 가득 찼다.

voca plus+ '오만한, 건방진'의 유의어
conceited　haughty　insolent　overbearing

greedy [grí:di]

ⓐ 탐욕스러운, 욕심 많은(avaricious)
  ↳ **greed　n.** 탐욕
  ↳ **greedless　a.** 욕심이 없는

as greedy as a wolf　늑대처럼 욕심 많은

Bora becomes especially greedy in front of food.　보라는 특히 음식 앞에서는 탐욕스러워진다.

negative [négətiv]

a 부정적인 ↔ affirmative(긍정적인)
소극적인 ↔ positive(적극적인)
n 부정, 반대; (사진 등의) 원판
↳ **negativity** **n.** 부정적[비관적] 성향

a negative response to the question
그 질문에 대한 부정적인 대답

Sometimes Wellbong is caught up in negative thoughts. 가끔씩 웰봉이는 부정적인 생각에 사로잡힌다.

tease [tíːz]

v 놀리다 **n** 놀려대기
↳ **teasing** **a.** 짓궂게 괴롭히는(mischievous)
↳ **teaser** **n.** 예고 광고

tease a dog 개를 집적거리다

Wellbong is teasing Bora playfully.
웰봉이는 보라를 재미로 놀리고 있다.

voca plus+ '놀리다'의 동의어
taunt   mock   pull one's leg   make fun of
play a joke on

jealous [dʒéləs]

a 질투하는(of), 시기하는(envious)
↳ **jealousy** **n.** 질투, 시기, 시샘

Bora is very jealous of their intimate relationship. 보라는 그들의 친밀한 관계를 아주 질투한다.

뉘앙스 구별 envious와 jealous의 차이
envious 질투의 의미는 없이 단순히 '~을 부럽게 생각해 I 라는 뜻
jealous 상대에 대한 질투심과 분노의 감정이 강하게 나타나는 경우에 사용
Everyone was *envious* of her fair skin.
모두들 그녀의 하얀 피부를 부러워했다.

flatter [flǽtər]

v 아첨하다, 알랑거리다
└ **flattery** **n.** 아첨
└ **flatterer** **n.** 아첨꾼, 알랑거리는 사람

flatter one's boss 상사에게 아부하다

Nyabong is trying to flatter Mrs. Bong.
냐봉이는 봉여사에게 아첨하고 있다.

수능 빈출표현
be flattered 우쭐대다

complimentary
[kàmpləméntəri]

a 칭찬하는(praiseworthy); 무료의(free of charge)
└ **compliment** **n.** 찬사, 경의; 인사말(~s) (greetings)

complimentary beverage 서비스, 무료
complimentary copy 증정본, 견본

Wellbong was complimentary to Boonhong in order to look good in her eyes.
웰봉이는 분홍이에게 잘 보이려고 그녀를 칭찬했다.

applause [əplɔ́ːz]

n 박수갈채(clapping), 환호(acclaim)
v 박수갈채를 보내다
└ **applausable** **a.** 인정할만한
└ **applausive** **a.** 박수갈채의, 칭찬의

give applause 박수갈채를 보내다

The personal secretary gave Mrs. Bong a big round of applause. 개인비서는 봉여사에게 큰 박수를 쳐 주었다.

boast [bóust]

ⓥ 자랑하다, 뽐내다(show off, brag)
ⓝ 자랑(거리)
　↳ **boastful　a.** 뽐내는, 자랑하는
　↳ **boastfulness　n.** 자랑; 허풍, 과장

boast of one's strength　힘 자랑을 하다

Wellbong is **boasting** about what he has.
웰봉이는 자신이 가진 것을 자랑하고 있다.

favorable [féivərəbl]

ⓐ 호의적인(to) (friendly); 유리한(advantageous)
　↳ **favored　a.** 호감을 사는; 재능 있는(talented)
　↳ **favor　n.** 호의, 찬성; 편애　**v.** 호의를 보이다, 찬성하다
　↳ **favorite　a.** 마음에 드는, 매우 좋아하는(preferred)
　　　n. 좋아하는 것[사람]

Wellbong is always **favorable to** what
Boonhong says.　웰봉이는 분홍이가 말하는 것에 항상 호의적이다.

수능 빈출표현
in favor of ～에 찬성하고 있는　**do sb a favor** ～에게 부탁을 하다

partial [pá:rʃəl]

ⓐ 부분적인, 편애하는(to) ↔ impartial, disinterested(공정한)
　↳ **partiality　n.** 편애, 편파 ↔ impartiality(공명정대)

be **partial to** jazz　재즈를 유달리 좋아하다

Bora has a tendency to be **partial to** meat.
보라는 고기를 편애하는 경향이 있다.

bias [báiəs]

n 편견, 선입견(prejudice); 성향(inclination)
↳ **biased** **a.** 선입견이 있는, 편향된(prejudiced)

a religious bias 종교적 편견

It is a kind of bias that only women wear
skirts. 여자들만 스커트를 입는다는 것은 일종의 편견이다.

disappointed [dìsəpɔ́intid]

a 실망한, 낙담한 ↔ satisfied, content(만족스러운)
↳ **disappoint** **v.** 실망시키다, 좌절시키다(let down)
↳ **disappointment** **n.** 실망, 낙심

disappointed face 실망한 얼굴

Nyabong was very disappointed with his side
dishes. 냐봉이는 반찬에 몹시 실망했다.

voca plus+ '실망한, 낙담한'의 유의어

discouraged downhearted disheartened dejected
despondent

complain [kəmpléin]

v 불평하다(about) (grumble)
↳ **complainant** **n.** 불평
↳ **complaining** **a.** 투덜투덜하는

complain to the referee 심판에게 항의하다

Nyabong complained about his meal without
fish. 냐봉이는 생선이 없는 식탁을 불평했다.

Step 1 다음 영단어의 우리말 뜻을 쓰시오.

incline	reckless
prone	arrogance
pretend	greedy
neutral	negative
serious	tease
solemn	jealous
passive	flatter
brutal	complimentary
fierce	applause
harsh	boast
severe	favorable
aggressive	partial
ruthless	bias
drastic	disappointed
radical	complain

Step 2 다음 밑줄 친 단어의 유의어를 고르시오.

Hint 책갈피로 가리고 이해가 안가는 경우에만 보세요.

1 <u>neutral</u> in the war
① partial ② impartial ③ favorable ④ constant ⑤ various

2 in a <u>brutal</u> manner
① innocent   ② moderate   ③ sturdy
④ wholesome ⑤ cruel

3 an <u>aggressive</u> tendency
① creative   ② defensive   ③ responsive
④ offensive   ⑤ narrative

4 <u>boast</u> about one's new tablet PC
① bring about ② turn down   ③ show off
④ break into   ⑤ take over

5 a <u>bias</u> against single mothers
① justification ② equality   ③ fairness
④ prejudice   ⑤ impartiality

1 전쟁에서 중립을 지키는
   ① 편파적인 ② 공정한 ③ 호의적인
   ④ 일정한 ⑤ 다양한

2 잔혹한 방법으로
   ① 순진한 ② 중간의 ③ 튼튼한
   ④ 건전한 ⑤ 잔인한

3 공격적인 성향
   ① 창의적인 ② 방어적인 ③ 응답하는
   ④ 공격적인 ⑤ 이야기식의

4 새 태블릿 PC를 자랑하다
   ① 야기하다 ② 거절하다 ③ 자랑하다
   ④ 침입하다 ⑤ 인계하다

5 미혼모에 대한 편견
   ① 정당성 ② 평등성 ③ 공정성
   ④ 선입견 ⑤ 공명정대

Step 3 다음 빈칸에 들어갈 알맞은 단어를 고르시오.

1 Fortunately our class is .... to my plan.
① negative   ② indifferent   ③ favorable
④ disinterested ⑤ conspicuous

2 My neighbors have been .... about the noise.
① assenting   ② appreciating ③ combining
④ adjusting   ⑤ complaining

3 His friends were .... of his success.
① profound ② jealous ③ modest ④ zealous ⑤ ultimate

4 The man was so .... at the woman's ugly appearance on a blind date.
① entitled   ② unexpectable ③ disappointed
④ astonished ⑤ pleased

5 When the singer finished the song, there was great ....
① sacrifice   ② apology   ③ acquaintance
④ applause   ⑤ heredity

1 운 좋게도 우리 반은 나의 제안에 호의적이다.
   ① 부정적인 ② 무관심한 ③ 호의적인
   ④ 사심 없는, 객관적인 ⑤ 뚜렷한

2 이웃들이 소음에 대해 불평하고 있다.
   ① 동의하는 ② 감사하는 ③ 결합하는
   ④ 적응하는 ⑤ 불평하는

3 친구들은 성공을 질투했다.
   ① 심오한 ② 질투하는 ③ 겸손한
   ④ 열성적인 ⑤ 궁극적인

4 그는 소개팅에서 여자의 못생긴 외모에 매우 실망했다.
   ① 자격이 있는 ② 예상치 못한 ③ 실망스러운
   ④ 깜짝 놀란 ⑤ 만족한

5 그 가수가 노래를 마치자 큰 박수갈채가 터져 나왔다.
   ① 희생 ② 사과 ③ 면식 ④ 박수갈채 ⑤ 유전

Step 4 빈칸에 알맞은 단어를 보기에서 골라 쓰시오.

Hint 책갈피로 가리고 이해가 안가는 경우에만 보세요.

보기

| solemn | pretend | inclined |
| flattering | serious | |

1   Although Kevin was really upset, he tried to .... to be calm.

2   We are .... to travel Europe rather than Africa.

3   It is a .... problem that the earth continues to be polluted in many ways.

4   The funeral was conducted in a .... manner.

5   The employee is always .... the boss for promotion.

1   케빈은 화가 많이 났으나 애써 태연한 척했다.

2   우리는 아프리카보다는 유럽여행을 하는 쪽으로 마음이 기울어지고 있다.

3   지구가 계속해서 여러 가지로 오염되고 있다는 사실은 심각한 문제이다.

4   장례식은 엄숙히 진행되었다.

5   그 직원은 승진을 위해 항상 사장님한테 아첨한다.

보기

| radical | severe | greedy |
| prone | complimentary | |

6   On seeing piles of money, Jack got ....

7   We made .... remarks to the restaurant owner about the good food.

8   The damage to the crops caused by locusts* was ....   * locust 메뚜기

9   It is certain that there is a need for .... changes in educational system of Korea.

10 Working without a break makes you more .... to make a mistake.

6   잭은 돈다발을 보자 욕심이 생겼다.

7   우리는 식당 주인에게 음식이 맛있다고 칭찬해주었다.

8   메뚜기로 인한 농작물 피해가 극심했다.

9   한국의 교육제도에서 근본적인 변화의 필요가 있다는 것은 분명하다.

10 휴식을 취하지 않고 일하면 실수를 하기가 더 쉽다.

▶ 정답은 p.352~353에

Change will not come if we wait for some other person or some other time. We are the ones we've been waiting for. We are the change that we seek.

Barack Obama

만일 우리가 변화를 가져다 줄 사람이나 시간을 기다리기만 한다면
변화는 오지 않을 것이다. 우리가 바로 기다리는 사람이며
우리가 바로 우리가 찾는 변화이다.

– 버락 오바마, 제 44대 미국 대통령

Ch.5

행동과 감정

Check-up 아는 단어에 ✔ 표시

- ☐ awkward
- ☐ treat
- ☐ hostility
- ☐ cordial
- ☐ gratify
- ☐ amuse
- ☐ gloomy
- ☐ pleasure
- ☐ optimistic
- ☐ satisfaction
- ☐ considerate
- ☐ intensive
- ☐ responsibility
- ☐ principle
- ☐ devote

- ☐ exaggerate
- ☐ squeeze
- ☐ lower
- ☐ diligent
- ☐ strenuous
- ☐ aid
- ☐ extinguish
- ☐ tremble
- ☐ plunge
- ☐ torture
- ☐ resist
- ☐ discard
- ☐ inspect
- ☐ impulse
- ☐ praise

awkward [ɔ́ːkwərd]

ⓐ 어색한, 난처한(embarrassing); 서투른(clumsy, tackless)

└ **awkwardness** **n.** 어색함, 거북함

feel awkward 어색하다

When meeting for the first time, both of them felt so awkward. 처음 만났을 때, 둘은 서로 어색했었다.

treat [tríːt]

ⓥ 대(우)하다 ↔ maltreat(혹사시키다); 취급하다, 다루다; 치료하다(cure); 대접하다, 한턱내다

ⓝ 대접, 한턱

└ **treatment** **n.** 치료; 대우, 취급

trick or treat. 과자를 안주면 장난칠 거예요(할로윈 때 아이들이 집집마다 디니머 하는 말).

The hen wants Wellbong to treat her eggs carefully. 암탉은 웰봉이가 알들을 조심스럽게 다루어주길 바란다.

hostility [hastíləti]

ⓝ 적의, 적개심(to) (hatred, antipathy)

└ **hostile** **a.** 적대적인(adverse, antagonistic) ↔ friendly(우호적인)

Korea has shown a feeling of hostility to* Japan because of the Dokdo issue.

한국은 독도 문제로 일본에게 적개심을 보여주고 있다.

* have[show] hostility to ~에게 직의를 품냐[나타내다]

cordial [kɔ́ːrdʒəl]

ⓐ 마음에서 우러난, 진심의(hearty); 다정한(genial)
↳ **cordially** **ad.** 다정하게; 진심으로

a cordial atmosphere 화기애애한 분위기
Wellbong and Boonhong are very cordial with each other. 웰봉이와 분홍이는 서로 매우 다정하다

gratify [grǽtəfài]

ⓥ 기쁘게 하다(please); 충족시키다, 만족시키다(satisfy)
↳ **gratified** **a.** 만족한(with) (satisfied, content)
↳ **gratification** **n.** 만족감(satisfaction)

gratify curiosity 호기심을 만족시키다
Bong Jungil was gratified by Nyabong's dancing. 봉정일은 냐봉이의 춤으로 기뻐했다.

amuse [əmjúːz]

ⓥ 즐겁게 해주다(entertain)
↳ **amusing** **a.** 즐겁게 해 주는 ↔ boring(지루한)
↳ **amusement** **n.** 재미, 오락, 놀이 *amusement* park 놀이공원

Wellbong amused the children with his clown makeup. 웰봉이는 광대 분장으로 아이들을 즐겁게 해주었다.

gloomy [glúːmi]

ⓐ 우울한; 음산한(dismal, dreary)
↳ **gloom** **n.** 우울, 침울

gloomy skies 잔뜩 흐린 하늘

Wellbong felt **gloomy** owing to the rainy weather. 웰봉이는 비가 와서 우울했다.

voca plus+ '우울한'의 유의어
depressed   melancholy   low   blue

pleasure [pléʒər]

ⓝ 기쁨, 즐거움, 유쾌함 ↔ displeasure(불쾌감)
↳ **please** **v.** 즐겁게 하다
↳ **pleasant** **a.** 쾌적한, 즐거운 ↔ unpleasant(불쾌한)
↳ **pleased** **a.** 만족해하는(with)

at your **pleasure** 당신이 원하는 대로

The award gave Shiny Bong a lot of **pleasure**.
그 상은 샤이니 봉에게 많은 기쁨을 주었다.

optimistic [àptəmístik]

ⓐ 낙관적인(positive), ↔ pessimistic(비관적인)
↳ **optimism** **n.** 낙관주의 ↔ pessimism(비관주의)
↳ **optimist** **n.** 낙관주의자 ↔ pessimist(비관론자)

an **optimistic** view 낙관적 견해

Wellbong is very **optimistic** about the future.
웰봉이는 미래에 대해 아주 낙관적이다.

satisfaction [sæ̀tisfǽkʃən]

ⓝ 만족, 흡족 ↔ dissatisfaction(불만족)
↳ **satisfy** v. 만족시키다, 충족시키다
↳ **satisfactory** a. 만족스러운, 충분한 ↔ unsatisfactory
↳ **satisfied** a. 만족스러워 하는(with) (content)
                  cf) complacent 스스로 만족하는, 안일한

Satisfaction guaranteed. [광고] 반드시 만족 보장합니다.

All the checks are marked in the satisfaction box. 모든 체크가 만족 란에 표시되었다.

considerate [kənsídərət]

ⓐ 사려 깊은(thoughtful) ↔ inconsiderate(이해심 없는)
  cf) considerable (양, 정도 등이) 상당한
↳ **consider** v. 곰곰이 생각하다; 간주하다(regard); 배려하다
↳ **consideration** n. 고려, 숙고, 참작, 배려
                  take ~ into *consideration* ~을 고려[참작]하다
↳ **considering** prep. ~을 고려하면

Wellbong is always so considerate of Boonhong's feeling. 웰봉이는 항상 분홍이의 마음을 잘 배려해 준다.

intensive [inténsiv]

ⓐ 집중적인(focused, concentrated)
↳ **intense** a. 강렬한, 심한(extreme)
↳ **intensity** n. 강렬, 집중
↳ **intensively** ad. 집중적으로

an intensive language course 집중 어학 코스

An intensive rain of arrows is flying at Wellbong. 웰봉이에게 집중적으로 화살세례가 날아들었다.

responsibility [rispɑ̀nsəbíləti]

n 책임, 책무 ↔ irresponsibility(무책임)
↳ **responsible** a. 책임이 있는(**for**) (liable),
↳ ↔ irresponsible(무책임한)

Hungbu feels a strong sense of responsibility towards his children. 흥부는 자식에 대한 책임감이 강하다.

voca plus+ '책임, 의무'의 유의어
duty   liability   accountability   obligation

수능 빈출표현
take the responsibility of ~에 대해 책임이 있다

principle [prínsəpl]

n 원칙, 원리
  cf) principal 교장, 주요한(primary) (철자와 의미에 유의)

act on principle   원칙에 따라 행동하다

Wellbong has the principle that he never lends money to his friends.
웰봉이는 절대로 친구에게는 돈을 빌려주지 않는다는 원칙을 가지고 있다

devote [divóut]

v (몸, 노력, 시간 등을) 바치다(to) (dedicate)
↳ **devoted** a. 헌신적인
↳ **devotion** n. 헌신(allegiance), 전념(dedication)

Wellbong has devoted his life to* Boonhong.
웰봉이는 그의 삶을 분홍이에게 바쳤다.
* devote one's life to ~에 일생을 바치다

exaggerate [igzǽdʒərèit]

ⓥ 과장하다(overstate)

↳ **exaggeration** **n.** 과장(overstatement)

exaggerate the facts 사실을 과대 포장하다

The drawing was a little bit exaggerated.
그 그림은 약간 과장되었다.

squeeze [skwíːz]

ⓥ (손으로 꼭) 짜다, 짜내다(wring); (좁은 곳에) 밀어 넣다(stuff)

squeeze dry 물기가 없도록 짜다
squeeze a tube of toothpaste 치약을 짜다

Bora is squeezing the traditional Korean medicine for Wellbong. 보라는 웰봉이를 위해 한약을 짜고 있다.

lower [lóuər]

ⓥ 낮추다, 내리다 ↔ lift(올리다)
ⓐ 더 낮은(low의 비교급)
↳ **lowered** **a.** 낮아진
↳ **low** **a.** 낮은

lower the flag 기를 내리다

Bong-bbung jel had to lower her hair to make rope for Nyabong.
봉뿡젤은 냐봉이를 위한 밧줄을 만들기 위해 머리카락을 내려야 했다.

diligent [dílədʒənt]

ⓐ 근면한, 성실한
ㄴ **diligence** n. 근면, 성실
ㄴ **diligently** ad. 근면하게, 성실하게

work diligently like a beaver 비버처럼 부지런히 일하다

Ants are generally portrayed as diligent
creatures. 개미는 주로 근면한 곤충으로 묘사된다.

voca plus+ '근면, 성실'의 유의어
hard-working industrious assiduous

strenuous [strénjuəs]

ⓐ 힘이 많이 드는(laborous), 분투하며 노력하는
ㄴ **strenuously** ad. 활기차게, 열심히

strenuous efforts 피나는 노력

This is strenuous physical training for them.
이것은 그들에게 몹시 힘든 육체적 훈련이다.

aid [éid]

ⓝ 원조, 지원, 도움 ⓥ 돕다, 원조하다

mutual aid 상호협력
medical aid 의료지원

Wellbong is aiding Bora to climb up the
ladder. 웰봉이는 보라가 사다리에 올라가는 것을 도와주고 있다.

voca plus+ '돕다'의 유의어
help assist give[lend] (sb) a hand

extinguish [ikstíŋgwiʃ]

v 불을 끄다(put out) *cf)* distinguish 구별하다
└ **extinguisher** **n.** 소화기

extinguish the forest fire   산불을 진화하다
Wellbong is extinguishing the fire on Bora's head.   웰봉이는 보라 머리 위에 있는 불을 끄고 있다.

tremble [trémbl]

v 떨(리)다
└ **trembling** **a.** 떨고 있는

tremble like a leaf   나뭇잎처럼 떨다
Wellbong is trembling at the thought of a ghost.   웰봉이는 유령 생각에 떨고 있다.

voca plus+ '떨다'의 유의어
shake   quiver   shiver   shudder   quake

plunge [plʌ́ndʒ]

v (물이나 불 속으로) 뛰어들다(dive); 거꾸러지다(fall down); 찌르다(poke)
n (갑자기) 떨어져 내림, 급락(in)

plunge into the water   물속으로 뛰어들다
Bora is ready to plunge into the sea.
보라는 바다 속으로 뛰어들 준비가 되었다.

torture [tɔ́ːrtʃər]

v 고문하다(torment), 괴롭히다(annoy, inflict)
n 고문, 고통

electric torture 전기 고문

A fighter for national independence, Wellbong was captured and tortured by the secret police officer, Mr. Nyabongmura.
독립투사 웰봉이는 비밀경찰 나봉무라상에게 붙잡혀 고문당했다.

resist [rizíst]

v 저항하다

resistance n. 저항(defiance)
resistible a. 저항할 수 있는 ↔ irresistible(저항할 수 없는)

resist temptation 유혹을 견디다

Nyabong resisted Wellbong's attempt to kiss him. 냐봉이는 뽀뽀하려는 웰봉이를 밀어냈다.

voca plus+ '저항하다'의 유의어
oppose   defy   hold out

discard [diskáːrd]

v (불필요한 것을) 버리다, 폐기하다(throw away[out])
└ **discardable** a. 포기할 수 있는

discard data 자료를 폐기하다

Wellbong had discarded the first page of his love letter into the wastebasket.
웰봉이는 연애편지의 첫 페이지를 휴지통에 버렸다.

inspect [inspékt]

ⓥ 점검하다, 검사하다
↳ **inspection** **n.** 점검, 검사, 검토
↳ **inspector** **n.** 조사관, 감독관(supervisor, superintendent)

inspect in detail　자세히 조사하다

Mrs. Bong is **inspecting** the items in the warehouse.　봉여사는 창고에 있는 물건들을 검사하고 있다.

voca plus+　'검사하다, 점검하다'의 유의어
examine　**test**　**go over**　**check (out)**

impulse [ímpʌls]

ⓝ 충동; 자극(stimulus)
↳ **impulsive** **a.** 충동적인

impulse buying　충동구매
on **impulse**　충동(적)으로

Bora felt a sudden **impulse** to hug Shiny Bong from behind.　보라는 갑자기 샤이니 봉 뒤에서 그를 안고 싶은 충동을 느꼈다.

voca plus+　'충동'의 유의어
urge　**drive**　**compulsion**

praise [préiz]

ⓥ 칭찬하다 ↔ scold(꾸중하다); 찬송하다, 찬미하다
ⓝ 칭찬
↳ **praiseworthy** **a.** 칭찬할 만한

excessive **praise**　지나친 칭찬

Praise lets even the whale dance.
칭찬은 심지어 고래도 춤추게 한다.

voca plus+　'칭찬하다'의 유의어
compliment　**speak well of**　**commend**

Step 1 다음 영단어의 우리말 뜻을 쓰시오.

awkward	exaggerate
treat	squeeze
hostility	lower
cordial	diligent
gratify	strenuous
amuse	aid
gloomy	extinguish
pleasure	tremble
optimistic	plunge
satisfaction	torture
considerate	resist
intensive	discard
responsibility	inspect
principle	impulse
devote	praise

Step 2 다음 밑줄 친 단어의 유의어를 고르시오.

Hint 책갈피로 가리고 이해가 안가는 경우에만 보세요.

1 <u>amuse</u> his son and daughter
① examine   ② entail   ③ congratulate
④ entertain   ⑤ endure

2 the <u>gloomy</u> weather
① hardy ② obese ③ melancholy ④ grateful ⑤ ambitious

3 still <u>optimistic</u>
① inaudible   ② positive   ③ passionate
④ conscious   ⑤ obstinate

4 the <u>hostility</u> toward the strangers
① fatigue   ② virtue   ③ behavior   ④ antipathy   ⑤ harmony

5 <u>considerate</u> of women
① transparent   ② immune   ③ dependent
④ considerable ⑤ thoughtful

Step 3 다음 빈칸에 들어갈 알맞은 단어를 고르시오.

1 The police went to .... the scene of the accident.
① inspect ② inspire ③ expect ④ respect ⑤ admire

2 It took the firefighters hours to .... the flames.
① construct   ② determinate   ③ extinguish
④ devastate   ⑤ illuminate

3 While some people are .... , others are lazy.
① radical   ② lonely   ③ serious
④ lamentable   ⑤ diligent

4 Supporting a family is a great ....
① tendency   ② responsibility ③ neutrality
④ probability ⑤ evaluation

5 The company is trying to improve customer ....
① prediction   ② estimation   ③ humiliation
④ satisfaction ⑤ frustration

1 아들과 딸을 즐겁게 하다
  ① 검사하다 ② 수반하다 ③ 축하하다
  ④ 즐겁게 하다 ⑤ 견디다

2 침울한 날씨
  ① 강인한 ② 비만의 ③ 우울한
  ④ 감사하는 ⑤ 야망의

3 여전히 낙천적인
  ① 들리지 않는 ② 긍정적인 ③ 열정적인
  ④ 의식하는 ⑤ 고집이 센

4 낯선 사람들에 대한 적대감
  ① 피로 ② 미덕 ③ 행동 ④ 반감 ⑤ 조화

5 여자들을 배려하는
  ① 투명한 ② 면역의 ③ 의존하는
  ④ 꽤, 상당한 ⑤ 사려 깊은

1 경찰은 가서 사건 현장을 조사했다.
  ① 조사하다 ② 영감을 주다 ③ 기대하다
  ④ 존경하다 ⑤ 감탄하다

2 소방관들이 화염을 진화하는 데 여러 시간이 걸렸다.
  ① 건설하다 ② 결심하다 ③ 불을 끄다
  ④ 황폐화시키다 ⑤ 조명하다

3 부지런한 사람이 있는 반면, 게으른 사람도 있다.
  ① 급진적인 ② 외로운 ③ 심각한
  ④ 한탄스러운, 통탄할 ⑤ 부지런한

4 가족을 부양한다는 것은 큰 책임이다.
  ① 성향 ② 책임 ③ 중립성 ④ 가능성 ⑤ 평가

5 그 회사에서는 고객 만족을 개선하려고 애쓰고 있다.
  ① 예언 ② 평가, 견적 ③ 굴욕
  ④ 만족 ⑤ 좌절, 실망

Step 4 빈칸에 알맞은 단어를 보기에서 골라 쓰시오.

Hint 책갈피로 가리고 이해가 안가는 경우에만 보세요.

보기	awkward	treats	intensive
	principle	devote	

1 The old man tried to dance to the music, but he was too clumsy and ....

2 Bill .... his girl friend like a princess.

3 The patient spent two weeks doing .... rehab* for his arm every day.   * rehab 재활치료

4 Decision by the majority* is the invariable .... of democracy.   * decision by the majority 다수결

5 Amy decided to .... the rest of her life to helping the poor.

1 노인은 음악에 맞춰 춤을 추려고 해봤지만 너무 어색하고 서툴렀다.

2 빌은 여자 친구를 공주처럼 대한다.

3 그 환자는 2주 동안 매일 집중적인 팔 재활치료를 받았다.

4 다수결은 민주주의의 불변의 원칙이다.

5 에이미는 자신의 남은 삶을 가난한 사람을 돕는 데 바치기로 결심했다.

보기	impulse	exaggerated	discard
	praise	resisted	

6 .... food advertising puts the health of consumers at risk.

7 The soldiers .... the enemy bravely.

8 You should .... the food waste separately.

9 While shopping in the department store, she purchased some clothes on ....

10 I was proud of myself with the teacher's ....

6 과장된 식품 광고는 소비자의 건강을 위험하게 한다.

7 병사들은 적에 용감히 저항했다.

8 음식 쓰레기는 따로 버려야 한다.

9 백화점에서 쇼핑을 하다가 그녀는 옷 몇 벌을 충동적으로 구매했다.

10 나는 선생님의 칭찬에 어깨가 으쓱해졌다.

▶ 정답은 p.353~354에

- ☐ frighten
- ☐ astound
- ☐ attach
- ☐ tense
- ☐ furious
- ☐ fond
- ☐ humiliation
- ☐ lonely
- ☐ upset
- ☐ lamentable
- ☐ delight
- ☐ despair
- ☐ solitary
- ☐ frustrate
- ☐ concerned

- ☐ pitiful
- ☐ enthusiastic
- ☐ dread
- ☐ thrilled
- ☐ comfortable
- ☐ astonished
- ☐ scared
- ☐ emotion
- ☐ depressed
- ☐ misery
- ☐ startled
- ☐ resent
- ☐ charm
- ☐ bother
- ☐ irritate

frighten [fráitn]

v 겁먹게[놀라게] 만들다(scare, intimidate)
ㄴ **frightened** **a.** 겁먹은, 무서워하는
ㄴ **frightening** **a.** 겁을 주는, 놀라게 하는

frighten children with a story
애들이 무서워할 이야기를 하다

The regal appearance of the lion made
Nyabong frightened.
사자의 위엄있는 모습이 냐봉이를 겁먹게 하였다.

astound [əstáund]

v 깜짝 놀라게 하다
ㄴ **astounded** **a.** 깜짝 놀란
ㄴ **astounding** **a.** 깜짝 놀라게 하는

astound the world 세상을 놀라게 하다

The sudden appearance of Bora astounded
Wellbong. 보라의 갑작스런 출현은 웰봉이를 깜짝 놀라게 하였다.

attach [ətǽtʃ]

v 붙이다, 첨부하다(affix)
ㄴ **attached** **a.** 부착된; 애착을 가진
ㄴ **attachment** **n.** 애착; 부착, 첨부

attach a tag 꼬리표를 붙이다

Now thanks to the post-its attached to my
body, I never forget the important things to
do. 이렇게 해야 할 중요한 일들을 내몸에 붙여놨으니 절대 잊지 않겠지?

tense [téns]

ⓐ 긴장한, (줄 등이) 팽팽한 ↔ loose, baggy(헐렁한)
└ **tension** **n.** 긴장(tensity), 팽팽함

a tense atmosphere 긴장된 분위기

Wellbong was so tense about the result of the imminent game. 웰봉이는 게임의 곧 닥칠 결과로 매우 긴장했다.

voca plus+ '긴장한'의 유의어
strained uptight nervous

furious [fjúəriəs]

ⓐ 몹시 화가 난(with), 맹렬한(violent)
└ **furiously** **ad.** 미친 듯이 노하여, 광란하여
└ **fury** **n.** 격노(rage, wrath)

be in a furious mood 격노해 있다

Wellbong is furious with something.
웰봉이가 뭔가에 분노해 있다.

voca plus+ '화가 난'의 유의어
angry enraged indignant infuriated mad upset

fond [fánd]

ⓐ 좋아하는(of); 정다운, 다정한
└ **fondness** **n.** 아주 좋아함, 애호(for)

be fond of reading 독서를 좋아하다
a fond father 다정한 아버지

Mrs. Bong is extremely fond of diamonds.
봉여사는 다이아몬드를 엄청 좋아한다.

humiliation [hjuːmìliéiʃən]

🄝 창피 줌[당함], 굴욕, 창피
  ↳ **humiliate** **v.** 굴욕감을 주다
  ↳ **humiliated** **a.** 굴욕을 당한(ashamed, disgraceful)
  ↳ **humiliating** **a.** 굴욕감을 주는

Wellbong suffered humiliation in front of Bora.
웰봉이는 보라 앞에서 굴욕을 당했다.

voca plus+ '창피, 굴욕'의 유의어
embarrassment shame disgrace

lonely [lóunli]

🄐 외로운, 쓸쓸한(lonesome, alone); 외딴(remote)
  ↳ **loneliness** **n.** 외로움

a lonely night 외로운 밤

An outcast* feels lonely because he has no
friends. 왕따는 친구가 없어 외롭다 * outcast 왕따

뉘앙스 구별 외로운
solitary 고독한(혼자 있기를 좋아해서 홀로 지내거나 혼자서 무엇을 하는)
lonely 함께 할 수 있는 사람이 없어서 외로운

upset [ʌ̀psét]

동사변화 upset–upset–upset
🄐 기분이 상한, 화난(unhappy, angry)
🅥 속상하게 만들다; 뒤집어엎다(overturn, overthrow)

upset the system 체제를 뒤엎다

Wellbong got upset because he missed the
balloon. 웰봉이는 풍선을 놓쳐서 속상했다.

lamentable [lǽməntəbl]

ⓐ 슬픈, 애처로운(sad); 통탄스러운(deplorable, mournful)
↳ **lament** **v.** 애통하다, 한탄하다(grieve)
          n. 슬픔, 비탄(sorrow, grief)
↳ **lamentation** **n.** 애통, 한탄, 통탄

a lamentable failure 비통한 실패

Bora felt lamentable due to her bad luck.
보라는 자신의 불운을 슬퍼하였다.

delight [diláit]

ⓝ 기쁨, 즐거움(pleasure) ↔ displeasure(불쾌감)
↳ **delightful** **a.** 정말 기분 좋은
↳ **delighted** **a.** 기뻐하는

in high delight 대단히 기뻐서

Snow is a pure delight to Wellbong and Nyabong. 눈은 웰봉이와 냐봉이에게 최고의 기쁨이다.

voca plus+ '기쁨, 즐거움'의 유의어
pleasure joy happiness enjoyment gladness

despair [dispέər]

ⓝ 절망(hopelessness)
ⓥ 절망하다

in despair at ~에 절망하여
be plunged into despair 절망에 빠지게 되다
A deep sense of despair overwhelmed Wellbong. 웰봉이는 깊은 절망감에 빠졌다.

solitary [sάlətèri]

ⓐ 고독한, 혼자 있기를 좋아하는 ↔ sociable(사교적인)
└ **solitarily** **ad.** 혼자서, 고독하게
└ **solitude** **n.** 고독(loneliness), 은둔(seclusion)

a solitary traveler 혼자 여행하는 사람

Wellbong used to be a solitary child.
웰봉이는 혼자서도 잘 노는 아이였다.

frustrate [frΛstreit]

ⓥ 실망시키다(disappoint), 좌절시키다(discourage)
└ **frustration** **n.** 좌절, 낙심, 실망
└ **frustrated** **a.** 낙심된, 좌절한

frustrated with the bad result 나쁜 결과로 실망한

Don't be frustrated at any case.
어떤 경우라도 좌절하지 마라.

concerned [kənsə́ːrnd]

ⓐ 걱정하는, 염려하는(worried); 관계하고 있는(related)
└ **concern** **n.** 걱정, 염려; 관심사(interest); 관계(relation)
　　　　　　 v. 걱정하다; 관심을 갖다; ~에 관계하다
└ **concerning** **prep.** ~에 관하여(about, regarding)

She is concerned about an obstructor.
그녀는 어떤 방해자 때문에 걱정이다.

voca plus+ 전치사에 따른 의미변화에 유의
be concerned about[for] ~을 걱정하다
be concerned with ~에 관여하다   concerns over ~에 관한 걱정

pitiful [pítifəl]

ⓐ 측은한(pathetic, merciful); 한심한
└ **pity** **n.** 불쌍함, 연민(sympathy, compassion)
└ **pitiless** **a.** 무자비한(ruthless, cruel)

a pitiful fate 가엾은 운명

A pitiful boy is selling matches on the street for a living. 가엾은 소년은 생계를 위해 거리에서 성냥을 팔고 있다.

enthusiastic [inθùːziǽstik]

ⓐ 열렬한, 열정적인(about)
└ **enthusiasm** **n.** 열정(passion), 열광

an enthusiastic supporter 열렬한 후원재[지지자]

Wellbong is very enthusiastic about everything. 웰봉이는 모든 일에 매우 열정적이다.

voca plus+ '열렬한'의 유의어
passionate eager ardent fervent

dread [dréd]

ⓥ 두려워하다(be afraid[fearful, scared])
ⓝ 두려움, 공포
└ **dreadful** **a.** 무서운, 두려운, 끔찍한

a dread of snakes 뱀에 대한 공포

Wellbong had a dread of Bora's puffy* face.
웰봉이는 보라의 부은 얼굴을 보고 무서워했다. * puffy 부은

voca plus+ '두려움, 공포'의 유의어
fear terror horror fright panic trepidation

thrilled [θrild]

ⓐ (너무 좋아서) 황홀해 하는; 아주 흥분한(so excited)
↳ **thrill** n. 황홀감, 흥분, 설렘; 전율
　　　　　v. 가슴 두근거리게 하다
↳ **thrilling** a. 황홀한, 흥분되는, 아주 신나는

thrilled with the award 상을 받고 감격해 하는

The Zyro drop makes Wellbong thrilled.
웰봉이는 자이로 드롭을 아주 신나 했다.

comfortable [kʌ́mftəbl]

ⓐ 편안한 ↔ uncomfortable(불편한)
↳ **comfortably** ad. 편안하게
↳ **comfort** n. 위안, 안심; 편안
　　　　　　v. 편안하게 하다(ease); 위안하다(console, solace)

Wellbong feels comfortable, just like he is lying on a cloud. 웰봉이는 구름에 누워있는 것처럼 편안함을 느낀다.

voca plus+ '평안한, 평온한'의 유의어
relaxed　easy　peaceful　calm　restful　at ease

astonished [əstɑ́niʃt]

ⓐ 깜짝 놀란
↳ **astonish** v. 깜짝 놀라게 하다
↳ **astonishing** a. 정말 놀라운, 믿기 힘든
↳ **astonishment** n. 깜짝 놀람

Wellbong was astonished at* the weird present from Bora. 웰봉이는 보라의 이상한 깜짝 선물에 매우 놀랐다.
* be astonished (at) ~에 깜짝 놀라다, 혀를 내두르다

voca plus+ 놀라움의 정도
surprise < amaze < astonish < astound < startle

scared [skɛərd]

ⓐ 무서워하는(of), 겁먹은(frightened)
↳ **scare** v. 겁주다, 겁먹게 하다(terrify)
↳ **scary** a. 겁나는, 무서운 a *scary* movie 무서운 영화

a **scared** child 겁을 먹은 아이

Wellbong was **scared of** Nyabong, who was made up like a ghost.
웰봉이는 유령처럼 분장한 냐봉이의 모습에 겁을 먹었다.

emotion [imóuʃən]

ⓝ 감정(feeling, sentiment); 감동
↳ **emotional** a. 감정의 ↔ emotionless(감정이 없는)
↳ **emotionally** ad. 감정적으로

control one's **emotion** 자기의 감정을 누르다

Nyabong is also a creature of **emotion**.
냐봉이도 감정의 동물이다.

depressed [diprést]

ⓐ 우울한(gloomy, feel blue)
↳ **depress** v. 우울하게 만들다
↳ **depression** n. 우울증, 우울함; 불경기

depressed in spirits 기분이 우울한
a **depressed** market 침체 시장

Wellbong felt very **depressed** about his future.
웰봉이는 장래에 대해 몹시 우울한 기분이 들었다.

misery [mízəri]

n 고통, 불행; 비참
↳ **miserable** **a.** 비참한

the misery of poverty 가난의 비참함

When Wellbong got a letter from Boonhong saying goodbye, he was in great misery.
웰봉이는 분홍이의 이별통보 편지에 몹시 괴로워했다.

voca plus+ '비참한'의 유의어
distressing wretched sad tragic pitiful pitiable

startled [stáːrtld]

v 깜짝 놀란
↳ **startle** **v.** 깜짝 놀라게 하다
↳ **startling** **a.** 놀라게 하는

be startled at the noise 소리에 놀라다

Wellbong got startled at what his mom said.
웰봉이는 엄마의 말에 깜짝 놀랐다.

resent [rizént]

v 분개하다(infuriate), 화를 내다
↳ **resentful** **a.** 분개하는
↳ **resentment** **n.** 분개(fury, indignation)

resent one's refusal 거절에 화를 내다

Wellbong deeply resented his parents' remark. 웰봉이는 부모님의 말에 엄청 나게 분개했다.

charm [tʃáːrm]

- **ⓝ** 매력(attraction); 주문, 마술(magic, spell)
- **ⓥ** 매혹시키다, 마법을 걸다
- └ **charming a.** 매혹적인(fascinating)

unfailing charm　그치지 않은 매력

Bora is under a delusion* that she herself is charming.　보라는 본인이 매력적이라 착각하고 있다.
* delusion 망상, 착각

bother [báðər]

- **ⓥ** 괴롭히다, 귀찮게 하다
- └ **bothersome a.** 성가신, 귀찮은

bother a person with questions
~에게 귀찮게 질문하여 괴롭히다

Stop bothering me when I'm sleeping.
내가 잘 때는 귀찮게 좀 하지마.

voca plus+ '괴롭히다, 귀찮게 하다, 화나게 하다'의 유의어
harass　irritate　annoy　provoke　pester　exasperate

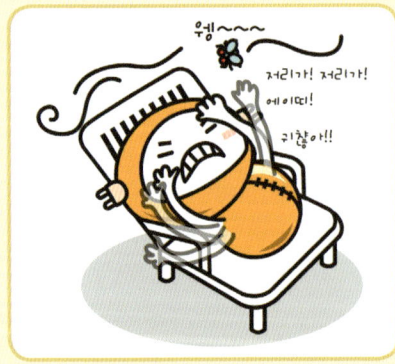

irritate [írətèit]

- **ⓥ** 화나게 하다(exasperate), ~을 짜증나게 하다(annoy)
- └ **irritation n.** 화나게 함, 짜증나게 함(nuisance)
- └ **irritating a.** 약 올리는

irritate a person's nerves　사람의 신경을 건드리다

The fly keeps irritating Wellbong who wants to take a nap.　파리는 낮잠을 자려는 웰봉이를 계속해서 귀찮게 하고 있다.

TEST 8

Step 1 다음 영단어의 우리말 뜻을 쓰시오.

frighten	pitiful
astound	enthusiastic
attach	dread
tense	thrilled
furious	comfortable
fond	astonished
humiliation	scared
lonely	emotion
upset	depressed
lamentable	misery
delight	startled
despair	resent
solitary	charm
frustrate	bother
concerned	irritate

Step 2 다음 밑줄 친 단어의 유의어를 고르시오.

Hint 책갈피로 가리고 이해가 안가는 경우에만 보세요.

1 <u>frighten</u> one's friend
① sustain   ② breathe   ③ scare   ④ gratify   ⑤ resent

2 a big <u>delight</u>
① grief   ② pleasure   ③ patient
④ tendency   ⑤ symptom

3 most <u>comfortable</u>
① relaxed   ② tight   ③ flexible   ④ clumsy   ⑤ uneasy

4 an instinctive <u>dread</u>
① crave   ② fear   ③ fury   ④ bond   ⑤ fate

5 a <u>pitiful</u> orphan
① jealous   ② humble   ③ fierce   ④ pathetic   ⑤ ruthless

1 친구를 겁먹게 하다
 ① 지탱하다 ② 호흡하다 ③ 겁을 주다
 ④ 만족시키다 ⑤ 분개하다

2 큰 기쁨
 ① 슬픔 ② 기쁨 ③ 환자 ④ 경향 ⑤ 증상

3 가장 편안한
 ① 편안한, 여유 있는 ② 꽉 조이는, 단호한
 ③ 융통성 있는 ④ 서투른 ⑤ 불안한

4 본능적인 두려움
 ① 열망 ② 두려움 ③ 분노 ④ 결속 ⑤ 운명

5 가여운 고아
 ① 질투하는 ② 겸손한, 비천한 ③ 사나운
 ④ 애처로운 ⑤ 무자비한

Step 3 다음 빈칸에 들어갈 알맞은 단어를 고르시오.

1 His daughter .... bitterly her father's new wife.
① observed   ② digested   ③ swelled
④ resented   ⑤ suffered

2 The boy suffered .... when beaten by a girl.
① fragrance   ② diagnose   ③ definition
④ hypothesis   ⑤ humiliation

3 The hard working student was .... over his 'D' result.
① suggested   ② frustrated   ③ recalled
④ foretold   ⑤ deserved

4 It is known that Korean parents are .... about their children's education.
① mental   ② obvious   ③ enthusiastic
④ diligent   ⑤ generous

5 Are you .... about the recent decline in the stock market?
① disappointed   ② flattered   ③ reliable
④ concerned   ⑤ solitary

1 딸은 아버지의 새 아내에게 몹시 분개했다.
 ① 관찰했다 ② 소화되었다 ③ 부풀었다
 ④ 분개했다 ⑤ 고통을 겪었다

2 소년은 한 여자애한테 얻어맞아서 창피했다.
 ① 향기 ② 진단 ③ 정의 ④ 가설 ⑤ 창피

3 열심히 하는 그 학생은 D학점의 결과로 좌절했다.
 ① 제안했다 ② 좌절했다 ③ 회상했다
 ④ 예언했다 ⑤ ~할 만 했다

4 한국 부모들이 자녀 교육에 열성이라고 알려져 있다.
 ① 정신의 ② 명백한 ③ 열정적인
 ④ 부지런한 ⑤ 관대한

5 최근의 주가 하락이 걱정되시나요?
 ① 실망스러운 ② 우쭐한 ③ 믿을 만한
 ④ 걱정하는 ⑤ 고독한

Step 4 빈칸에 알맞은 단어를 보기에서 골라 쓰시오.

Hint 책갈피로 가리고 이해가 안가는 경우에만 보세요.

보기	bother	scared	lonely
	irritating	emotions	

1 The mosquitoes buzzing in my ear were so ....

2 Don't .... him because he is studying now.

3 A human being can express its .... with music.

4 The children were .... of the ghost.

5 Anna didn't have no friend to talk to, so she felt
....

1 귓가에서 윙윙거리는 모기들은 너무나 <u>성가셨다</u>.
2 그가 지금 공부하고 있으니까 <u>귀찮게 하지</u> 마라.
3 인간은 음악으로 <u>감정</u>을 표현할 수 있다.
4 아이들은 유령을 <u>무서워했다</u>.
5 안나는 친구가 없어서 <u>외로움</u>을 느꼈다.

보기	upset	attach	thrilled
	lamentable	despair	

6 I was .... when my friend ignored me.

7 Diana was .... just to think that she could travel
abroad.

8 You are required to .... a photograph to your
application form.* * form 지원서

9 My uncle fell into .... after his business failed.

10 Sadly, the government's response is ....

6 친구가 나를 무시했을 때 <u>화가 났다</u>.
7 다이애나는 해외여행을 간다는 생각에 <u>흥분되었다</u>.
8 지원서에 사진을 <u>붙여야</u> 한다.
9 삼촌은 사업 실패 후 <u>절망감</u>에 빠졌다.
10 안타깝지만 정부의 반응은 <u>대단히 유감스럽다</u>.

▶ 정답은 p.354~355에

Think not those faithful who praise all your words and actions;
but those who kindly reprove your faults.

Socrates

모든 언행을 칭찬하는 자보다 결점을 친절하게 말해주는 친구를 가까이 하라.

– 소크라테스, 고대 그리스 철학자

Ch.6

사고·판단·인식

- [ ] mental
- [ ] abstract
- [ ] hypothesis
- [ ] theoretical
- [ ] profound
- [ ] contemplate
- [ ] regard
- [ ] concentrate
- [ ] preoccupied
- [ ] standpoint
- [ ] opinion
- [ ] recall
- [ ] remind
- [ ] absent-minded
- [ ] imaginary

- [ ] suppose
- [ ] assume
- [ ] overwhelmed
- [ ] probability
- [ ] suggest
- [ ] forecast
- [ ] foretell
- [ ] potential
- [ ] expect
- [ ] anticipate
- [ ] unpredictable
- [ ] comprehend
- [ ] appreciate
- [ ] acquaint
- [ ] clarify

mental [méntl]

ⓐ 정신의, 마음의(spiritual) ↔ physical(신체적인, 육체적인)
↳ **mentally** **ad.** 정신적으로, 마음속으로
↳ **mentality** **n.** 정신력(자세); 심리상태

mental disease 정신병, 정신 장애
mental health 정신 건강

Mental means relating to the process of thinking. 정신은 사고과정에 관계되는 것을 의미한다.

abstract [ǽbstrǽkt]

ⓐ 추상적인 ↔ concrete(구체적인), theoretical(이론적인)
ⓥ 추출하다(extract); 요약하다(summarize)
↳ **abstraction** **n.** 추상, 관념

an abstract idea 추상적 개념

It is not easy to appreciate the meaning of this abstract picture.
이 추상화의 의미를 이해하는 것은 쉽지 않다.

hypothesis [haipάθəsis]

ⓝ 가설(tentative theory), 가정, 추측(assumption, guess)
↳ **hypothetic(al)** **a.** 가설의, 가정의

form a hypothesis 가설을 세우다

The teacher had a hypothesis that the earth was not round. 선생님은 지구가 원이 아니라는 가설을 제기하였다.

theoretical [θìːərétikəl]

ⓐ 이론의 ↔ practical(실제적인)
↳ **theoretically ad.** 이론상
↳ **theory n.** 이론 ↔ practice(실제)

practical rather than theoretical
이론적이기 보다는 실제적인

Love could seem easy from a theoretical point of view. 사랑은 이론적인 관점에서 보면 쉬워 보일 수 있다.

profound [prəfáund]

ⓐ 심오한(in-depth, deep) ↔ superficial(피상적인)
↳ **profoundly ad.** 깊이, 매우(greatly)
↳ **profoundity n.** 깊이, 심오

a profound sleep 깊은 잠
a profound problem 심오한 문제

Wellbong asked himself the profound question, "What is life?"
웰봉이는 자신에게 "인생이 뭘까"라는 심오한 질문을 했다.

contemplate [kɑ́ntəmplèit]

ⓥ 고려하다, 생각하다(consider, ponder); 응시하다(gaze at)
↳ **contemplation n.** 사색, 명상; 응시
↳ **contemplative a.** 사색하는; 응시하는

contemplate one's future 자신의 장래를 심사숙고하다

The statue seems to be contemplating something. 그 조각상은 뭔가를 생각하는 것 같다.

regard [rigá:rd]

v ～을 …으로 여기다(as); 배려하다 ↔ disregard(무시하다)

n 배려, 존경; 관계; 안부인사(~s)

↳ **regarding prep.** ～에 관하여(concerning)

We should regard time as gold.
우리는 시간을 금처럼 여겨야 한다.

(수능 빈출표현)
regard[think of, look upon, see, consider] A of B
A를 B로 간주하다

concentrate [kánsəntrèit]

v 집중하다(on), 전념하다(focus) ↔ distract(산만하게 하다);
농축시키다

↳ **concentration n.** 집중(력), 농도

Wellbong had to concentrate on the free-shot
for the victory. 웰봉이는 승리를 위해 자유투에 집중해야만 했다.

(voca plus+) '집중적인'의 유의어
intensive concentrated focused intensified

preoccupied [priakjupàid]

a 몰두한(with) (intent on, immersed in), 열중하는
(absorbed in, engrossed in); 사로잡힌(captivated)

↳ **preoccupation n.** 몰두, 열중

↳ **preoccupy v.** 열중하게 하다, 몰두시키다

preoccupied with watching TV
TV 보는 데 정신이 팔려 있다

Wellbong's mom is so preoccupied with the
phone conversation.
웰봉이 엄마는 전화통화에 정신이 팔려 있다.

standpoint [stǽndpɔ̀int]

ⓝ 견해, 관점(viewpoint, point of view)

from an aesthetic standpoint 미적 관점에서 보면
the government's standpoint 정부의 입장

Nyabong is telling Wellbong his standpoint about the picture.
나봉이는 웰봉이에게 그림에 대한 견해를 말하고 있다.

opinion [əpínjən]

ⓝ 의견, 견해

opinion leader 여론 주도자   opinion poll 여론 조사
public opinion 여론

Wellbong wants to tell his opinion to Bora.
웰봉이는 보라에게 자기의 의견을 말해주고 싶어 한다.

뉘앙스 구별 의견/견해
view 주관적 의견   **position** 공식적 견해   **stance** 공개적인 태도나 입장

recall [rikɔ́ːl]

ⓥ 기억해내다 ↔ forget(잊어버리다); 상기하다(remind), 소환하다(summon)

recall the past 옛날을 회상하다

Wellbong tried to recall where he put Nyabong's food.
웰봉이는 나봉이의 먹이를 어디에 뒀는지 기억하려고 애썼다.

voca plus+ '기억하다, 회상하다'의 유의어
**remember   recollect   bear[keep] in mind   retrospect
reminisce   look back on**

remind [rimáind]

ⓝ 상기시키다(of)
ㄴ **reminder** **n.** 상기시키는[생각나게 하는] 것
　　　　　　cf) remainder 나머지(rest, remnant)

The post-it reminded Wellbong of* what he
had to do. 포스트잇은 웰봉이가 해야 할 일을 상기시켰다.
* remind A of[about] B A에게 B를 알려주다

absent-minded
[ǽbsəntmáindid]

ⓐ 건망증이 심한; 딴 데 정신이 팔린
ㄴ **absent-mindedly** **ad.** 방심하여, 멍하니
ㄴ **absent-mindedness** **n.** 방심, 넋을 잃음

Absent-minded Wellbong is just standing
there. 웰봉이는 그저 멍하니 거기에 서 있다.

voca plus+ -minded 형용사

narrow-minded 속이 좁은(high-minded)　**open-minded** 편견 없는
social-minded 사회봉사　**money-minded** 타산적인

imaginary [imǽdʒənèri]

ⓐ 상상에만 존재하는(fanciful), 가상적인(hypothetic)
ㄴ **imagine** **v.** 상상하다(conceive)
ㄴ **imagination** **n.** 상상(력)
ㄴ **imaginative** **a.** 상상력이 풍부한
ㄴ **imaginable** **a.** 상상할 수 있는

It has been believed that there lives an
imaginary rabbit on the moon.
달에는 상상의 토끼가 살고 있다고 여겨진다.

suppose [səpóuz]

v 가정[상상]하다(assume, imagine); ~을 전제로 하다
- ↳ **supposed** a. 가정의, 상상의
- ↳ **supposedly** ad. 추정상, 아마
- ↳ **supposing** conj. 만약 ~라면(that)

Let's suppose what is inside the box.
박스 안에 무엇이 있는지 추측해보자.

(수능 빈출표현)
be supposed to V ~하기로 되어 있다

assume [əsúːm]

v (근거가 확실치 않은 상태로) 추정하다; 가장하다(pretend);
  (역할, 책임 등을) 맡다(undertake)
- ↳ **assumption** n. 가정, 추측; 책임 맡기
- ↳ **assuming** conj. 만약 ~라면(if)
- ↳ **assumedly** ad. 아마(probably, perhaps, maybe, possibly)

Assume the answer in the box is correct.
박스에 있는 답을 한번 알아맞춰 보세요.

(voca plus+) '추측하다, 추정하다'의 유의어
presume suppose guess conjecture

overwhelmed [òuvərhwélm]

a 압도된
- ↳ **overwhelm** v. 압도하다; 제압하다(overbear, overpower)
- ↳ **overwhelming** a. 압도적인(dominant)

overwhelmed by the enormous workload
엄청난 작업량에 기가 질려 버린

David Wellbong felt so overwhelmed by the appearance of bulky and heavy Goliath.
다윗 웰봉이는 육중한 골리앗의 등장에 압도당했다.

* David, Goliath 다윗과 골리앗(구약성서에 나오는 인물)

probability [prɑ̀bəbíləti]

n 확률, 가망성
↳ **probable** a. 있을 법한
↳ **probably** ad. 아마도, 거의

There is very little probability that Wellbong will beat Goliath. 웰봉이가 골리앗을 이길 가능성은 매우 낮다.

voca plus+ '가망성, 가능성'의 유의어

possibility likelihood chance prospect feasibility
practicability potential hope odds

suggest [səgdʒést]

v 제안하다(propose); 시사하다, 암시하다(imply)
    cf) suggest는 to V가 아니라 V-ing를 목적어로 취한다.
↳ **suggestion** n. 제안; 시사, 암시
↳ **suggestive** a. 시사하는

suggest a solution (to) 해결책을 제시하다

Wellbong is wondering what the mural suggests. 웰봉이는 벽화가 암시하는 것을 궁금해 했다.

forecast [fɔ́ːrkæ̀st]

v 예측하다, 예보하다(foretell)
n 예상, 예보
↳ **forecaster** n. 예측하는 사람, 기상 요원

a weather forecast 일기예보

The announcer is forecasting tomorrow's weather. 아나운서는 내일 날씨를 예보하고 있다.

voca plus+ '예측하다, 예언하다'의 유의어

anticipate foresee forecast foretell prophesy

foretell [fɔːrtél]

v (특히 종교적 힘을 이용해) 예언하다(prophesy)
↳ **foreteller** **n.** 예언자

foretell future events by the stars
별을 보고 미래를 예언하다

The witch, Bora, is foretelling the future of
Wellbong. 마법사 보라는 웰봉이의 미래를 예언하고 있다.

potential [pəténʃəl]

a 가능성이 있는(possible); 잠재적인(latent)
↔ actual(실재하는)
↳ **potentiality** **n.** 잠재력

potential customer 잠재 고객

There is a potential hidden part to the iceberg.
빙산에는 잠재적으로 숨겨진 부분이 있다.

expect [ikspékt]

v 예상하다, 기대하다(anticipate, look forward to N);
(오기로 되어 있는 대상을) 기다리다
↳ **expectation** **n.** 예상, 기대(anticipation)
↳ **expected** **a.** 기대되는 ↔ unexpected(예상치 않은)

expect a baby 임신 중이다

Wellbong is expecting the delicious fried
chicken to arrive soon.
웰봉이는 맛있는 프라이드치킨이 곧 도착하기를 기다리고 있다.

anticipate [æntísəpèit]

v 예상하다(expect); 고대하다(look forward to)
ㄴ **anticipation** **n.** 예상, 예측, 기대

anticipate a prosperous future 번영에 찬 장래를 예상하다

Wellbong anticipates that Chorok will get first place in his class.
웰봉이는 초록이가 반에서 1등을 할 것이라고 예상한다.

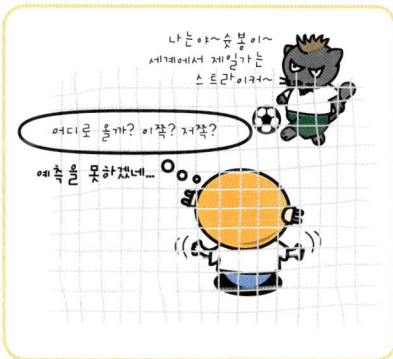

unpredictable [ʌnpridíktəbl]

a 예측할 수 없는 ↔ predictable(예측 가능한)
ㄴ **predict** **v.** 예측하다
ㄴ **prediction** **n.** 예측(foresight)
ㄴ **predictability** **n.** 예측가능성 ↔ unpredictability(예측 불가능성)

unpredictable weather 예측할 수 없는 날씨

The direction of the shot is unpredictable.
슛의 정확한 방향은 예측할 수 없다.

comprehend [kàmprihénd]

v 이해하다, 파악하다(understand, figure out)
ㄴ **comprehension** **n.** 이해(력); 포괄

above[beyond] one's comprehension 이해할 수 없는
comprehend the meaning 의미를 이해하다

Wellbong comprehends the course very well.
웰봉이는 수업 내용을 잘 이해한다.

appreciate [əprí:ʃiéit]

V 이해하다(understand); 감상하다; 감사하다; 진가를 알아보다
ㄴ **appreciation** **n.** 이해; 감상; 감사; 진가
ㄴ **appreciative** **a.** 감사하는
ㄴ **appreciable** **a.** 상당한(considerable, sizeable)

Wellbong is appreciate the *Mona Wellsa* masterpiece in the gallery.
웰봉이는 그 화랑의 명작 모나웰자를 감상하고 있다.

수능 빈출표현
I would appreciate it if you V ~해주시면 감사하겠습니다.

acquaint [əkwéint]

V 숙지시키다(with)
ㄴ **acquainted** **a.** 알고 있는, ~에 정통한

Wellbong acquainted Nyabong with* the difference between beauty and ugliness.
웰봉이는 냐봉이에게 미와 추함의 차이를 알려 주었다.
* acquaint A with B A에게 B를 숙지시키다

clarify [klǽrəfài]

V 정화시키다(purify, clear); 이해하기 쉽게 하다
ㄴ **clarification** **n.** 깨끗하게 함, 정화(purification); 설명; 해명(on) (elucidation)

clarify the cause 원인을 분명히 하다
Wellbong asked Nyabong to clarify what he wanted. 웰봉이는 냐봉이에게 그가 원하는 것을 분명히 말해 달라고 했다.

voca plus+ '이해하기 쉽게 하다'의 유의어
elucidate explicate decode elaborate

Step 1 다음 영단어의 우리말 뜻을 쓰시오.

mental	suppose
abstract	assume
hypothesis	overwhelmed
theoretical	probability
profound	suggest
contemplate	forecast
regard	foretell
concentrate	potential
preoccupied	expect
standpoint	anticipate
opinion	unpredictable
recall	comprehend
remind	appreciate
absent-minded	acquaint
imaginary	clarify

Step 2 다음 밑줄 친 단어의 유의어를 고르시오.

Hint 책갈피로 가리고 이해가 안가는 경우에만 보세요.

1 indirectly <u>suggest</u>
① imply ② assist ③ respect ④ praise ⑤ flatter

2 a different <u>standpoint</u>
① tendency ② virtue ③ viewpoint
④ ambition ⑤ pleasure

3 <u>contemplate</u> living abroad
① acquaint ② consider ③ expect ④ recall ⑤ remind

4 <u>profound</u> questions about life and death
① broad ② thick ③ shallow ④ deep ⑤ dense

5 great <u>potential</u> as a pianist
① failure ② mischief ③ option
④ possibility ⑤ sociability

1 간접적으로 <u>암시하다</u>
① 암시하다 ② 돕다 ③ 존경하다
④ 칭찬하다 ⑤ 아부하다

2 다른 <u>관점</u>
① 경향 ② 미덕 ③ 관점 ④ 야망 ⑤ 즐거움

3 해외에서 사는 것을 <u>고려하다</u>
① 인식시키다 ② 고려하다 ③ 예상하다
④ 회상하다 ⑤ 상기시키다

4 삶과 죽음에 대한 <u>심오한</u> 질문
① 넓은 ② 두꺼운 ③ 얕은
④ 깊은 ⑤ 밀집한, 조밀한

5 피아니스트로서 대단한 <u>잠재력</u>
① 실패 ② 장난 ③ 선택 ④ 가능성 ⑤ 사회성

Step 3 다음 빈칸에 들어갈 알맞은 단어를 고르시오.

1 I couldn't .... on my task because of the noise.
① cherish ② engage ③ accuse
④ concentrate ⑤ compete

2 The picture .... me of my old times.
① scattered ② launched ③ reminded
④ vibrated ⑤ proclaimed

3 The main characters in this novel are all ....
① specific ② imaginative ③ fierce ④ fatal ⑤ imaginary

4 Now that you've learned .... principles, it's time to gain a broad experience.
① elaborate ② theoretical ③ hostile
④ illegal ⑤ fundamental

5 Most people think that philosophy is .... and hard to understand.
① confident ② concrete ③ abstract
④ absurd ⑤ frequent

1 시끄러워서 업무에 <u>집중할</u> 수가 없었다.
① 소중히 여기다 ② 종사하다 ③ 고발하다
④ 집중하다 ⑤ 경쟁하다

2 그 사진은 나에게 내 과거 시절을 <u>상기시켜줬다</u>.
① 흩뿌렸다 ② 착수했다 ③ 상기시켰다
④ 진동했다 ⑤ 선포했다

3 이 소설의 주인공들은 모두 <u>가상의</u> 인물이다.
① 구체적인 ② 상상력이 풍부한 ③ 사나운
④ 치명적인 ⑤ 가상의

4 <u>이론적인</u> 원칙은 다 배웠으니 이제 폭넓은 경험을 쌓을 때이다.
① 정교한 ② 이론적인 ③ 적대감의
④ 불법의 ⑤ 기본적인

5 대부분의 사람들은 철학이 <u>추상적이며</u> 이해하기 어렵다고 생각한다.
① 확신하는 ② 구체적인 ③ 추상적인
④ 불합리한 ⑤ 빈번한

Step 4 빈칸에 알맞은 단어를 보기에서 골라 쓰시오.

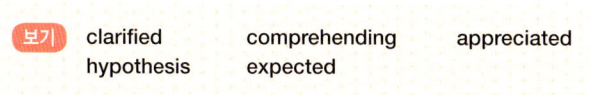
Hint 책갈피로 가리고 이해가 안가는 경우에만 보세요.

> **보기** clarified   comprehending   appreciated
> hypothesis   expected

1 As soon as the student was confused, the teacher
.... the concept.

2 Students .... drawings, along with explanations
of a guide.

3 Tom had a hard time .... the difficult terms.

4 Arnold .... to meet a beautiful girl on a blind date.

5 His .... has been verified* through a few
experiments. * verified 입증된

1 학생이 헷갈려 하자마자, 선생님은 개념을 명확하게 설명해주었다.
2 학생들은 안내원의 설명과 함께 그림들을 감상했다.
3 톰은 어려운 용어들을 이해하는 데 어려움을 겪었다.
4 아놀드는 소개팅에서 아름다운 소녀를 기대했었다.
5 그의 가설은 몇몇 실험을 통해 증명되었다.

> **보기** recall   anticipate   probability
> regards   mental

6 Edward .... that we'll be able to have our
vacation this summer.

7 Amanda cannot .... where she left her smartphone.

8 Charles .... himself as a genius.

9 Memory is a sort of .... process.

10 There is very little .... of winning a lottery.

6 에드워드는 이번 여름에 휴가를 가질 수 있기를 기대한다.
7 아만다는 스마트폰을 어디에 뒀는지 기억이 나지 않는다.
8 찰스는 스스로를 천재라고 여긴다.
9 기억은 일종의 정신적인 작용이다.
10 복권에 당첨될 확률은 거의 없다.

▶ 정답은 p.355~356에

Check-up 아는 단어에 ✔ 표시

- [ ] obscure
- [ ] ambiguous
- [ ] manifest
- [ ] undecided
- [ ] obvious
- [ ] vivid
- [ ] conspicuous
- [ ] vague
- [ ] confused
- [ ] likely
- [ ] prudent
- [ ] realize
- [ ] unrealistic
- [ ] practical
- [ ] logic

- [ ] rational
- [ ] reasonable
- [ ] definition
- [ ] intelligence
- [ ] genius
- [ ] idiotic
- [ ] option
- [ ] priority
- [ ] alternative
- [ ] criterion
- [ ] infer
- [ ] conscious
- [ ] recognize
- [ ] notice
- [ ] contempt

obscure [əbskjùər]

ⓐ 애매한, 불분명한; 희미한(faint); 무명의(unknown)
ㄴ **obscurity** **n.** 애매모호함(ambiguity)

an obscure poet   무명의 시인

Whether Wellbong is tall enough to ride or not
is obscure.   웰봉이가 놀이기구를 탈만한 키가 되는지 애매하다.

voca plus+ '애매모호한'의 유의어
vague ambiguous unclear uncertain indefinite
equivocal unarticulated

ambiguous [æmbígjuəs]

ⓐ 애매모호한(vague) ↔ unambiguous, clear(분명한)
ㄴ **ambiguity** **n.** 애매모호함(ambiguousness)

an ambiguous attitude   애매모호한 태도

Sometimes it is ambiguous whether Bora is a
man or a woman.   가끔씩 보라가 남자인지 여자인지 애매모호하다.

manifest [mǽnəfèst]

ⓐ 명백한, 분명한(obvious) **ⓥ** 명백히 하다
ㄴ **manifestation** **n.** 분명히 나타남, 징후, 표명
ㄴ **manifestative** **a.** 분명히 나타내는

a manifest error   명백한 잘못

It is manifest that cats hate being wet.
고양이가 물을 싫어한다는 것은 분명한 일이다.

voca plus+ '분명한, 명쾌한'의 유의어
clear evident apparent lucid manifest plain
explict tangible

undecided [ʌ̀ndisáidid]

ⓐ 결정하지 못한, 미정의(unsettled)
↳ **undecidedness** n. 미결, 우유부단함(indecisiveness)
↳ **decide** v. 결정하다(determine)
↳ **decision** n. 결심, 결정
↳ **decisive** a. 결정적인(crucial); 결단력 있는(determined, volitive)

an undecided character 우유부단한 사람

Wellbong is still undecided about where to go. 웰봉이는 여전히 어디로 가야 하는지에 대해 결정하지 못했다.

obvious [ábviəs]

ⓐ 분명한(obscure), 확실한 ↔ ambiguous(애매모호한)
↳ **obviously** ad. 확실히(surely), 분명히(clearly)

an obvious lie 뻔한 거짓말

Seen from this situation, it's obvious that Nyabong beat Wellbong.*
상황을 보면 냐봉이가 웰봉이를 때린게 분명하다.

수능 빈출표현
It is obvious that S V ~은 명백하다

vivid [vívid]

ⓥ 생생한(fresh); (빛 색깔 등이) 선명한, 강렬한
↳ **vividly** ad. 생생하게, 선명하게

a vivid description 생생한 묘사
vivid memories 생생한 기억

His first kiss with Boonhong is still vivid in his memory. 분홍이와의 첫키스는 그의 기억 속에 여전히 생생하다.

conspicuous [kənspíkjuəs]

ⓐ 눈에 잘 띄는(remarkable, outstanding)
  ↔ inconspicuous(이목을 끌지 못하는)
  ↳ **conspicuously** ad. 눈에 띄게, 두드러지게
  ↳ **conspicuousness** n. 두드러짐, 눈에 띔

a conspicuous star 눈에 띄는 별

The purple duck is conspicuous among the flock. 보라색 오리가 무리들 중에서 눈에 띈다.

vague [véig]

ⓐ 희미한(blurred), 모호한(faint)
  ↳ **vaguely** ad. 모호하게, 애매하게, 희미하게
  ↳ **vagueness** n. 막연함, 분명치 않음

give a vague answer 알쏭달쏭한 대답을 하다

In the distance they could see the vague outline of an alien.
멀리서 그들은 외계인의 흐릿한 윤곽을 볼 수 있었다.

confused [kənfjúːzd]

ⓐ 혼란스러운(with) (unclear); 당황한
  ↳ **confuse** v. 혼란시키다, 혼동하다(with)
  ↳ **confusion** n. 혼란, 혼동

Wellbong became confused with the way to Dongmakgol. 웰봉이는 동막골로 가는 길을 헷갈려했다.

voca plus+ '당황스러운'의 유의어
embarrassed awkward bewildered perplexed baffled

likely [láikli]

a ~할 것 같은(liable) ↔ unlikely(~할 것 같지 않은)
ad 아마도(probably)
└ **likelihood** **n.** 공산(odds), 가능성(probability)

It is likely that* Bora is going to have a puffy face tomorrow morning owing to the Ramen tonight. 오늘밤에 먹은 라면 때문에 내일 아침 보라 얼굴이 퉁퉁 부을 것 같다.
* be likely that S V ~할 것 같다(be likely to V)

prudent [prú:dnt]

a 신중한 ↔ imprudent(경솔한); 현명한
└ **prudence** **n.** 신중(discretion), 조심

a prudent policy 신중한 방침

When starting a new job, you have to be prudent. 새로운 일을 시작할 때는, 신중해야 할 필요가 있다.

voca plus+ '현명한, 신중한'의 유의어
wise sensible sagacious discreet circumspect cautious careful

realize [ríːəlàiz]

v 깨닫다, 알아차리다, 인식하다; (목표 등을) 실현하다
└ **reality** **n.** 현실   └ **real** **a.** 현실의, 진짜의
└ **realistic** **a.** 현실적인   └ **realist** **n.** 현실주의자
└ **realism** **n.** 현실주의   └ **surrealism** **n.** 초현실주의
└ **realization** **n.** 깨달음, 자각, 인식

realize the situation 사태를 깨닫다

Wellbong realized that he was in pajamas.
웰봉이는 파자마를 입고 있는 것을 알아차렸다.

unrealistic [ʌnriːəlístik]

ⓐ 비현실적인 ↔ realistic(현실적인)

↳ **unrealistically ad.** 비현실적으로

unrealistic expectations 비현실적인 기대

Bora's expectations are really unrealistic.
보라의 기대는 정말 비현실적이다.

voca plus+ '비현실적인'의 유의어

unreal surreal impractical

practical [prǽktikəl]

ⓐ 실제적인(actual, empirical) ↔ theoretical(이론의);
실용적인(pragmatic, down-to-earth)

↳ **practicable a.** 실행할 수 있는

a practical test 실기 시험

Nyabong was so pleased with the practical birthday present, cash.
냐봉이는 실용적인 생일선물인 현금에 매우 흡족해 했다.

logic [ládʒik]

ⓝ 논리(학), 논법, 조리; 타당성(validity)

↳ **logical a.** 타당한, 사리에 맞는(valid), 논리적인
↔ illogical(비논리적인)

↳ **logically ad.** 논리적으로, 논리상

a jump of logic 논리의 비약

Wellbong is showing his own logic to Boonhong. 웰봉이는 분홍이에게 그만의 논리를 펴고 있다.

rational [ráʃənl]

a 합리적인, 이성적인(reasonable)
   cf) rationale 이유, 근거 (철자와 의미 혼동에 유의)
↳ **rationality** **n.** 합리성
↳ **rationalism** **n.** 합리주의, 이성주의
↳ **rationalist** **n.** 합리주의자, 이성주의자

rational reasons   합리적인 이유

It is very rational to buy two pizzas for the price of one.
하나의 가격으로 두 개의 피자를 살 수 있는 것은 매우 합리적이다.

reasonable [ríːzənəbl]

a 가격이 적당한; 합리적인(rational, sensible)
   ↔ unreasonable, irrational(비합리적인)
↳ **reason** **n.** 이유, 이성, 근거 **v.** 추론[추리]하다
↳ **reasoning** **n.** 추론

When you want to have both Jjambbong and Jjajangmyun, it is reasonable to order Jjamjjamyun.
짬뽕과 짜장면 둘 다를 먹고 싶을 땐, 짬짜면을 시키면 된다.

뉘앙스 구별 이성적인
rational 학문적으로 이성적인   **reasonable** 이성적인(일반적인)

definition [dèfəníʃən]

n 정의
↳ **define** **v.** 정의하다, 규정하다(prescribe)
↳ **definite** **a.** 명확한, 확실한(clear) ↔ indefinite(명확하지 않은)
↳ **definitely** **ad.** 명확히
↳ **definitive** **a.** 최종의(final); 결정적인(decisive); 확실한(sure)

Wellbong is wondering what the definition of love is. 웰봉이는 사랑의 정의가 무엇인지 궁금해 했다.

intelligence [intélədʒəns]

ⓝ 지능, 지성
└ **intellect** **n.** 지력, 지적 능력

intelligence quotient 지능 지수(IQ)
cf) emotional quotient 감성 지수(EQ)

This monkey has a fairly high intelligence for a normal monkey. 이 원숭이는 보통 원숭이 치고는 지능이 상당히 높다.

voca plus+ 철자와 의미에 주의
intelligent 영리한(clever) **intellectual** 지적인, 지성의(using the intellect) **intelligible** 알기 쉬운(comprehensible)

genius [dʒíːnjəs]

ⓝ 천재(성)(prodigy) (특히 어린아이); 특별한 재능(talent, gift)

a genius in mathematics 수학의 천재

It is believed that Albert Einstein was a genius. 아인슈타인은 천재로 여겨진다.

voca plus+ 철자와 의미에 주의
ingenious 정교한, 독창성이 풍부한(original)
ingenuous (사람, 의견 등이) 솔직한, 숨김없는(frank)

idiotic [ìdiátik]

ⓐ 바보 같은, 멍청한
└ **idiot** **n.** 바보, 멍청이(fool) ↔ genius(천재)

Wellbong is giving an imitation of idiotic Young-gu for fun. 웰봉이는 재미로 바보 영구 흉내를 내고 있다.

voca plus+ '멍청한, 어리석은'의 유의어
silly stupid foolish ridiculous absurd
voca plus+ '영리한, 똑똑한'의 유의어
smart clever bright intelligent brilliant

option [ápʃən]

ⓝ 선택(권)(choice)
└ **opt** **v.** 선택하다(choose, select)
└ **optional** **a.** 선택자유의, 임의의

the option of studying abroad
해외에서 공부할 수 있는 선택권

There is only one option for Wellbong.
웰봉이에게는 단 하나만의 선택이 있다.

priority [praióːrəti]

ⓝ 우선 사항, 우선권
└ **prior** **a.** (시간, 순서가) 이전의(to) (previous, antecedent);
우선하는(preceding)
└ **prioritize** **v.** 우선순위를 매기다

a high/low priority   우선순위가 높은/낮은 사항

Well-mannered men usually give women
priority when doing something.
매너 있는 남자들은 뭔가를 할 때 여성에게 대체로 우선권을 준다.

alternative [ɔːltə́ːrnətiv]

ⓝ 대안(to), 양자택일(choice, option) **a.** 양자택일의, 대안의
cf) alternate 번갈아 하는 (철자와 의미 혼동에 유의)
└ **alternatively** **ad.** 그 대신에 (둘째 대안을 소개할 때)
└ **alternately** **ad.** 번갈아, 교대로, 엇갈리게

alternative energy   대체 에너지

The rooster was an alternative to the
pheasant for dinner.   저녁은 꿩 대신 수탉으로 대체되었다.

criterion [kraitíəriən]

n 기준(standard) **pl.** criteri**a**
  criterional **a.** 표준의, 기준의

set up definite criterion 일정한 표준을 세우다
Slenderness is the only criterion for beauty to Bora. 날씬함은 보라에게 있어 유일한 미의 기준이다.

infer [inférr]

동사변화 infer–inferred–inferred
v 추론하다(from) (deduce); 암시하다(imply)
  inference **n.** 추론(deduction)

It can be inferred from the context that Wellbong is excited.
상황을 봐서는 웰봉이가 들떠있다는 것을 알 수 있다.

뉘앙스 구별 암시하다
infer 화자나 글쓴이의 말로부터 뭔가를 알아내다
imply 직접 말하지 않고 암시하다

conscious [kán∫əs]

a 의식하는, 자각하는(aware)
  cf) unconscious 무의식의 subconscious 잠재의식의
  consciously **ad.** 의식적으로
  consciousness **n.** 의식, 자각

style-conscious teenagers 유행에 민감한 십대들
Wellbong was vaguely conscious that Boonhong was watching him.
웰봉이는 분홍이가 자신을 보고 있다는 것을 어렴풋이 의식했다.

recognize [rékəgnàiz]

v 알아보다(identify), 인식하다(cognize); 인정하다(admit)
↳ **recognition** **n.** 알아봄, 인식, (수고 공로 등의) 인정
↳ **recognizable** **a.** 알아볼 수 있는
↳ **recognized** **a.** 인정된, 알려진(noted, widely known)

recognize a person's voice 사람의 목소리를 알아듣다

Nyabong is trying to have his handprint
recognized. 나봉이는 손을 인식하기 위해 애쓰고 있다.

notice [nóutis]

v 알아차리다, 의식하다(perceive)
n 주목, 알아챔; 공고(문), (사전) 알림, 통지(notification)
↳ **noticeable** **a.** 주목할 만한, 눈에 띄는
       ↔ unnoticeable(눈에 띄지 않는)
↳ **noticed** **a.** 눈에 띄는 ↔ unnoticed(눈에 띄지 않는, 간과되는)

Wellbong noticed too late that his mom had
changed her hair style.
웰봉이는 엄마의 헤어스타일 변화를 너무 늦게 알아보았다.

contempt [kəntémpt]

n 경멸, 모욕, 멸시
↳ **contemptible** **a.** 경멸을 받을 만한
↳ **contemptuous** **a.** 경멸하는, 업신여기는(disdainful)

beneath contempt 경멸할 가치조차 없는

The buffet attendant looked at Bora, who had piled
a huge amount of food on her plate, with contempt.
뷔페 종업원은 접시에 엄청난 양의 음식을 담은 보라를 경멸의 눈으로 바라보았다.

voca plus+ '경멸하다, 업신여기다'의 유의어
despise disdain scorn look down on

Step 1 다음 영단어의 우리말 뜻을 쓰시오.

obscure	rational
ambiguous	reasonable
manifest	definition
undecided	intelligence
obvious	genius
vivid	idiotic
conspicuous	option
vague	priority
confused	alternative
likely	criterion
prudent	infer
realize	conscious
unrealistic	recognize
practical	notice
logic	contempt

Step 2 다음 밑줄 친 단어의 유의어를 고르시오.

Hint 책갈피로 가리고 이해가 안가는 경우에만 보세요.

1 a little <u>obscure</u> to understand
① acceptable ② ambiguous ③ spacious
④ superficial ⑤ ridiculous

2 the <u>obvious</u> results
① dangerous ② cautious ③ apparent
④ envious ⑤ destructive

3 more <u>conspicuous</u> than others
① courageous ② ambitious ③ furious
④ outstanding ⑤ courteous

4 so <u>prudent</u> at when to attack
① realistic ② careful ③ striking ④ stirring ⑤ protective

5 lately put to <u>practical</u> use
① literal ② original ③ actual ④ physical ⑤ rational

Step 3 다음 빈칸에 들어갈 알맞은 단어를 고르시오.

1 Alice could hardly .... her old friend.
① characterize ② energize ③ materialize
④ recognize ⑤ symbolize

2 Pedestrians* should be given .... over vehicle.
* pedestrian 보행자
① intensity ② quantity ③ priority ④ density ⑤ ability

3 The .... school is operated under the support of a religious group.
① additive ② alternative ③ attractive
④ offensive ⑤ primitive

4 The student was .... and the math teacher clarified the concept.
① caught ② shown ③ amazed ④ confused ⑤ astonished

5 This product is very helpful for your health, and its price is ....
① enjoyable ② reasonable ③ horrible
④ reliable ⑤ regretable

1 이해하기가 다소 <u>애매모호한</u>
① 받아들이는 ② 애매모호한 ③ 널찍한
④ 피상적인 ⑤ 웃기는, 말도 안 되는

2 <u>분명한</u> 결과
① 위험한 ② 조심성 있는 ③ 분명한
④ 시기하는 ⑤ 파괴적인

3 다른 이들보다 더 <u>눈에 잘 띄는</u>
① 용감한 ② 야망 있는 ③ 분노하는
④ 뛰어난, 눈에 띄는 ⑤ 정중한

4 언제 공격해야 하는지에 대해 매우 <u>신중한</u>
① 현실적인 ② 주의 깊은 ③ 눈에 띄는, 두드러진
④ 마음을 뒤흔드는, 선동하는 ⑤ 보호하는

5 최근에 <u>실용화된</u>
① 문자 그대로의 ② 원래의, 고유한 ③ 실재적인
④ 물리적인, 신체의 ⑤ 이성적인

1 앨리스는 옛 친구를 거의 알아볼 수 없었다.
① ~을 특징짓다 ② 열정을 돋우다 ③ 구체화하다
④ 알아보다 ⑤ 상징하다

2 자동차보다 보행자가 우선이다.
① 강렬함 ② 질 ③ 우선(권) ④ 밀도 ⑤ 능력

3 그 대안학교는 종교단체의 후원으로 운영된다.
① 첨가의 ② 대안의, 양자택일의 ③ 매력적인
④ 공격적인 ⑤ 원시의

4 그 학생이 헷갈려 하자 수학 선생님은 그 개념을 명확하게 해주었다.
① 잡힌 ② 보여진 ③ 놀란 ④ 혼동된 ⑤ 깜짝 놀란

5 이 제품들은 건강에 아주 좋고 가격도 <u>합리적이다.</u>
① 즐거운 ② 합리적인 ③ 끔찍한
④ 믿을만한 ⑤ 후회스러운

Step 4 빈칸에 알맞은 단어를 보기에서 골라 쓰시오.

Hint 책갈피로 가리고 이해가 안가는 경우에만 보세요.

보기	realize	vivid	vague
	manifest	logic	

1 Alfred's true love for her is .... in his speech.

2 I still have .... memories of the first kiss.

3 The figure looked .... in the fog.

4 We often don't .... that there are many things to thank for in our lives.

5 His .... in the argument was simple and clear.

1 그녀를 향한 알프레드의 진정한 사랑은 그의 말에 분명히 나타나 있다.

2 첫 키스의 기억이 여전히 생생하다.

3 안개로 그 사람모습이 흐릿하게 보였다.

4 우리는 종종 우리 삶에서 감사할 일이 많다는 것을 깨닫지 못한다.

5 그의 주장의 논리는 단순하고도 명쾌했다.

보기	intelligence	definition	contempt
	genius	infer	

6 What do you think the .... of happiness is?

7 Compared to monkeys, dogs have a relatively low ....

8 Adam is a .... who began composing at the age of five.

9 We can .... from the ring on his finger that he is married.

10 Betty had a great .... for the man who eats like a pig.

6 행복의 정의는 무엇이라고 생각합니까?

7 원숭이에 비하면 개는 상대적으로 지능이 낮다.

8 애덤은 5살의 나이에 작곡을 시작한 천재이다.

9 그의 손에 반지로 보아 그가 유부남이라는 것을 알아챌 수 있다.

10 베티는 돼지처럼 먹는 그를 몹시 경멸했다.

▶ 정답은 p.356~357에

Choose a job you love,
and you will never have to work a day in your life.

Confucius

좋아하는 직업을 택하면 평생 하루도 일하지 않아도 될 것이니라.

– 공자, 중국 춘추 시대의 학자 · 정치가 · 사상가

Ch.7

도덕・윤리・가치

Check-up 아는 단어에 ✔ 표시

- ☐ moral
- ☐ ethics
- ☐ corrupt
- ☐ alienate
- ☐ illusion
- ☐ virtually
- ☐ confirm
- ☐ belief
- ☐ artificial
- ☐ genuine
- ☐ indubitable
- ☐ skeptical

- ☐ suspect
- ☐ distrust
- ☐ incredible
- ☐ require
- ☐ essential
- ☐ convenient
- ☐ assur
- ☐ correct
- ☐ evaluate
- ☐ assess
- ☐ estimation
- ☐ core

moral [mɔ́ːrəl]

ⓐ 도덕의, 도덕상의 *cf)* morale 사기, 의욕
↳ **morality** **n.** 도덕(성)

moral hazard 도덕적 해이

All of us learned **moral** behaviors in the textbook
'Bareun Saenghwal' in elementary school.
우리 모두는 초등학교 '바른생활' 교과서에서 도덕을 배웠다.

voca plus+ 양심
conscience 양심 **conscientious** 양심의

ethics [éθiks]

ⓝ 윤리학(단수 취급)
↳ **ethical** **a.** 윤리의, 도덕의(moral) *ethical* obligation 도덕적 의무

Good and evil could be covered in **ethics**.
선과 악은 윤리학에서 다루어진다.

voca plus+ 철자와 의미에 주의
ethics 윤리학 **ethnic** 인종의, 민족의

corrupt [kərʌ́pt]

ⓥ 부패하게 만들다(decay, rot), 타락시키다
ⓐ 부패한, 타락한
↳ **corruption** **n.** 부패, 타락(decadence, depravity)
↳ **corruptive** **a.** 타락시키는, 부패성의

corrupt in morals 도덕적으로 부패한

Mrs. Bong was **corrupted** by power and
ambition. 봉여사는 권력과 야망으로 타락했다.

alienate [éiljənéit]

v 소원하게[멀어지게] 만들다(from); 소외감을 느끼게 하다
↳ **alienation** **n.** 멀리함, 소외, 이간

feel alienated 소외감을 느끼다

Bora intentionally alienated Wellbong from*
Boonhong. 보라는 고의로 웰봉이를 분홍이로부터 멀어지게 했다.
* alienate A from B A를 B로부터 멀어지게 하다

illusion [ilúːʒən]

n 환상(fantasy); 오해, 착각(delusion)
↳ **illusional** **a.** 환영의, 착각의   ↳ **illusionist** **n.** 마술사
↳ **illusory** **a.** 환상에 불과한   ↳ **disillusion** **n.** 환멸

an optical illusion 착시

Bora is under the illusion that Wellbong kissed
her in her sleep.
보라는 잠결에 웰봉이가 자기에게 뽀뽀하고 있다는 착각을 하고 있다.

virtually [vɚːrtʃuəli]

ad 사실상(in effect); (컴퓨터) 가상으로
↳ **virtual** **a.** 사실상의, 실질적인 ↔ nominal (명목상의);
가상의(imaginary, hypothetic)

virtual reality 가상현실

It is virtually impossible that China will win the
game. 중국이 경기를 이길 거란 것은 사실상 불가능하다.

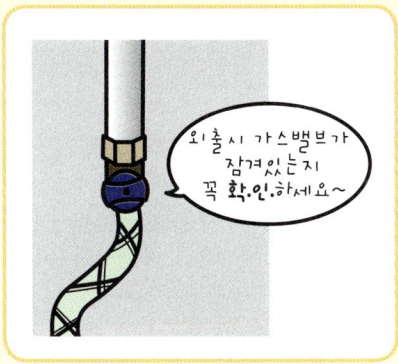

confirm [kənfə́ːrm]

v 확인하다, 확증하다(verify, affirm)
cf) conform 순응하다, 따르다 (철자와 의미 혼동에 유의)
└ **confirmation** **n.** 확인, 확정
└ **confirmative** **a.** 확인의, 확증적인 └ **confirmed** **a.** 확인된
└ **reconfirm** **v.** 재확인하다 └ **reconfirmation** **n.** 재확인

confirm an order 주문을 확인하다

Don't forget to confirm that the gas valve is locked. 가스밸브가 잠겼는지 확인하는 것을 잊지 마라.

belief [bilíːf]

n 믿음(in) ↔ unbelief(불신); 신념(faith, creed, doctrine)
└ **believe** **v.** 믿다(in), 생각하다
└ **believable** **a.** 믿겨 지는
    ↔ unbelievable, incredible(믿기 어려운)

beyond one's belief 믿을 수 없는

The ant has the belief that Boonhong won't kill him. 개미는 분홍이가 자신을 죽이지 않을 거라 믿음이 있었다.

voca plus+ '믿음, 신뢰'의 유의어
confidence trust faith credit credence

artificial [àːrtəfíʃəl]

a 인공의(man-made), 인위적인 ↔ natural(자연스러운)
└ **artificially** **ad.** 인위적으로 ↔ naturally(자연스럽게)
└ **artificiality** **n.** 인위적임, 부자연스러움

artificial respiration 인공호흡
artificial satellite 인공위성

An artificial limb was specially made for Wellbong. 웰봉이를 위한 특수 인공 팔다리가 만들어졌다.

genuine [dʒénjuin]

ⓐ 진짜의(authentic, real) ↔ counterfeit, affected(가짜의,
거짓의); 진실한(sincere)
↳ **genuinely** ad. 진정으로, 성실하게
↳ **genuineness** n. 진짜임, 진성(眞性)

genuine leather 진짜 가죽

Mrs. Bong is wondering whether the painting is a
genuine or not. 봉여사는 그 그림이 진품인지 아닌지 궁금해 하고 있다.

`voca plus+` '가짜, 허위의'의 유의어
untrue false fake counterfeit bogus phony.

indubitable [indjúːbətəbl]

ⓐ 의심할 나위 없는, 확실한, 명백한 ↔ dubitable(의심스러운)
↳ **indubitably** ad. 의심할 여지없이, 틀림없이

indubitable proof 의심의 여지가 없는 증거

No need to act like it is indubitable.
그것에 대해 의심할 필요가 없다.

skeptical [sképtikəl]

ⓐ 의심 많은; 회의적인 ↔ convinced, confident(확신하는)
↳ **skeptically** ad. 회의적으로
↳ **skepticism** n. 회의론
↳ **skeptic** n. 회의론자, 의심 많은 사람

Nyabong gave a skeptical response to the newly-
released drink. 냐봉이는 새로 출시된 음료에 회의적인 반응을 보였다.

`voca plus+` '의심하는, 회의적인'의 유의어
doubtful suspicious dubious questionable
disbelieving incredulous

suspect [səspékt]

v 의심하다, 혐의를 두다 **n** [sʌ́spekt] 용의자
- **suspicion** **n.** 의심, 혐의 *above suspicion* 의심할 것 없는
- **suspicious** **a.** 의심스러운(**of**) (dubious, questionable)

arrest a suspect 용의자를 체포하다

Wellbong suspects that Nyabong scribbled on the wall. 웰봉이는 보라가 벽에 낙서를 한 것이라고 의심했다.

뉘앙스 구별 의심하다
doubt 증거가 없어서 뒤 내용이 아닐 거라고 의심하다
suspect 의심할 만한 것이 있어서 뒤 내용이 맞을 거라고 의심하다

distrust [distrʌ́st]

v 불신하다(mistrust, discredit) ↔ trust(신뢰하다)
n 불신
- **distrustful** **a.** 불신하는 ↔ trustful, trustworthy(신뢰하는)
- **distrustfulness** **n.** 신뢰하지 않음

mutual distrust 상호 불신

Their distrust of the shepherd boy continues to get stronger.
양치기 소년에 대한 그들의 불신이 점점 심해지고 있다.

incredible [inkrédəbl]

a 믿을 수 없는(unbelievable) ↔ credible(믿을 수 있는)
  cf) credulous 잘 믿는, 속기 쉬운
- **incredibly** **ad.** 믿을 수 없을 정도로, 엄청나게
- **credibility** **n.** 신뢰성
- **credit** **n.** 신용, 평판; 명예; 과목이수
    credit card 신용카드

The taste of the pill was really incredible.
그 알약의 맛은 정말 놀라웠다.

require [rikwáiər]

v 요구하다, 필요로 하다
  ↳ **requirement** n. 요구(조건)
  ↳ **required** a. 필수의

require know-how   요령이 필요하다

Nyabong required fish in return for Boonhong's phone number.
냐봉이는 분홍이 전화번호에 대한 대가로 생선을 요구했다.

voca plus+ '요구하다, 필요로 하다'의 유의어
ask need demand request insist claim

essential [isénʃəl]

a 필수적인(indispensable, vital), 본질적인, 근본적인(fundamental)
  ↳ **essence** n. 본질, 정수
  ↳ **essentially** ad. 본질[근본, 기본]적으로

an essential factor   필수 요소

Well ripe kimchi is essential when eating ramen.   잘 익은 김치는 라면을 먹는 데 필수이다.

convenient [kənví:njənt]

a 편리한(handy, expedient) ↔ inconvenient(불편한)
  ↳ **convenience** n. 편리, 편의 ↔ inconvenience(불편)

convenient facilities   편의시설
convenient store   편의점

Instant rice is so convenient because you don't have to cook real rice.
즉석밥은 밥을 할 필요가 없어서 아주 편리하다.

assure [əʃúər]

ⓥ 장담하다(of), 확언시키다(make sure)
┗ **assurance** **n.** 장담, 확언
┗ **sure** **a.** 확실한(certain) ↔ unsure(불확실한)
┗ **reassure** **v.** 안심시키다

assure oneself of one's success   자기의 성공을 확신하다
rest **assured**   안심해도 좋다
I can **assure** you that you are safe.
여러분들이 안전하다고 저는 장담합니다.

correct [kərékt]

ⓐ 맞는, 올바른(right) ↔ incorrect(옳지 않은)
ⓥ 바로잡다, 정정하다
┗ **correction** **n.** 정정, 수정, 교정   *correction* fluid 수정액

correct errors   틀린 데를 바로 잡다
Wellbong is wearing a braces to **corrcct** his
teeth.   웰봉이는 치아를 교정하기 위해 치열 교정기를 하고 있다.

evaluate [ivǽljuèit]

ⓥ 평가하다, 감정하다
┗ **evaluation** **n.** 평가, 감정   ┗ **evaluator** **n.** 평가자, 감정사
┗ **re-evaluate** **v.** 재평가하다

evaluate performance   성과를[성적을] 평가하다
A judge is **evaluating** Bora's talent in the
audition.   심사위원은 오디션에서 보라의 재능을 평가하고 있다.

voca plus+ '평가하다'의 유의어
estimate appraise assess

assess [əés]

v 평가하다(evaluate, estimate)
↳ **assessment** n. 평가(액)
↳ **re-assess** v. 재평가하다

assess the flood damage   홍수피해를 파악하다
Wellbong wanted Boonhong to **assess** the tteokbokki he cooked for her.
웰봉이는 분홍이를 위해 요리한 떡볶이를 그녀가 평가해주기를 원했다.

estimation [èstəméiʃən]

n 판단, 평가(appraisal, assessment)
↳ **estimate** v. 추산하다, 추정하다, 평가하다
↳ **underestimate** v. 과소평가하다
↳ **overestimate** v. 과대평가하다

be held in high **estimation**   매우 존경[존중] 받고 있다
The movie received a good **estimation** from the audience.   그 영화는 관객들로부터 좋은 평가를 받았다.

core [kɔ́ːr]

n 속[심], 중심부, 핵심
a 핵심적인, 가장 중요한(key, central)

the Earth's **core**   지구핵   **core** business   핵심 사업
The eye of a typhoon is the **core** of it.
태풍의 눈은 태풍의 핵심이다.

voca plus+ '핵심'의 유의어
gist   nub   nucleus

TEST 11

Step 1 다음 영단어의 우리말 뜻을 쓰시오.

moral	suspect
ethics	distrust
corrupt	incredible
alienate	require
illusion	essential
virtually	convenient
confirm	assure
belief	correct
artificial	evaluate
genuine	assess
indubitable	estimation
skeptical	core

Step 2 다음 밑줄 친 단어의 유의어를 고르시오.

Hint 책갈피로 가리고 이해가 안가는 경우에만 보세요.

1 <u>corrupted</u> by bad friends
① equipped ② reflected ③ decayed
④ furnished ⑤ advanced

2 <u>confirm</u> the reservation
① convey ② verify ③ develop ④ associate ⑤ decline

3 <u>artificial</u> respiration* by a rescuer * respiration 호흡
① faint ② man-made ③ natural ④ indebted ⑤ indifferent

4 <u>genuine</u> or fake
① positive ② aggressive ③ sensitive
④ authentic ⑤ considerate

5 <u>skeptical</u> about the medicine
① awful ② doubtful ③ respectable ④ trustful ⑤ valuable

1 나쁜 친구들로 인해 <u>타락한</u>
① 장비를 갖춘 ② 반사된 ③ 부패한
④ 가구가 비치된 ⑤ 진보된

2 예약을 <u>확인하다</u>
① 나르다 ② 확인하다 ③ 발전[개발]시키다
④ 연상하다 ⑤ 거절하다, 감소하다

3 구조원에 의한 <u>인공호흡</u>
① 희미한 ② 인공의 ③ 자연스러운
④ 빚진 ⑤ 무관심한

4 <u>진짜</u>인지 가짜인지
① 긍정적인, 적극적인 ② 공격적인 ③ 민감한
④ 진짜의 ⑤ 사려 깊은

5 그 약에 대해 <u>회의적인</u>
① 끔찍한 ② 의심하는 ③ 존경스러운
④ 신뢰하는 ⑤ 가치 있는

Step 3 다음 빈칸에 들어갈 알맞은 단어를 고르시오.

1 The .... decay of the leadership put the nation in trouble.
① anxious ② ingenious ③ moral
④ nutritious ⑤ jealous

2 Dorothy was .... from her friends by her lying.
① prevented ② united ③ accepted
④ alienated ⑤ advised

3 Nobody can deny this .... proof.
① profitable ② indubitable ③ suitable
④ sustainable ⑤ expectable

4 I .... that he is a spy from a North Korean spy.
① suspended ② restricted ③ suspected
④ overlooked ⑤ submitted

5 The experts .... each food cooked by the participant in the contest.
① extinguished ② exploited ③ evaluated
④ explained ⑤ evaporated

1 지도층의 <u>도덕적</u> 타락으로 나라가 힘들어졌다.
① 걱정하는 ② 기발한, 재간 있는 ③ 도덕의
④ 영양가 있는 ⑤ 질투하는

2 도로시는 자신의 거짓말로 그와 <u>멀어지게 됐다.</u>
① 예방된 ② 연합된 ③ 수락된
④ 멀어진 ⑤ 권고된

3 아무도 이 <u>의심의 여지가 없는</u> 증거를 부인할 수 없다.
① 이익이 나는 ② 의심할 여지 없는 ③ 적절한
④ 지속 가능한 ⑤ 기대할 수 있는

4 나는 그가 북한간첩인지 <u>의심했다.</u>
① 매달았다, 중단했다 ② 제약했다 ③ 의심했다
④ 간과했다 ⑤ 제출했다

5 전문가들이 대회 참가자들이 요리한 각각의 음식을 <u>평가했다.</u>
① 불을 껐다 ② 개발했다, 착취했다 ③ 평가했다
④ 설명했다 ⑤ 증발했다

Step 4 빈칸에 알맞은 단어를 보기에서 골라 쓰시오.

Hint 책갈피로 가리고 이해가 안가는 경우에만 보세요.

> **보기**   illusion   ethics   belief
>   convenient   incredible

1 Strict professional .... are needed for every public official.

2 Elizabeth is under the .... that the boy loves her.

3 It was once a wrong .... that the sun travelled around the earth.

4 His .... half-line shot sent the ball into the net.

5 Living in an apartment is very .... in many ways.

1 모든 공무원에게는 엄격한 직업 윤리가 필요하다.

2 엘리자베스는 소년이 자기를 사랑한다고 착각하고 있다.

3 태양이 지구를 돈다는 것은 한때 잘못된 믿음이었다.

4 그의 믿을 수 없는 하프라인 슛이 그물 안으로 들어 갔다.

5 아파트는 여러모로 살기에 매우 편리하다.

> **보기**   essential   core   estimates
>   assessed   require

6 Self-Improvement is the .... of success.

7 Many experts .... that over 90 percent of music and movies sold are pirated in Asia.

8 A good dictionary is .... for learning English.

9 The dormitory regulations .... boarding students to return by 10 o'clock.

10 The appraiser* .... the building at 3 billion won.
   * appraiser 평가사

6 자기계발이 성공의 핵심이다.

7 아시아에서 팔리는 음악과 영화의 90퍼센트 이상이 해적판이라고 많은 전문가들은 추정한다.

8 좋은 사전은 영어를 배우는 데 필수적이다.

9 10시까지 돌아와야 하는 것이 기숙사 규정이다.

10 그 평가사는 그 빌딩을 30억 원으로 평가했다.

▶ 정답은 p.357~358에

Check-up 아는 단어에 ✔ 표시

- ☐ fit
- ☐ grade
- ☐ primary
- ☐ apologize
- ☐ worthwhile
- ☐ actuality
- ☐ wonder
- ☐ approximate
- ☐ prove
- ☐ fallacy
- ☐ deserve
- ☐ necessitate

- ☐ cherish
- ☐ futile
- ☐ depreciate
- ☐ trivial
- ☐ desperate
- ☐ deceive
- ☐ honest
- ☐ mercy
- ☐ prefer
- ☐ duplicate
- ☐ fortunate
- ☐ reward

fit [fít]

v (모양, 크기가 어떤 사람 또는 사물에) 맞다(be right in size)
a (특히 규칙적인 운동으로 몸이) 건강한(healthy); 적합한, 알맞은
↳ **fitness** **n.** 적합함; 신체 단련   ↳ **fitting** **a.** 어울리는(적합한)

fitting room 탈의실(옷 입어 보는 곳)

The pieces of the puzzle fit precisely.
퍼즐조각이 정확하게 맞는다.

voca plus+ '알맞은, 적합한'의 유의어
appropriate suitable proper right moderate
apt suited

grade [gréid]

n 품질, 등급; 성적, 학점; 학년
v ~의 등급을 매기다

goods of the first grade 1등급 상품

Wellbong is in the internet cafe explaining the improving grade of his club.
웰봉이는 인터넷 카페에 있는 그의 클럽등급 상승을 소개하고 있다.

voca plus+ 4년제 고등학교나 대학의 학년
freshman 1학년 sophomore 2학년 junior 3학년 senior 4학년

primary [práimeri]

a 주된, 초기의(earliest); 초등의(elementary)
↳ **primarily** **ad.** 주로(mostly, mainly, chiefly)

at primary level 초보 단계에

When Wellbong chooses a woman, his primary concern is the mind.
웰봉이가 여자를 선택할 때 그의 주된 관심은 마음이다.

voca plus+ '주된, 주요한'의 유의어
main prime major primary chief principal staple
predominating

apologize [əpálədʒàiz]

ⓥ 사과하다(to) (pardon); 변명하다
ㄴ **apologetic** **a.** 미안해하는, 사과하는
ㄴ **apology** **n.** 사과, 양해를 구하기

apologize sincerely 정중히 사과하다

Wellbong apologizes to Nyabong for his mistake. 웰봉이는 자기의 잘못을 냐봉이에게 사과하고 있다

worthwhile [wə̀ːrθhwáil]

ⓐ ～ 할 가치[보람]가 있는(valuable) ↔ worthless(가치 없는)
cf) invaluable 매우 가치 있는(priceless)

a worthwhile thing to V ～하기에 보람 있는 일

Wellbong felt very happy after doing a worthwhile activity.
웰봉이는 보람 있는 일을 한 후 매우 행복해 했다.

수능 빈출표현
be worthwhile to V ～하기에 보람이 있다

actuality [æktʃuǽləti]

ⓝ 실재(existence), 현실(reality)
ㄴ **actual** **a.** 사실상의 ↔ false(허위의)
ㄴ **actually** **ad.** 실제로, 정말로(really)

in actuality 실제로, 현실로

Bora looked impressive in the photo, but in actuality she did not.
보라는 사진에서는 인상적이지만 실제로는 그렇지 않았다.

wonder [wʌ́ndər]

v 궁금하다, 궁금히 여기다　**n** 경이(awe), 놀라움
cf) wander 떠돌아다니다 (철자와 의미 혼동에 유의)
ㄴ **wonderful** **a.** 아주 멋진, 경이로운(marvelous, extraordinary, amazing, miraculous)

No wonder that S V
~은 그도 그럴 것이, 놀랄 일이 못 된다

Wellbong and his friend are wondering what the lady in the umbrella looks like.
웰뽕이와 친구는 우산 안에 있는 여자가 어떻게 생겼는지 궁금해 했다.

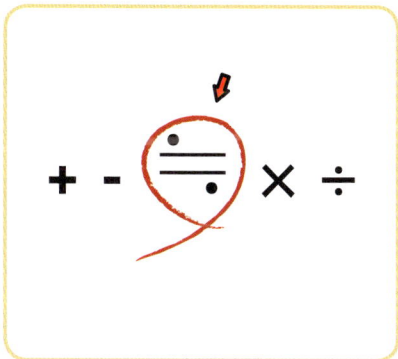

approximate [əprɑ́ksəmət]

a 거의 정확한, 근사치인
v [əprɑ́ksəmèit] (수량 등이) ~에 가깝다(to)
ㄴ **approximation** **n.** 근사치, 가까운 것(vicinity)
ㄴ **approximately** **ad.** 대체로, 대략 (about가 일반적)

an approximate cost 대략적 비용

This mathematical symbol means that the result approximates the right answer.
이 수학기호는 결과가 정답의 근사치라는 것을 의미한다.

prove [prúːv]

v 증명하다(verify, attest); 드러나다, 판명되다(turn out)
ㄴ **proof** **n.** 증명, 증거(evidence)
　　　　a. ~에 견디는　waterproof 방수의, bulletproof 방탄의
ㄴ **disprove** **v.** 틀렸음을 입증하다(falsify)

prove true　사실로 판명되다

Wellbong wants to prove that the leather jacket is fake.　웰뽕이는 가죽자켓이 진짜라는 것을 증명하고 싶어 한다.

fallacy [fǽləsi]

ⓝ 틀린 생각, 오류
ㄴ **fallacious** **a.** 잘못된, 틀린(wrong)
ㄴ **falsify** **v.** 오류를 입증하다(disprove); (서류 등을) 위조하다

a logical **fallacy** 논리상의 오류

It is a **fallacy** to say that every man is good with machines.
모든 남자들이 기계를 잘 다룰 것이라고 말하는 것은 틀린 생각이다.

뉘앙스 구별 실수
mistake 실수　**error** 오류, 실수　**myth** (많은 사람들의) 근거 없는 믿음

deserve [dizə́ːrv]

ⓥ ~을 받을 만하다(be worth V-ing)
ㄴ **deserved** **a.** (상, 벌, 보상 등이) 응당한
ㄴ **deserving** **a.** (보답, 칭찬 등을) 받을 만한[자격이 있는]
ㄴ **deservedly** **ad.** 마땅히, 당연히

You **deserve** it.　자업자득이다. (상대편 행동을 비판하여)

Wellbong **deserves** the award after all that hard work.　웰봉이는 그렇게 열심히 했기 때문에 상을 받을 만한 자격이 있다.

수능 빈출표현
deserve to V　~할 자격이 있다

necessitate [nəsèsətéit]

ⓥ ~을 필요하게 만들다
ㄴ **necessitative** **a.** 필요하게 만드는
ㄴ **necessary** **a.** 필요한 ↔ unnecessary(불필요한)
ㄴ **necessity** **n.** 필요, 필수품

necessitate changes in the rule
규칙을 바꾸는 것이 필요하다

Nyabong's weight gain **necessitated** a wider space to live in.
냐봉이가 살이 쪄서 더 넓은 주거공간이 필요하게 되었다.

cherish [tʃériʃ]

v 소중히 여기다(treasure, respect)
└ **cherishable** **a.** 소중히 간직할 만한

cherish one's memory   추억을 간직하다

Honey is his most cherished possession.
꿀은 그가 가장 아끼는 물건이다.

futile [fjúːtl]

a 쓸모없는; 하찮은(trifling)
└ **futileness** **n.** 무익함, 효과가 없음(futility)

make a futile attempt   헛된 시도를 하다

Washing a car on a rainy day is a futile thing.
비오는 날 세차하는 것은 헛된 일이다.

voca plus+ '쓸모없는, 가치 없는'이 유의어

vain useless ineffective worthless valueless
of no use

depreciate [dipríːʃièit]

v 가치가 떨어지다, 가치를 떨어뜨리다(devalue)
└ **depreciation** **n.** 가치 하락, 감가상각

depreciate one's abilities   남의 솜씨를 얕보다

The value of the kimbap has depreciated
because Nyabong has eaten some of it.
냐봉이는 김밥의 일부를 먹어버려 상품 가치를 떨어지게 했다.

trivial [tríviəl]

ⓐ 사소한, 하찮은
ↄ **triviality** **n.** 사소한 문제, 사소함, 시시함
ↄ **trivialize** **v.** 하찮아 보이게 만들다

a **trivial** matter   사소한 일

Wellbong gets angry at **trivial** things.
웰봉이는 사소한 일에 화를 냈다.

voca plus+ '사소한, 하찮은'의 유의어
trivial   minor   insignificant   unimportant   trifling
petty   frivolous

desperate [déspərət]

ⓐ 필사적인, 절박한(urgent); 자포자기의
ↄ **despair** **v.** 절망하다 **n.** 절망(desperation) ↔ hope(희망)

desperate exertions   필사적인 노력

Wellbong grasped the edge of the cilff in a
desperate attempt to save himself.
웰봉이는 죽지 않기 위해 필사적으로 절벽 가장자리를 움켜쥐었다.

deceive [disíːv]

ⓥ 속이다, 기만하다
ↄ **deceit** **n.** 속임, 기만, 사기
ↄ **deception** **n.** 속임, 기만

deceive the public   대중을 속이다

The witch tried to **deceive** Snow White with
the poisonous apple.
마녀는 독이 든 사과로 백설공주를 속이려 했다.

voca plus+ '속이다'의 유의어
cheat   trick   fool   lie   swindle   take in   play a trick

honest [ánist]

ⓐ 정직한, 솔직한(frank, candid) ↔ dishonest(정직하지 않은)
↳ **honesty** **n.** 정직, 솔직함 ↔ dishonesty(부정직)

to be honest with you   솔직하게 말하면

Honest Wellbong returned the wallet to the police station.
정직한 웰봉이는 주운 지갑을 경찰서에 도로 갖다 주었다.

mercy [má:rsi]

ⓝ 자비
↳ **merciful** **a.** 자비로운(benevolent) ↔ merciless(무자비한)

Have mercy on me.   자비를 내리소서.

Wellbong earnestly wants Jesus to have mercy on him
웰봉이는 예수님이 그에게 자비를 베풀기를 간절히 원하고 있다.

voca plus+ '자비, 관용'의 유의어
lenity leniency generosity benevolence benignity

prefer [prifá:r]

동사변화 prefer–preferred–preferred
ⓥ ~을 선호하다(to)
↳ **preference** **n.** [préfərəns] 선호(for)
↳ **preferable** **a.** 더 좋은, 선호되는(to)

Bora prefers wearing comfortable clothes to tight ones.   보라는 꽉끼는 옷보다는 편안한 옷 입기를 선호한다.

cf) preter의 목적어가 to부정사이면 (rather) than을 쓴다.
   My son prefers *reading to watching* TV.
   = My son prefers *to read* rather than *to watch* TV.

duplicate [djúːplikət]

v 복사하다, 복제하다(copy, transcribe)
a 복사의, 복제의
n 복사본(transcript), 복제품(replica)
└ **duplication** **n.** 이중, 중복; 복사, 복제

a duplicate or the original 사본 혹은 원본

Dr. Bong has succeeded in duplicating Nyabong after a long experiment.
닥터봉은 오랜 실험 끝에 냐봉이를 복제하는 데 성공했다.

fortunate [fɔ́ːrtʃənət]

a 운이 좋은(lucky, auspicious) ↔ unfortunate(운이 없는)
└ **fortunately** **ad.** 다행스럽게도 ↔ unfortunately(불행하게도)
└ **fortune** **n.** 운, 행운 ↔ misfortune(불운, 불행); 재산, 부(riches)
  fortune-teller 점쟁이

Wellbong was fortunate enough to escape the crisis. 웰봉이는 운좋게도 위기를 탈출했다.

reward [riwɔ́ːrd]

v 보답하다, 보상하다 **n** 보상(금), 사례(금)
cf) award 상, 상을 주다
└ **rewarding** **a.** 보람 있는(worthwhile)

reward system 보상제도

Wellbong was rewarded for his good behaviour. 웰봉이는 착한 행실로 보상을 받았다.

Step 1 다음 영단어의 우리말 뜻을 쓰시오.

fit	cherish
grade	futile
primary	depreciate
apologize	trivial
worthwhile	desperate
actuality	deceive
wonder	honest
approximate	mercy
prove	prefer
fallacy	duplicate
deserve	fortunate
necessitate	reward

Step 2 다음 밑줄 친 단어의 유의어를 고르시오.

Hint 책갈피로 가리고 이해가 안가는 경우에만 보세요.

1 so <u>fortunate</u>
   ① innocent ② frank ③ polite ④ lucky ⑤ superior

2 Korea's <u>primary</u> export
   ① stable ② main ③ royal ④ ripe ⑤ previous

3 so dangerous but <u>worthwhile</u>
   ① inevitable ② valuable ③ sufficient
   ④ moderate ⑤ gradual

4 <u>futile</u> wealth and fame
   ① contrary ② skeptical ③ useless
   ④ correct ⑤ abstract

5 <u>deceive</u> the public
   ① regard ② acquaint ③ cheat ④ remind ⑤ assume

1 참 <u>운이 좋은</u>
   ① 순진한, 무죄의 ② 솔직한 ③ 공손한
   ④ 운이 좋은 ⑤ 우월한

2 한국의 <u>주요</u> 수출품
   ① 안정적인 ② 주요한 ③ 국왕의
   ④ 익은 ⑤ 이전의

3 매우 위험하지만 <u>가치 있는</u>
   ① 불가피한 ② 가치 있는 ③ 충분한
   ④ 적당한 ⑤ 점진적인

4 <u>부질없는</u> 부와 명예
   ① 대조의 ② 회의적인 ③ 쓸모없는
   ④ 정확한 ⑤ 추상적인

5 대중을 <u>기만하다</u>
   ① 여기다 ② 알게 하다 ③ 속이다
   ④ 상기시키다 ⑤ 가정하다

Step 3 다음 빈칸에 들어갈 알맞은 단어를 고르시오.

1 I .... to you for being rude.
   ① civilize ② realize ③ organize
   ④ memorize ⑤ apologize

2 It is no long an .... that women belong at home in Japan.
   ① necessity ② identity ③ morality
   ④ actuality ⑤ performance

3 John .... to take a day off after hard work.
   ① treat ② despise ③ deserve ④ defend ⑤ extend

4 It is a common .... that Japanese cars are better than Korean cars.
   ① fallacy ② measure ③ curiosity ④ vehicle ⑤ expression

5 I received a big cash .... for turning in the money I found.
   ① motive ② misery ③ hostility ④ reward ⑤ impulse

1 무례했던 것에 대해 <u>사과드립니다</u>.
   ① 문명화하다 ② 깨닫다 ③ 조직하다
   ④ 기억하다 ⑤ 사과하다

2 일본에서 여자들이 집에 있어야 한다는 것은 더 이상 실재가 아니다.
   ① 필요성 ② 정체성 ③ 도덕성
   ④ 실제, 실재 ⑤ 공연, 연주회, 업무실적

3 존은 열심히 일을 했으니 하루 쉴 <u>만 해</u>.
   ① 대우하다 ② 경멸하다 ③ ~할 만 하다
   ④ 방어하다 ⑤ 연장하다

4 일본차가 한국차보다 더 낫다는 것은 흔히 볼 수 있는 잘못된 생각이다.
   ① 오류 ② 조치, 양 ③ 호기심
   ④ 차량, 수단 ⑤ 표현

5 잃어버린 돈을 찾아준 대가로 거액의 <u>사례금</u>을 받았다.
   ① 동기 ② 비참 ③ 적대감
   ④ 보상(금), 사례(금) ⑤ 충동

Step 4 빈칸에 알맞은 단어를 보기에서 골라 쓰시오.

Hint 책갈피로 가리고 이해가 안가는 경우에만 보세요.

보기
desperate   duplicated   prefer
mercy   trivial

1 Recently this application has been .... illegally.

2 Many men would say that they .... a warm heart to beautiful looks.

3 Charles had .... on the poor.

4 The soldier clung to the edge in a .... attempt to save his life.

5 We always have to decide what is important or .... in life.

1 최근에 이 응용 프로그램은 불법 복제되었다.

2 많은 남성들은 아름다운 외모보다 따뜻한 마음씨를 선호한다고들 말한다.

3 찰스는 가난한 자들에게 자비를 베풀었다.

4 그 병사는 죽지 않기 위해 필사적으로 가장자리에 매달렸다.

5 우리는 항상 삶에서 무엇이 중요하고 사소한지를 결정해야 한다.

보기
prove   necessitated   approximate
graded   cherished

6 Her son's photo is her most .... thing.

7 The cyber-terror attack .... a change in computer security.

8 The numbers shown in this chart are not exact but ....

9 Concrete evidence is required to .... his innocence.

10 Korean beef is .... by quality.

6 그녀의 아들 사진은 그녀가 가장 아끼는 물건이다.

7 그 사이버 테러 공격으로 컴퓨터 보안상의 변화가 필요해졌다.

8 이 도표에 나타난 수치는 정확한 것이 아니라 근삿값이다.

9 그의 무죄를 입증하기 위해서는 구체적인 증거가 필요하다.

10 한우는 품질에 따라 등급이 매겨진다.

▶ 정답은 p.358에

Yesterday is a history, tomorrow is a mystery, and today is a gift.

That's why we call it — the present.

Brian G. Dyson

어제는 역사이고, 내일은 미스터리이며, 오늘은 선물이다.
그렇기에 우리는 현재를 선물이라고 말한다.

– 브라이언 G. 다이슨, 미국 코카콜라 社의 CEO

Ch.8

일상생활

- ☐ laundry
- ☐ stain
- ☐ withstand
- ☐ remain
- ☐ trim
- ☐ garbage
- ☐ drain
- ☐ leak
- ☐ overflow
- ☐ sanitary
- ☐ cupboard
- ☐ pottery
- ☐ kettle
- ☐ nutrient
- ☐ beverage

- ☐ flour
- ☐ acid
- ☐ nourish
- ☐ vacuum
- ☐ typical
- ☐ poke
- ☐ grind
- ☐ impose
- ☐ accustomed
- ☐ disgusting
- ☐ tempt
- ☐ decoration
- ☐ arrange
- ☐ antique
- ☐ perfume

laundry [lɔ́ːndri]

n 세탁물, 세탁소, 세탁업

laundry room 세탁실

She put the dirty laundry into the washer.
그녀는 더러운 세탁물을 세탁기에 넣었다.

voca plus+ 세탁

bleach 표백제 **clothesline** 빨랫줄 **clothespin** 빨래집게
detergent 세제 **hanger** 옷걸이 **iron** 다리미 **ironing board** 다리
미판 **laundry basket** 빨래통 **washer** 세탁기(washing machine)

stain [stéin]

n (지우기 힘든) 얼룩
v 얼룩지게 하다, 더럽히다
└ **stainless** **a.** 얼룩지지 않은; 녹슬지 않는

remove a stain 얼룩을 제거하다

There is a ketchup stain on her clothes.
케첩 얼룩이 그녀의 옷에 묻었다

voca plus+ '얼룩, 자국, 흔적'의 유의어
mark **speck** **blot** **smear** **spot**

withstand [wiðstǽnd]

동사변화 withstand-withstood-withstood
v 저항하다(resist); 참다, 견디다

withstand temptation 유혹에 저항하다

Wellbong had to withstand the pain that was
the penalty of the game.
웰봉이는 게임의 벌칙으로 받은 고통을 견뎌내야만 했다

voca plus+ '참다, 견디다'의 유의어
bear **stand** **endure** **tolerate** **forbear** **put up with**

remain [riméin]

ⓥ 계속[여전히] ~이다(stay); (없어지지 않고) 남(아 있)다(linger)
└ **remaining a.** 남아 있는, 남은
└ **remains n.** 나머지, 유적(relic)

remain single 독신으로 지내다

A lipstick stain still **remains** on Wellbong's shirt. 웰봉이의 셔츠에 여전히 립스틱 자국이 남아있다.

trim [trím]

ⓥ 다듬다(prune), 손질하다(tend)
ⓝ 정돈, 손질
ⓐ 잘 가꾼, 깔끔한(neat)
└ **trimly ad.** 정돈하여, 손질하여
└ **trimmer n.** (잔디 등을) 다듬는 기계

trim one's nails 손톱을 다듬다

Wellbong just wants his hair to be **trimmed**.
웰봉이는 단지 머리를 다듬고 싶어 한다.

garbage [gáːrbidʒ]

ⓝ 쓰레기

garbage can 쓰레기통   **garbage** dump 쓰레기 처리장

Nyabong is searching through the **garbage** to find a fish. 냐봉이는 생선을 찾으려고 쓰레기를 뒤지고 있다.

뉘앙스 구별 쓰레기

trash 쓰레기 **waste** 쓰레기 **rubbish** 쓰레기 **litter** (공공장소에 버려진 휴지, 깡통, 병 같은) 쓰레기 **garbage** (음식물 찌꺼기나 다른 물기 있는) 쓰레기 **trash** (종이나 판지 등과 같은 물기 없는) 쓰레기 **refuse** (격식) 쓰레기 **sewage** 하수, 오물

drain [dréin]

v 물을 빼내다, 배수하다
n 배수관
└ **drainage** **n.** 배수, 배수 시설

drain the water   물기를 빼내다

Wellbong is draining the water after pulling the plug out of the sink.
웰봉이는 개수대 마개를 열고 물을 빼내고 있다.

leak [líːk]

v 새게 하다, 새다(escape)
└ **leakage** **n.** 누출, 새어나감(efflux)
└ **leaky** **a.** 새는, 구멍이 난

a gas leak   가스 누출

Water is leaking from the bucket.
양동이에서 물이 새고 있다.

overflow [òuvərflóu]

동사변화 overflow–overflew–overflown
v 넘쳐흐르다   *cf)* flow 흐르다
└ **overflowing** **a.** 넘쳐흐르는

an overflow of population   인구 과잉

The weight of Bora caused the bath to overflow.   보라의 체중으로 인해 목욕물이 흘러넘쳐났다.

sanitary [sǽnətèri]

ⓐ 위생의, 위생적인(hygienic) ↔ in[un]sanitary(비위생적인)
↳ **sanitation** **n.** 위생(hygiene)

sanitary rules 위생상의 규칙

Wellbong's mom always tries to keep the kitchen sanitary for the health of her family.
웰봉이 엄마는 가족들의 건강을 위해 항상 주방위생에 신경 쓴다.

cupboard [kʌ́bərd]

ⓝ 찬장 (sideboard); 벽장(closet)

kitchen cupboard 주방 찬장
put dishes in the cupboard 그릇을 찬장에 올려 두다

Wellbong is looking for the flower-pattern dishes in the cupboard.
웰봉이는 찬장에서 꽃무늬의 접시를 찾고 있다.

pottery [pátəri]

ⓝ 도자기, 도기류(clayware), 도예

a pottery class 도예 강습

A watched pot never boils.
조바심을 내면 냄비는 절대로 끓지 않는다. ('조급하게 굴면 안 된다'는 뜻의 속담)

Bora is hindering Wellbong from making pottery. 보라는 웰봉이가 도자기 만드는 것을 방해하고 있다.

kettle [kétl]

ⓝ 주전자

Wellbong boiled water in the kettle and made some tea. 웰봉이는 주전자에 물을 끓여 차를 만들었다.

The pot calls the kettle black.
솥이 주전자보고 검다고 한다; 똥 묻은 개가 겨 묻은 개를 나무란다. (속담)

nutrient [njúːtriənt]

ⓝ 영양소, 영양분(nutrition) ↔ malnutrition(영양결핍, 영양실조)
ⓐ 영양이 되는
┖ **nutritious** a. 영양분이 많은, 영양가가 높은
┖ **nutritional** a. 영양(상)의

essential nutrients 필수 영양소

Rice is the most important nutrient for Bora.
밥은 보라에게 있어 최고의 영양소이다.

beverage [bévəridʒ]

ⓝ (물 이외의) 음료(drink), 마실 것

beverage event 시음회

Wellbong picks out a beverage from the menu. 웰봉이는 메뉴에서 음료수를 고른다.

voca plus+ 음료, 술
coffee 커피 juice 주스 tea 차 soft drink 청량음료 beer 맥주
wine 포도주 champagne 샴페인 cocktail 칵테일

flour [fláuər]

n 밀가루

flour mill 제분소

Wellbong's head was covered with flour on graduation day.
졸업식 날에 웰봉이의 머리는 밀가루로 뒤덮혔다.

voca plus+ 곡물(grain) 관련어
barley 보리 **rice** 쌀 **wheat** 밀

acid [ǽsid]

n 산 **a** 맛이 신, 산성의
└ **acidify** v. 산성화하다 └ **acidification** n. 산성화
└ **acidity** n. 신맛, 산성

The acid from the lemon juice makes Wellbong's mouth water. 레몬주스의 신맛은 웰봉이의 입에 군침이 돌게 한다.

voca plus+ 맛(taste) 관련어
flavor (독특한) 풍미, 향미, 맛(savor) **tasty** 맛있는, 맛이 좋은
delicious 매우 맛있는(칭찬할 때 쓰는 말) **sweet** 단 **bitter** 쓴
sour 신 **salty** 짠 **hot** 매운 **spicy** 매운 **fishy** 비린내 나는
greasy 기름기가 많은 느끼한

nourish [nə́ːriʃ]

v 영양분을 공급하다(nurture, feed)
└ **nourishment** n. 영양분(nutrition)
└ **nourishing** a. 영양분이 풍부한(nutritious)

nourishing food 영양가 있는 음식

Bora's face is nourished with nourishing cream. 보라의 얼굴은 영양크림을 발라 영양분을 공급받았다.

공기 안 통하게
진공포장 해주세요~

vacuum [vǽkjuəm]

ⓝ 진공
ⓥ 진공청소기로 청소하다
└ **vacuumize** **v.** 진공으로 만들다
└ **vacuous** **a.** 진공의

vacuum cleaner 진공청소기

This meat is in a perfect vacuum.
고기가 완벽한 진공상태에 있다.

너무 맛있쩌요!

전형적인 한국의 음식
KIMCHI

typical [típikəl]

ⓐ 전형적인(classic, emblematic); 대표적인(representative);
　 특유의(characteristic)
└ **typically** **ad.** 일반적으로, 전형적으로
└ **type** **n.** 전형, 유형

a typical farmer 전형적인 농부

Kimchi is a typical food ot Korea.
김치는 대표적인 한국음식이다.

익었나? 안익었나~
찔러보자!

poke [póuk]

ⓥ 찌르다, 쑤시다(prod); 불쑥 내밀다(thrust)
ⓝ (손가락 등으로) 찌르기, 쑤시기

poke a hole with a knife 칼로 구멍을 내다

Wellbong poked the potato with a chopstick
to see if it was done.
웰봉이는 고구마가 익었는지 젓가락으로 찔러보았다.

grind [gráind]

동사변화 grind–ground–ground

v (곡식 등을) 갈다, 빻다

n 갈기, 빻기

↳ **grinder** n. 연마기, 분쇄기

↳ **grindstone** n. 숫돌

grind the teeth 이를 갈다

The millstone is grinding beans. 맷돌이 콩을 갈고 있다.

impose [impóuz]

v 부과하다(on); 강요하다(force)

↳ **imposed** a. 부과된(on)

↳ **imposition** n. 부과하기

impose taxes 세금을 부과하다

Nyabong imposed weird juice on Wellbong.
냐봉이는 이상한 주스를 웰봉이에게 강요했다.

accustomed [əkʌstəmd]

a 익숙해진

↳ **accustom** v. 익숙케 하다(to)

in the accustomed way 익숙한 방법대로

Suckbong's mom was so accustomed to cutting* a rice cake that she could even do it in the dark. 석봉이 엄마는 어둠속에서도 떡 썰기에 아주 익숙했다.

* be accustomed to N/V-ing ~에 익숙하다

disgusting [disɡʌ́stiŋ]

ⓐ 역겨운, 구역질나는(revolting, nauseous)

↳ **disgust** v. 역겹게 만들다

a disgusting smell 구역질나게 하는 냄새

The cockroach he found in the bowl was
really disgusting. 그릇 안에서 발견된 바퀴벌레는 정말 역겨웠다.

tempt [témpt]

ⓥ 유혹하다(into), 유도하다
  cf) attempt 시도하다 (철자와 의미 혼동에 유의)

↳ **tempting** a. 유혹하는   ↳ **temptation** n. 유혹

tempt women 여자들을 유혹하다

Bora was tempted by the fried chicken.
보라는 프라이드치킨에 유혹을 받았다.

voca plus+ '유혹하다'의 유의어
lure entice seduce

decoration [dèkəréiʃən]

ⓝ 장식(품)

↳ **decorate** v. 장식하다, 꾸미다
     decorate the interior 실내장식을 하다

↳ **decorative** a. 장식(용)의

Wellbong and Nyabong made beautiful
Christmas decorations.
웰봉이와 냐봉이는 멋진 크리스마스 장식을 했다.

voca plus+ '장식하다'의 유의어
ornament embellish adorn

arrange [əréindʒ]

v 정리하다; 배열하다; 마련하다, 주선하다; 편곡하다
└ **arrangement** **n.** 정리, 정돈; 배열, 배치; 준비, 계획; 편곡, 각색
　　　　　　　　　　　flower *arrangement* 꽃꽂이

Wellbong arranged the shoes neatly on the
doorstep. 웰봉이는 현관 신발들을 가지런히 정리했다.

antique [æntíːk]

a 골동품인; 고대의(ancient)　**n** 골동품(curio), 고대 유물
└ **antiquity** **n.** 고대, 고대 유물

antique shop 골동품 상점

This old chair is a genuine antique.
이 오래된 의자는 진짜 골동품이다.

〔뉘앙스 구별〕 오래된, 유행이 지난
구식의, 오래된 obsolete
유행이 지난 out-of-date, out of fashion, out of use,
　　　　　 outdated, outmoded, old-fashioned

perfume [pərfjúːm]

n 향수(fragrance, scent), 향기(aroma)
　cf) 불쾌한 냄새는 odor
v 향기를 풍기다, 향기롭게 하다

put on perfume 향수를 바르다

Mrs. Bong is spraying expensive perfume an
over her body. 봉여사는 값비싼 향수를 몸에 뿌리고 있다.

〔voca plus+〕
make up 화장하다(put on one's make up)

Step 1 다음 영단어의 우리말 뜻을 쓰시오.

laundry	flour
stain	acid
withstand	nourish
remain	vacuum
trim	typical
garbage	poke
drain	grind
leak	impose
overflow	accustomed
sanitary	disgusting
cupboard	tempt
pottery	decoration
kettle	arrange
nutrient	antique
beverage	perfume

Step 2 다음 밑줄 친 단어의 유의어를 고르시오.

Hint 책갈피로 가리고 이해가 안가는 경우에만 보세요.

1 the coffee stain on the shirt
① phase ② vogue ③ mark ④ element ⑤ friction

2 very clean and sanitary
① tense ② solitary ③ pitiful ④ thrilled ⑤ hygienic

3 a nutrient element for good health
① solemn   ② harsh   ③ awkward
④ diligent   ⑤ nutritious

4 a Christmas tree decoration
① creation   ② ornament   ③ discussion
④ duration   ⑤ expiration

5 withstand temptation
① withdraw ② bear ③ calculate ④ creep ⑤ forbid

1 셔츠의 커피 얼룩
① 국면, 단계 ② 유행 ③ 표시 ④ 요소 ⑤ 마찰

2 매우 깨끗하고 위생적인
① 긴장하는 ② 고독한 ③ 가엾은
④ 아주 흥분한 ⑤ 위생의

3 건강에 좋은 영양소
① 엄숙한 ② 가혹한 ③ 어색한, 서투른
④ 부지런한 ⑤ 영양가가 높은

4 크리스마스 트리 장식
① 창조 ② 장식 ③ 토론 ④ 지속, 기간 ⑤ 만료

5 유혹을 이겨내다
① 물러가다, 인출하다 ② 참다, 견디다
③ 계산하다 ④ 기다 ⑤ 금지하다

Step 3 다음 빈칸에 들어갈 알맞은 단어를 고르시오.

1 Jasmin sprayed a .... around her neck.
① core ② perfection ③ grade ④ fallacy ⑤ perfume

2 Could you help me out with this .... ?
① judgment   ② mercy   ③ illusion
④ estimation   ⑤ arrangement

3 Japan .... its culture and language on Korea.
① impressed   ② imposed   ③ alienated
④ corrupted   ⑤ informed

4 Henry is not .... to getting up early yet.
① amused   ② entertained   ③ assessed
④ preferred   ⑤ accustomed

5 Leonard vomited* because of the .... smell.
* vomit 토하다
① inspiring   ② involving   ③ pleasing
④ disgusting   ⑤ amazing

1 재스민은 목 주변에 향수를 뿌렸다.
① 핵심 ② 완벽 ③ 등급, 학년 ④ 오류 ⑤ 향수

2 내가 정리하는 것을 도와주실 수 있습니까?
① 판단 ② 자비 ③ 환상
④ 평가, 견적 ⑤ 정리, 정돈

3 일본은 한국에 자국의 문화와 언어를 강요했다.
① 인상을 주었다 ② 강요했다 ③ 소원하게 하였다
④ 부패시켰다 ⑤ 알려 주었다

4 아직도 헨리는 일찍 일어나는 데 익숙하지 않다.
① 즐거운 ② 즐겁게 된 ③ 평가된
④ 선호하는 ⑤ 익숙해진

5 레오나드는 역겨운 냄새 때문에 토했다.
① 영감을 주는 ② 포함하는 ③ 즐겁게 하는
④ 역겨운 ⑤ 놀라운

Step 4 빈칸에 알맞은 단어를 보기에서 골라 쓰시오.

Hint 책갈피로 가리고 이해가 안가는 경우에만 보세요.

> **보기**   beverage   antiques   tempted
>   drain   typical

1   You can look around .... , traditional artworks and ceramics in Insa-dong in Seoul.

2   Many students feel .... to cheat during test.

3   Kimchijjigae is .... hot and spicy food of Korea.

4   Food and .... are not allowed in the museum.

5   It seems that* the kitchen .... is blocked.
     * it seems that ~인 것 같다

1   당신은 서울 인사동에서 골동품, 전통예술품, 도자기를 둘러볼 수 있다.

2   많은 학생들이 가끔 시험도중 부정행위를 저지르고 싶은 유혹을 느낀다.

3   김치찌개는 자극적이고 매운 전형적인 한국음식이다.

4   음식 및 음료는 박물관 내에 가지고 들어올 수 없습니다.

5   부엌의 배수관이 막힌 것 같다.

> **보기**   flour   overflow   garbage
>   remain   leak

6   The heavy rainfall caused the river to ....

7   My wife usually takes out the .... every Sunday evening.

8   You had better not .... in this village any longer.

9   The boat has a .... and is filling up with water.

10   The baker was mixing .... , eggs, and sugar to make a cake.

6   호우로 강이 넘쳤다.

7   아내는 매주 일요일 저녁에 쓰레기를 밖에 내놓는다.

8   더 이상 이 마을에 머물지 마라.

9   그 보트는 새는 곳이 있어서 물이 차고 있다.

10   그 제빵사는 케이크를 만들기 위해 밀가루, 계란 그리고 설탕을 섞고 있었다.

▶ 정답은 p.359에

Check-up 아는 단어에 ✔ 표시

- effective
- coarse
- frame
- household
- dwell
- permit
- distract
- mess
- ventilation
- absorb
- furnish
- organize

- conserve
- occupy
- costume
- sew
- routine
- detect
- available
- impending
- indifference
- approval
- persist
- sibling

effective [iféktiv]

a 효과적인 ↔ ineffective(효과 없는); 법이 시행되는, 유효한 (valid)

↳ **effect** **n.** 영향; 결과; 효과, 효력

↳ **effectiveness** **n.** 효과적임

effective teaching methods   효과적인 교수법

The mask will be **effective** in improving Bora's beauty.   그 마스크는 보라의 미를 좋게 하는 데 효과적일 것이다.

coarse [kɔ́ːrs]

a (피부나 천이) 거친(rough); (알갱이, 가루 등이) 굵은; 조잡한

↳ **coarsen** **v.** 굵어[거칠어]지게 하다

↳ **coarseness** **n.** 조악함, 거침

a **coarse** voice   거친 목소리

His mom's face got **coarse** with the stress.
웰봉이 엄마는 스트레스로 얼굴이 기칠어졌다.

frame [fréim]

n 틀, 액자; 뼈대, 구조(structure)

↳ **frameless** **a.** 틀이 없는

↳ **framework** **n.** 뼈대, 골조

a window **frame**   창틀

Wellbong has situated his face in the middle of the **frame**.   웰봉이는 얼굴을 사진액자 가운데 위치시켰나.

household [háushòuld]

n (한 집에 사는 사람들을 일컫는) 가정, 가구(家口), 세대(世帶)
   cf) family (부모와 자녀로 구성된) 가족

rural household 농촌 가구

The members of the household are living
under the same roof together.
그 가족은 한 지붕아래 다 함께 살고 있다.

우리 가계

에스키모들은
이곳에서 살아요~

dwell [dwél]

동사변화 dwell–dwelt[dwelled]–dwelt[dwelled]
v 살다, 거주하다(in), 곰곰이 생각하다(on)
  └ **dweller** **n.** 거주자
  └ **dwelling** **n.** 거주, 주거

dwell at home 국내에 거주하다

Eskimos dwell in igloos. 에스키모인들은 이글루에서 산다.

뉘앙스 구별 살다
live 살다(가장 일반적) reside 거주하다 settle 정착하다
inhabit 거주하다

알았어, 이번
한번만 허락하마!

엄마~파랑이네서
하룻밤만 자고 올게요

permit [pərmít]

동사변화 permit–permitted–permitted
v 허락하다, 허용하다(allow, admit)
  └ **permission** **n.** 허가, 인가
  └ **permitted** **a.** 허가를 받은

issue a permit 허가증을 발행하다

Wellbong was permitted to have a sleepover*
by his mom. 웰봉이는 엄마로부터 밤샘파티를 허락받았다.
* sleepover 밤샘 파티

distract [distrǽkt]

ⓥ 산만하게 하다; 주의를 딴 데로 돌리다(from)
ᒻ **distracting** **a.** 마음을 산만하게 하는
ᒻ **distraction** **n.** 주의산만; 기분전환; 오락(entertainment)

distract one's mind 마음을 혼미하게 하다

Wellbong is distracting the attention of his mom. 웰봉이는 엄마의 주의를 산만하게 하고 있다.

mess [més]

ⓝ 엄망인 상태, 혼란 **ⓥ** 엄망진창으로 만들다(up)
cf) mass 덩어리(정확한 형체가 없는)

ᒻ **messy** **a.** 지저분한, 엄망인(dirty, unclean)
ᒻ **messiness** **n.** 엄망진창, 혼란스러움

Wellbong's mom got furious at the mess in Wellbong's room.
웰봉이 엄마는 어질러진 웰봉이의 방을 보고 노발했다.

voca plus+ '엄망, 혼란'의 유의어
wreck ruin confusion disorder

ventilation [vèntəléiʃən]

ⓝ 통풍, 공기의 환기
ᒻ **ventilate** **v.** 환기하다(air out)
ᒻ **ventilator** **n.** 환풍기, 통풍구

a ventilation system 환기 장치

Ventilation is desperately needed in this situation. 이 상황에서 필요한 것 환풍기이다.

absorb [æbsɔ́ːrb]

v 흡수하다(take in)
└ **absorption** **n.** 흡수, 몰두
└ **absorbing** **a.** 흡수하는

absorb moisture 습기를 흡수하다

A vacuum cleaner is absorbing dust on the floor. 진공청소기는 바닥에 있는 먼지를 흡수하고 있다.

수능 빈출표현
be absorbed in ~에 몰두한, ~에 빠져 있는

furnish [fɔ́ːrniʃ]

v 제공하다, 공급하다(with); 가구를 비치하다
└ **furnished** **a.** 가구가 비치된
└ **furnishing** **n.** 세간(~s), 비품 └ **furniture** **n.** 가구

furnish a room 방에다 가구를 설비하다

Boonhong plans to furnish furniture for the baby she is expecting.
분홍이는 태어날 아기를 위해 가구 비치를 계획하고 있다.

voca plus+ '제공하다, 공급하다'의 유의어
supply   provide   offer

organize [ɔ́ːrɡənàiz]

v 준비하다, 조직하다, 구성하다
└ **organized** **a.** 조직화된, 조직적인, 정리된, 잘 계획된
└ **organization** **n.** 조직, 단체, 기구; 준비, 구성

organize a committee 위원회를 조직하다

Wellbong organized a birthday party for Boonhong. 웰봉이는 분홍이를 위해 생일파티를 마련했다.

conserve [kənsə́:rv]

v 보호하다, 보존하다; 아끼다 **n** 설탕절임, 잼
↳ **conservation** n. 보호, 관리
↳ **conservative** a. 보수적인; 보존하는
↳ **conservatory** n. 온실; 음악[예술]학교
　　　　　cf) -ory는 공간을 나타냄 laboratory 실험실

conserve electricity 전기를 절약하다

Wellbong is going to conserve the folded-paper cranes* in the bottle.　* paper crones 종이학
웰봉이는 종이학을 병 안에 보관하려고 한다.

occupy [ákjupài]

v (시간, 공간을) 차지하다(take up); 종사시키다
↳ **occupation** n. 직업; (건물, 방, 토지 등의) 사용, 거주(occupancy)
↳ **occupational** a. 직업의
↳ **occupied** a. 사용 중인, (국가 등이) 점령된

The toilet is occupied with someone, maybe Bora. 누군가, 아마 보라가 화장실을 차지하고 있을 것이다.

voca plus+ '직업, 일'의 유의어
job　vocation　profession　career　avocation(부업)

costume [kástjuːm]

n 의상, 복장
↳ **costumed** a. 의상을 입은

Wellbong is going to wear a Bananaman costume at the party.
웰봉이는 파티에서 바나나맨 의상을 입을 예정이다.

뉘앙스 구별 옷
clothes (일반적인) 옷(dress)　garment 제조판매 의류　apparel (美 매장에서 판매되는) 의류　attire (격식) 의복, 복장　outfit 외출용 한 벌 옷
(ward)robe (개인 소유의) 옷　clothing (집합적) 의류

sew [sóu]

v 바느질하다
↳ **sewing** **n.** 바느질, 재봉

sewing machine 재봉틀

A lovely young lady is sewing the cloth by hand. 아리따운 한 아가씨가 손으로 바느질을 하고 있다.

voca plus+ 철자와 의미에 주의
sew-sewed-sewn 바느질하다
saw-sawed-sawn 톱질하다
sow-sowed-sown 씨를 뿌리다

routine [ruːtíːn]

n 틀에 박힌 일
a 틀에 박힌
↳ **routinely** **ad.** 일상적으로

daily routine 판에 박힌 일

The daily routine of Nyabong is very simple: eating, sleeping and pooping.
나봉이의 일과는 매우 간단하다: 먹고 자고 싸고.

detect [ditékt]

v 발견하다, 탐지하다
↳ **detection** **n.** 발견, 탐지
↳ **detective** **n.** 형사, 수사관, 탐정 **a.** 탐지의
↳ **detector** **n.** 탐지기 lie *detector* 거짓말 탐지기

Nyabong detected money hidden by Wellbong's father in the ground.
나봉이는 땅에 숨겨진 웰봉이 아빠의 비상금을 발견했다.

voca plus+ '발견하다'의 유의어
discover find out identify map

available [əvéiləbl]

ⓐ 이용 가능한(accessible); 입수할 수 있는(handy)
↳ **avail** v. 남에게 도움이 되다, 쓸모 있다

an available means   이용할 수 있는 수단

Wellbong luckily found an available parking space.   웰봉이는 운좋게 이용할 수 있는 주차공간을 찾았다.

impending [impéndiŋ]

ⓐ 임박한, 곧 닥칠(imminent, be near at hand)
↳ **impend** v. 금방이라도 일어나려 하다

an impending crisis   임박한 위기

Wellbong managed to halt the impending danger.   웰봉이는 인박한 위험을 거우 시냉할 수 있었다.

indifference [indífərəns]

ⓝ 무관심, 무심(to)
   cf) difference의 반대말이 아님에 유의
↳ **indifferent** a. 무관심한 ↔ curious(호기심의)

show an attitude of indifference   무관심한 태도를 보이다

Wellbong's mom shows indifference to crying Wellbong.   웰봉이 엄마는 울고 있는 웰봉이에게 무관심하다.

voca plus+ '무관심한'의 유의어
uninterested   aloof   apathetic

approval [əprúːvəl]

🄝 인정, 찬성, 승인 ↔ disapproval(반대)
└ **approve** **v.** 찬성하다, 승인하다 ↔ disapprove(반대하다)

show one's approval 찬성을 나타내다
Finally, Boonhong's dad gave approval to their relationship. 마침내 분홍이 아빠는 둘의 교제를 허락하셨다.

persist [pərsíst]

🅥 집요하게[끈질기게] 계속하다(in); 계속되다, 지속되다
└ **persistence** **n.** 고집, 끈기, 지속력
└ **persistent** **a.** 끈질긴, 집요한

persist in one's opinion 자기 의견을 고집하다
Wellbong persisted in asking for what he wanted. 웰봉이는 끈질기게 원하는 것을 요구했다.

sibling [síbliŋ]

🄝 (남녀의 구별 없이) 동기, 형제, 자매

sibling rivalry 형제자매 사이의 경쟁심

They are such close siblings. 그들은 아주 친한 자매이다.

voca plus+ 형제, 자매
child 자식 **son** 아들 **only son** 독자 **daughter** 딸
only daughter 독녀 **brother** 남자형제 **sister** 여자형제 **twin** 쌍둥이

Step 1 다음 영단어의 우리말 뜻을 쓰시오.

effective	conserve
coarse	occupy
frame	costume
household	sew
dwell	routine
permit	detect
distract	available
mess	impending
ventilation	indifference
absorb	approval
furnish	persist
organize	sibling

Step 2 다음 밑줄 친 단어의 유의어를 고르시오.

Hint 책갈피로 가리고 이해가 안가는 경우에만 보세요.

1 a <u>frame</u> on the desk
① spirit ② traffic ③ behavior ④ merit ⑤ structure

2 <u>dwell</u> in a castle
① abound ② nourish ③ withstand ④ reside ⑤ revise

3 <u>permitted</u> to use his car
① lessened ② embraced ③ allowed
④ prescribed ⑤ burst

4 noisy or <u>messy</u>
① previous ② neat ③ rural ④ approximate ⑤ disorderly

5 <u>detect</u> an error
① derive ② collapse ③ contain ④ proceed ⑤ discover

1 책상 위의 액자
① 정신 ② 교통 ③ 행동 ④ 장점 ⑤ 구조, 뼈대

2 성에 살다
① 풍부하다 ② 영양분을 공급하다 ③ 저항하다
④ 거주하다 ⑤ 수정하다

3 그의 차를 사용하도록 허락받은
① 줄어든 ② 안겨진 ③ 허락받은
④ 처방된, 규정된 ⑤ 터진

4 시끄럽거나 정돈을 안 하는
① 이전의 ② 말끔한 ③ 시골의
④ 근사치의 ⑤ 무질서한

5 실수를 발견하다
① 유래하다, 얻다 ② 붕괴하다 ③ 포함하다
④ 진행하다 ⑤ 발견하다

Step 3 다음 빈칸에 들어갈 알맞은 단어를 고르시오.

1 This medicine is much more .... against a headache.
① precise ② resolute ③ ancient ④ effective ⑤ intense

2 Using cell phones while driving .... drivers, causing accidents.
① advances ② surrounds ③ praises
④ fascinates ⑤ distracts

3 This movie house has the most thorough ....
① apparatus ② ventilation ③ direction
④ district ⑤ hypothesis

4 The messy desk and drawer need to be ....
① composed ② scattered ③ mingled
④ informed ⑤ organized

5 The bottom of the swimming pool is too ....
① ready ② narrow ③ ordinary ④ common ⑤ coarse

1 이 약이 두통에 훨씬 더 효과적이다.
① 정확한 ② 결단력 있는 ③ 고대의
④ 효과적인 ⑤ 강렬한

2 운전 중 휴대전화 사용은 운전자들의 주의를 산만하게 해서 사고를 야기할 수도 있다.
① 진보하다 ② 둘러싸다 ③ 칭찬하다
④ 매료시키다 ⑤ 산만하게 하다

3 이 영화관은 완전한 환기 장치를 갖추고 있다.
① 도구 ② 환기 ③ 방향 ④ 구역 ⑤ 가설

4 어지러운 책상과 서랍을 정리할 필요가 있다.
① 작곡된 ② 흩뿌려진 ③ 혼합된
④ 알려진 ⑤ 정리된, 조직된

5 수영장의 바닥이 너무 거칠군요.
① 준비된 ② 좁은 ③ 일상적인
④ 보통의, 흔한 ⑤ 조잡한, 거친

빈칸에 알맞은 단어를 보기에서 골라 쓰시오.

Hint 책갈피로 가리고 이해가 안가는 경우에만 보세요.

보기 persist   approval   conserve
      absorbs   indifference

1 If the symptoms .... , consult your doctor.
2 The taxi driver passed the red traffic signal with
   ....
3 Laura got her father's .... for her trip to Europe.
4 It is important to .... the beautiful nature.
5 Robert .... English well like a sponge.

1 증상이 없어지지 않고 <u>계속되면</u> 의사에게 가 보세요.
2 택시 운전자는 빨간 신호를 <u>무관심하게</u> 지나쳤다.
3 로라는 아버지로부터 유럽 여행을 가도 좋다는 <u>승낙</u>을 받았다.
4 아름다운 자연을 <u>보존하는</u> 것이 중요하다.
5 로버트는 영어를 스폰지처럼 잘 <u>흡수한다</u>.

보기 sew   routine   available
      costume   household

6 Hanbok is the traditional .... of Korea.
7 We need a needle and thread to .... this.
8 Travel can be an escape from the daily .... for
   some time.
9 This ATM service is .... 24-hours a day, 7 days
   a week.   * ATM 현금자동입출금기(Automated Teller Machine)
10 My husband handles well all kind of .... electric
   appliances.

6 한복은 한국의 전통 <u>의상</u>이다.
7 이것을 <u>바느질하기</u> 위해 실과 바늘이 필요하다.
8 여행은 잠시 <u>일상</u>에서 도피할 수 있게 해 준다.
9 이 ATM 서비스는 일주일 내내 하루 24시간 <u>이용할 수 있다</u>.
10 그는 모든 종류의 <u>가전</u> 제품들을 잘 다룬다.

▶ 정답은 p.359~360에

Victory belongs to the most persevering.

Napoleon Bonaparte

승리는 가장 끈기 있는 자에게 돌아간다.

– 나폴레옹 보나파르트, 프랑스 황제

Ch.9

여가·오락·대중매체

Check-up 아는 단어에 ✔ 표시

- [ ] entertain
- [ ] interrupt
- [ ] belong
- [ ] privilege
- [ ] prevalent
- [ ] restrain
- [ ] audience
- [ ] undergo
- [ ] criticize
- [ ] popular
- [ ] role
- [ ] award
- [ ] cue
- [ ] admire
- [ ] celebration

- [ ] burst
- [ ] magician
- [ ] interfere
- [ ] disturb
- [ ] dedicate
- [ ] assemble
- [ ] intent
- [ ] meditate
- [ ] subscribe
- [ ] deliver
- [ ] float
- [ ] journey
- [ ] reveal
- [ ] expedition
- [ ] accommodation

entertain [èntərtéin]

ⓥ 즐겁게 해 주다(amuse); 접대하다
↳ **entertainment** **n.** 오락, 연예; 접대
↳ **entertaining** **a.** 재미있는, 즐거움을 주는
↳ **entertainer** **n.** 연예인, 즐겁게 하는 사람

entertain company 손님을 대접하다

Nyabong entertained us with his stories and jokes. 냐봉이는 이야기와 농담으로 우리를 즐겁게 해주었다.

voca plus+ '오락'의 유의어
pastime recreation diversion amusement

interrupt [ìntərʌ́pt]

ⓥ 방해하다(cut in, disrupt); 중단시키다(discontinue)
↳ **interruption** **n.** 중단; 방해
↳ **interruptive** **a.** 방해하는

interrupt a conversation 대화를 중단시키다

The audience's view was interrupted by Wollbong's head. 웰봉이의 머리는 관객들을 방해했다.

belong [bilɔ́ːŋ]

ⓥ ~에 속하다(to), ~에 소속감이 들다
↳ **belongings** **n.** 소유물(possession), 소지품

belong to a community 공동체에 속해 있다

Shiny Bong belongs to Glory Entertainment at present. 샤이니 봉은 현재 글로리 연예기획사(엔터테인먼트) 소속이다.

privilege [prívəlidʒ]

n 특권, 특전, 특혜(advantage)
v 특권[특전, 특혜]을 주다
↳ **privileged a.** 특권[특전]을 가진 *privileged* class 특권 계급
↳ **underprivileged a.** 혜택을 못 받는

Take the privilege to go on a date with Shiny Bong. 샤이니 봉과 데이트할 수 있는 특권을 잡으세요.

prevalent [prévələnt]

a 유행하는; 우세한(dominant, predominant)
↳ **prevail v.** 유행하다, 만연하다; 우세하다
↳ **prevalence n.** 유행, 보급
↳ **prevailing a.** 우세한, 지배적인

prevalent all over the country 전국에 유행하는

Shiny Bong's popularity is prevalent among young teenagers. 샤이니 봉은 특히 십대들 사이에서 인기가 많다.

voca plus+ '유행하는, 인기 있는'의 유의어
popular favored widespread catching on

restrain [ristréin]

v 저지하다(from) (deter), 억제하다(suppress, oppress)
↳ **restrained a.** 억제된, 자제하는, 절제된
↳ **restraint n.** 억제(constraint), 저지

restrain one's control 감정을 억제하다

Bora was restrained by Shiny Bong's bodyguards.
보라는 샤이니봉의 보디가드들에 의해 행동이 저지되었다.

audience [ɔ́ːdiəns]

n 청중, 관중(assembly, congregation)
└ **auditory a.** 청각의 └ **auditorium n.** 강당

audience rating 시청률   draw an **audience** 관중을 끌다

Many young members of the **audience** at the concert are enthusiastic about Shiny Bong.
콘서트에 온 많은 젊은 관중들이 샤이니 봉에 열광했다.

voca plus+ 관객
spectator 스포츠 등의 관객 **viewer** TV시청자 **onlooker** 구경꾼
bystander 구경꾼 행인

undergo [ʌ̀ndərgóu]

동사변화 undergo–underwent–undergone
v (곤란, 어려움 등을) 겪다, 당하다(suffer, go through)

undergo an ordeal   시련을 겪다

Shiny Bong has **undergone** the distress of becoming the second most popular singer.
샤이니 봉은 2등이 되는 아픔을 겪었다.

criticize [krítəsàiz]

v 비판하다, 비난하다; 비평하다(review)
└ **critic n.** 비평가, 평론가 └ **criticism n.** 비평, 비판
└ **critical a.** 비판적인, 비난하는; 대단히 중요한(crucial)

severely criticize 혹평하다

Bong Biho is an expert at **criticizing** other people. 봉비호는 다른 사람들을 비판하는 데 전문가이다.

voca plus+ '비난하다'의 유의어
find fault with   condemn   speak ill of

popular [pápjulər]

ⓐ 인기 있는, 대중적인(with)
↳ **popularity** n. 인기, 대중성
↳ **popularism** n. 대중 선동 정책
　　　　cf) populous 인구가 조밀한　population 인구

success as a popular **singer** 대중가수로서의 성공

Shiny Bong is an immensely popular **singer among teenagers.**
샤이니 봉은 십대들 사이에서 엄청나게 인기 있는 가수이다.

role [róul]

ⓝ 역할, 배역(part)

role-play 역할극
role model 역할 모델, 모범이 되는 사람

Bora was chosen to act the main role**, Juliet, in the play.** 보라는 연극에서 주인공인 줄리엣 역을 맡게 되었다.

수능 빈출표현
play a major role in ~에 중요한 역할을 맡다

award [əwɔ́ːrd]

ⓝ 상(prize), 상금
ⓥ 상을 수여하다

a cash award 상금
award **a person a prize** ~에게 상을 주다

She won the best actress award **for the first time.** 그녀는 처음으로 최우수 여우주연상을 받았다.

226

cue [kjú]

n 신호, 암시, 단서; (연극) 큐; (당구 등의) 큐(채)
v 신호를 주다(signal)

a billiard **cue**   당구 큐
the **cue** for the departure   출발 신호
The actors can start acting on **cue**.
큐싸인이 주어지면 배우들은 연기를 시작할 수 있다.

admire [ædmáiər]

v 감탄하며 바라보다(for)(wonder, marvel)
∟ **admiration n.** 감탄, 찬양
∟ **admirable a.** 감탄스러운
∟ **admiring a.** 감탄하는

admire one's talent for music   음악적 재능을 감탄하다
Andre Bong enormously **admires** her **for** the elegance of her dress.
앙드레 봉은 우아한 드레스를 입은 그녀에 감탄하였다.

celebration [sèləbréiʃən]

n 축하(congratulation, rejoicing)
∟ **celebrate v.** 축하하다, 기념하다(commemorate)
∟ **celebrated a.** 유명한(famous, legendary)
∟ **celebrity n.** 유명인사

hold a **celebration**   축하연을 열다
His friends are giving a **celebration** party for Wellbong's birthday.
웰봉이 친구들은 웰봉이의 생일축하 파티를 열고 있다.

burst [bə́ːrst]

동사변화 burst–burst–burst

v 갑자기 터지다, 파열하다; 갑자기 ~하기 시작하다
n 돌발, 파열

Wellbong is bursting firecrackers in celebration. 웰봉이는 축하 폭죽을 터트리고 있다.
* firecrackers 폭죽

voca plus+ '터지다, 폭발하다'의 유의어
pop blast erupt(분출하다) **explode blow up rupture**

magician [mədʒíʃən]

n 마술사, 마법사
└ **magic** **n.** 마법, 마술
└ **magical** **a.** 마술의, 마술에 사용되는

become a magician 마술사가 되다

The magician is having trouble in lifting the assistant. 마술사는 조수를 들어 올리는 데 힘들어 하고 있다.

voca plus+ 마법사
wizard (남자) **witch** (여자)

interfere [ìntərfíər]

v 방해하다(with); 간섭[참견, 개입]하다(meddle, intervene)
└ **interference** **n.** 방해, 간섭, 개입

interfere in one's private life 남의 사생활에 간섭하다

Wellbong makes them irritated by interfering with their baduk. 웰봉이가 바둑에 참견해서 그들을 짜증나게 했다.

voca plus+ '방해하다, 훼방하다'의 유의어
curb disturb impede interrupt disrupt hamper restrict frustrate obstruct

disturb [distə́ːrb]

ⓥ 방해하다(impede); (질서를) 어지럽히다
└ **disturbing** **a.** 방해하는; 어지럽히는(disruptive)
└ **disturbance** **n.** 방해, 혼란, 소란

disturb class 수업을 방해하다

Mrs. Bong is disturbing Wellbong who is
trying to obtain the diamond.
봉여사는 다이아몬드를 손에 넣으려는 웰봉이의 임무를 방해하고 있다.

dedicate [dédikèit]

ⓥ (시간, 노력, 정성 등을) 바치다(devote); 전념하다(to)
└ **dedication** **n.** 전념, 헌신
└ **dedicated** **a.** 전념하는, 헌신적인

dedicate one's whole life 전 생애를 바치다

Wellbong dedicates himself to the computer
game in the video arcade.
웰봉이는 오락실에서 게임에 전념하고 있다.

assemble [əsémbl]

ⓥ 조립하다(put together), 모으다; 집합시키다
└ **reassemble** **v.** 재조립하다
└ **disassemble** **v.** 분해하다, 해체하다
└ **assembly** **n.** 집회, (Assembly) 웨일즈 의회

It is interesting to assemble a toy robot.
장난감 로봇을 조립하는 것은 흥미롭다.

voca plus '모으다, 보이다'의 유의어
amass collect gather congregate

intent [intént]

ⓐ 집중된, 몰두한(absorbed in); 여념이 없는(on)
ⓝ 의도
↳ **intently** **ad.** 골똘하게, 여념 없이
↳ **intend** **v.** 의도하다(to V)
↳ **intention** **n.** 의도, 목적
↳ **intentional** **a.** 의도적인, 고의로 한

Bora was so intent on the TV that she could almost seem to enter it.
보라는 TV속으로 빨려 들어갈 듯이 그것에 몰두했다.

meditate [médətèit]

ⓥ 명상하다, 묵상하다, 심사숙고하다
　cf) mediate 중재하다, 화해시키다 (철자와 의미 혼동에 유의)
↳ **meditation** **n.** 명상, 묵상, 심사숙고
↳ **meditative** **a.** 깊은 생각에 잠긴, 명상적인

meditate each morning　매일 아침 명상하다

Wellbong is meditating in front of a waterfall.
웰봉이는 폭포수 앞에서 명상하고 있다.

voca plus+ '심사숙고하다'의 유의어
muse　ponder　consider　reflect　deliberate　contemplate

subscribe [səbskráib]

ⓥ 구독하다(to), 가입하다; 기부하다
↳ **subscriber** **n.** 구독자, 가입자; 기부자
↳ **subscription** **n.** 구독; 기부(금)

subscribe one's name to the document
문서에 서명하다

Wellbong has subscribed to the newspaper since 2000.　웰봉이는 2000년부터 신문을 구독해오고 있다

deliver [dilívər]

Ⓥ 배달하다; 구출하다(rescue); 연설하다(make a speech); (아기를) 분만하다

⌐ **delivery** **n.** 배달; 연설; 출산

deliver a speech for the opening event
개막 행사에서 연설을 하다

Wellbong had the letter delivered by a carrier pigeon. 웰봉이는 비둘기 편으로 편지를 보냈다.

float [flóut]

Ⓥ (물 위나 공중에서) 뜨다, 떠가다(drift)

⌐ **floatable** **a.** 뜰 수 있는, 떠오르는 성질의

⌐ **afloat** **a.** 뜬, 떠다니는 *cf)* adrift 표류하는

floating on the water 물 위에 떠다니는

Wellbong is spending the day floating on a tube in a nearby lake.
웰봉이는 근처 호수에서 튜브를 타면서 하루를 보내고 있다.

journey [dʒə́ːrni]

ⓝ 여행, 이동 Ⓥ 여행하다, 이동하다

Wellbong and Nyabong started their journey in high spirits.
웰봉이와 냐봉이 일행은 들뜬 마음으로 여행을 떠났다.

뉘앙스 구별 여행

travel 여행(가장 일반적) **trip** (비교적 짧은 목적성) 여행 **journey** 특히 민
여행 **tour** 관광 여행 **excursion** (보통 단체로 짧게 하는) 여행 **outing**
(보통 단체로 당일로 하는) 여행, 견학, 야유회 **voyage** 해상, 우주여행
expedition 원정, 탐험 **exploration** 답사, 탐사

reveal [rivíːl]

v (비밀 등을) 폭로하다, 누설하다

↔ hide, conceal, mask(은닉하다)

↳ **revelation** **n.** 드러냄(unveiling), 폭로(disclosure), 계시

A long-expected new car was finally reveled
at the motor show.
오랫동안 기다려온 신차가 마침내 모터쇼에서 모습을 드러냈다.

voca plus+ '밝히다, 폭로하다, 누설하다'의 유의어

unveil expose uncover unmask disclose make
known make public

expedition [èkspədíʃən]

n 탐험(대), 원정(대)

↳ **expeditionary** **a.** 원정의, 탐험의

↳ **expeditionist** **n.** 탐험가

go on an expedition 탐험[원정] 여행을 떠나다

Frobong, Bongdolf and Legolabong are going
on an English expedition.
우리는 영어탐험을 위한 프로봉, 봉돌프, 레골라봉이다.

accommodation
[əkàmədèiʃən]

n 적응, 조화; 숙박 시설(~s)

↳ **accommodate** **v.** 숙박시키다(lodge); 편의를 도모하다;
(새로운 환경에) 적응시키다(adapt)

↳ **accommodating** **a.** 도움을 주려고 하는, 편의를 도모하는

accommodation facilities 숙박 시설

Nyabong finally found accommodation to
spend the night. 냐봉이는 마침내 하룻밤 묵을 숙박시설을 발견했다.

Step 1 다음 영단어의 우리말 뜻을 쓰시오.

entertain	burst
interrupt	magician
belong	interfere
privilege	disturb
prevalent	dedicate
restrain	assemble
audience	intent
undergo	meditate
criticize	subscribe
popular	deliver
role	float
award	journey
cue	reveal
admire	expedition
celebration	accommodation

Step 2 다음 밑줄 친 단어의 유의어를 고르시오.

Hint 책갈피로 가리고 이해가 안가는 경우에만 보세요.

1 <u>entertain</u> the children at the party
① consider ② exceed ③ arise ④ amuse ⑤ perceive

2 <u>interrupted</u> by the shower.
① induced ② discontinued ③ indicated
④ interchanged ⑤ exposed

3 <u>prevalent</u> among younger children
① voluntary ② eminent ③ intimate ④ fertile ⑤ dominant

4 <u>reveal</u> one's name
① survive ② arrive ③ thrive ④ disclose ⑤ utilize

5 so <u>intent</u> on one's study
① broad ② enormous ③ tranquil
④ coarse ⑤ absorbed

1 파티에서 아이들을 즐겁게 해주다
① 고려하다 ② 능가하다 ③ 발생하다
④ 즐겁게 하다 ⑤ 인지하다

2 소나기로 중단된
① 야기된 ② 중단된 ③ 나타난, 표시된
④ 교환된 ⑤ 노출된

3 더 어린 아이들 사이에서 <u>유행하는(우세한)</u>
① 자발적인 ② 저명한 ③ 친밀한
④ 비옥한 ⑤ 우세한

4 자신의 이름을 <u>밝히다</u>
① 살아남다, 생존하다 ② 도착하다 ③ 번성하다
④ 밝히다 ⑤ 활용하다

5 공부에 너무 몰두한
① 넓은 ② 거대한 ③ 고요한 ④ 거친 ⑤ 몰두한

Step 3 다음 빈칸에 들어갈 알맞은 단어를 고르시오.

1 People in authority are in a .... position.
① shabby ② capable ③ fatal ④ stupid ⑤ privileged

2 A guard has .... a member of the audience from jumping up on the stage.
① believed ② regulated ③ restrained
④ confirmed ⑤ conveyed

3 My father .... two hours of surgery on his heart.
① attained ② underwent ③ annoyed
④ reinforced ⑤ predicted

4 I am really honored to receive this .... for the best actor.
① universe ② monotony ③ method
④ hardship ⑤ award

5 We .... him for his courage.
① recommended ② violated ③ admired
④ blamed ⑤ invaded

1 권한을 지닌 사람들은 <u>특권을 가진</u> 위치에 있다.
① 초라한 ② 능력 있는 ③ 치명적인
④ 어리석은 ⑤ 특권의

2 경호원은 관객 중 한명이 무대 위로 뛰어 올라가는 것을 <u>저지했다.</u>
① 믿었다 ② 규제했다 ③ 저지했다
④ 확인했다 ⑤ 전송했다

3 아버지께서 2시간짜리 심장수술을 <u>받으셨다.</u>
① 달성했다 ② 겪었다 ③ 화를 냈다
④ 강화했다 ⑤ 예언했다

4 <u>최우수 남우연상을</u> 받은 것에 대해서 정말로 영광입니다.
① 우주 ② 단조로움 ③ 방법 ④ 고난 ⑤ 상

5 우리는 그의 용기에 <u>감탄했다.</u>
① 추천했다 ② 위반했다 ③ 감탄했다
④ 탓했다 ⑤ 침입했다

Step 4 빈칸에 알맞은 단어를 보기에서 골라 쓰시오.

Hint 책갈피로 가리고 이해가 안가는 경우에만 보세요.

보기	magician	celebration	interfere
	expedition	delivered	

1 The .... changed the scarf into a dove.

2 Karen doesn't like to .... in another's private life.

3 We plan to throw a party in .... of his promotion.

4 William .... newspapers to make extra money.

5 At last, the .... has reached the South Pole.

1 마술사는 스카프를 비둘기로 변화시켰다

2 카렌은 남의 사생활 간섭하는 것을 좋아하지 않는다.

3 그의 승진을 축하하는 파티를 열 계획이다.

4 윌리엄은 용돈을 벌기 위해 신문 배달을 했다.

5 마침내 탐험대가 남극에 도달했다.

보기	subscribe	accommodation	assemble
	popular	dedicated	

6 We need to arrange .... for participants.

7 I'd like to .... to your magazine.

8 My job is to .... the parts and produce the complete products.

9 Thomas .... himself to social service.

10 Coffee is a very .... beverage around the world.

6 참석자들의 숙소를 준비해야 한다.

7 귀사의 잡지를 구독하고 싶습니다.

8 나의 일은 부품들을 조립해서 완제품을 생산하는 것이다.

9 토마스는 사회봉사에 전념했다.

10 커피는 전 세계에서 매우 인기 있는 음료이다.

▶ 정답은 p.360~361에

Check-up 아는 단어에 ✔ 표시

- ☐ accomplish
- ☐ destination
- ☐ exotic
- ☐ pack
- ☐ astray
- ☐ abroad
- ☐ compete
- ☐ encourage
- ☐ failure
- ☐ participate
- ☐ prepare
- ☐ aim
- ☐ deliberate
- ☐ strategy
- ☐ leap

- ☐ accurate
- ☐ advantage
- ☐ exhausted
- ☐ triumph
- ☐ reject
- ☐ retain
- ☐ affect
- ☐ dramatic
- ☐ practice
- ☐ cease
- ☐ complete
- ☐ continuous
- ☐ hesitate
- ☐ consequence
- ☐ impact

accomplish [əkámpliʃ]

v 완수하다, 성취하다
↳ **accomplishment** **n.** 완수, 성취, 재능(~s)

accomplish a task 일을 성취하다

The mission was finally accomplished.
그 미션은 마침내 성취되었다.

voca plus+ '성취하다, 이루다, 달성하다'의 유의어
achieve accomplish fulfill attain

destination [dèstənéiʃən]

n 목적지, 도착지
↳ **destiny** **n.** 운명(fate)

final destination 최종 목적지

The tortoise reached his destination, while the hare was still taking a nap on the road.
거북이는 목적지에 도착했건만 토끼는 여전히 길에서 잠을 자고 있었다.

수능 빈출표현
be destined to V ~할 운명이다

exotic [igzátik]

a 이국적인(foreign)
↳ **exotically** **ad.** 이국적으로

exotic species 외래종

This place looks so exotic and peaceful.
이곳은 매우 이국적이고 평화로워 보인다.

pack [pǽk]

v 짐을 싸다[꾸리다, 챙기다](stuff)
  ↔ unpack(짐을 풀다); 포장하다(wrap)
  ↳ **package** **n.** 상자(봉지 등), 포장물, 패키지, 일괄 프로그램
  ↳ **packed** **a.** 꽉 들어찬, ～이 가득 찬; 짐을 다 챙긴
  ↳ **packing** **n.** 짐 싸기[꾸리기, 챙기기]

pack up clothes 옷가지를 꾸리다

Wellbong hasn't packed his suitcase yet.
웰봉이는 아직 가방을 다 싸지 못했다.

astray [əstréi]

a 길을 잃은, 타락한
ad 길을 잃고(lost, adrift); 못된 길에 빠져

go astray 분실되다, 없어지다

Nyabong went astray and is crying sadly.
나봉이는 길을 잃어 슬피 울고 있다.

abroad [əbrɔ́ːd]

ad 해외에(서), 해외로(overseas)
  cf) aboard (배, 기차, 비행기 등에) 탄 (철자와 의미 혼동에 유의)
  ↳ **broad** **a.** 넓은(wide) ↔ narrow(좁은)

reside abroad 외국에 거주하다

Wellbong travels abroad every year.
웰봉이는 매년 해외로 여행을 간다.

compete [kəmpíːt]

ⓥ 경쟁하다, 겨루다(contend)
- ↳ **competence** n. 능숙함 ↔ incompetence(무능함)
- ↳ **competent** a. 능숙한(at)
- ↳ **competition** n. 대회, 시합, 경기(match), 겨룸(rivalry)
- ↳ **competitive** a. 경쟁의
- ↳ **competitiveness** n. 경쟁의식
- ↳ **competitor** n. 경쟁자(rival)

Two bulls are competing for victory.
두 마리의 황소가 승리를 위해 싸우고 있다.

encourage [inkə́ːridʒ]

ⓥ 격려하다, 용기를 북돋우다(inspire, hearten)
↔ discourage, dishearten(낙담시키다); 권장하다, 장려하다
- ↳ **encouragement** n. 격려, 권장, 장려
- ↳ **courage** n. 용기 ↳ **courageous** a. 용기 있는

During the World Cup, the "Red Devils"
greatly encouraged the Taeguk warriors.
월드컵 때 '붉은 악마'들은 태극전사들에게 엄청난 용기를 주었다.

수능 빈출표현
encourage A to V A가 ～할 수 있도록 격려하다

failure [féiljər]

ⓝ 실패, 실패자 ↔ success(성공); 고장(breakdown, malfunction)
- ↳ **fail** v. 실패하다(to) ↔ succeed(성공하다)(in) n. 실패, 낙제
- ↳ **unfailing** a. 언제나 변함없는, 한결같은(unchanging)

a business failure 사업의 실패

Nyabong's shot in the penalty shootout was a
failure. 승부차기에서 냐봉이의 페널티 슛은 실패하였다.

participate [pɑːrtísəpèit]

v 참가하다(in)
ㄴ **participation** n. 참가, 참여(in)
ㄴ **participant** n. 참가자

participate in a debate　토론에 참가하다

Wellbong's friends want to participate in the soccer game after school.
웰봉이 친구들은 방과 후 축구경기에 참여하고 싶어 한다.

voca plus+ '참가하다, 참여하다'의 유의어
enter　take part in　join　engage in　be involved in

prepare [pripέər]

v 준비하다(for) (arrange), 대비하다
ㄴ **preparation** n. 준비, 대비
ㄴ **prepared** a. 준비된

prepare for examinations　시험 준비를 하다

Athlete Wellbong is preparing for the start.
육상선수인 웰봉이는 출발준비를 하고 있다.

aim [éim]

n 겨냥, 목표
v 겨냥하다(at), ~을 목표로 하다
ㄴ **aimful** a. 목표가 뚜렷한　ㄴ **aimless** a. 목적이 없는

the final aim　궁극적인 목적

The aim of archer Nyabong is to shoot the apple on Wellbong's head.
궁수 냐봉이 목표는 웰봉이 머리 위에 있는 사과를 쏘는 것이다.

voca plus+ '목표, 목적'의 유의어
end　goal　purpose　object　objective

deliberate [dilíbərət]

- **ⓐ** 신중한(prudent); 고의의(intentional, on purpose)
- **ⓥ** 신중히 생각하다
  - ↳ **deliberately** ad. 신중하게; 고의로
  - ↳ **deliberation** n. 신중함; 심사숙고

a deliberate choice 신중한 선택

Wellbong tried to be deliberate shooting the ball in the billiards.
웰봉이는 당구장에서 정확한 타구를 위해 신중했다.

strategy [strǽtədʒi]

- **ⓝ** 전략
  - ↳ **strategic** a. 전략의, 전략적인
  - ↳ **strategist** n. 전략가

plan one's strategy 작전을 짜다

The coach is explaining the strategy to his players. 감독이 선수들에게 전략을 설명하고 있다.

leap [líːp]

- **ⓥ** 뛰어오르다(jump), 도약하다
- **ⓝ** 도약, 비약

grow by leaps and bounds 급속히 성장하다

Wellbong is easily leaping over the vault*.
웰봉이는 뜀틀을 가뿐하게 넘고 있다. * vault 뛰어넘음, 도약

accurate [ǽkjurət]

ⓐ 정확한 ↔ inaccurate(부정확한); 정밀한(precise)
 ↳ **accurately** ad. 정확히, 정밀하게
 ↳ **accuracy** n. 정확성 ↔ inaccuracy(부정확성); 정밀성

to be accurate 정확히 말하자면

The accurate shot landed in the center of the target. 정확한 발사로 과녁의 중앙에 꽂혔다.

voca plus+ '정확한'의 유의어
correct exact precise

advantage [ædvǽntidʒ]

ⓝ 유리한 점, 이점(merit, benefit)
  ↔ disadvantage(불리한 점); 우월(over)
 ↳ **advantageous** a. 유리한(favorable) ↔ adverse;
   이로운(profitable)

home advantage (경기 따위에서) 홈(그라운드)의 이점

The tall height of a giraffe is an advantage for a dunk shot. 기린의 큰 키가 덩크슛을 하기에 유리하다.

수능 빈출표현 ~을 이용하다
take advantage of utilize make use of

exhausted [igzɔ́ːstid]

ⓐ 소진된, 고갈된(used up, depleted)
 ↳ **exhaust** v. 다 써 버리다, 고갈시키다(use up, drain), 지치게 하다
 ↳ **exhaustion** n. 고갈, 소진, 피로
 ↳ **inexhaustible** a. 지칠 줄 모르는

exhaust one's vocabulary 알고 있는 말을 다 쓰다

Wellbong was exhausted after the marathon.
마라톤이 끝난 후 웰봉이는 기진맥진 했다.

triumph [tráiəmf]

(n) 승리(victory, winning), 대성공
- **triumphant** **a.** 크게 성공한(successful), 의기양양한
- **triumphantly** **ad.** 의기양양하여

triumph over adversity 역경을 극복하고 승리하다

Wellbong finally triumphed in the marathon.
웰봉이는 마침내 마라톤에서 승리했다.

reject [ridʒékt]

(v) 거부하다, 거절하다
- **rejection** **n.** 거부, 거절(refusal)

reject a bill 법안을 거부하다
reject one's request 부탁을 외면하다

The judge has rejected the request of a
participant. 그 심사위원은 참가자의 부탁을 거절했다.
voca plus+ '거절하다'의 유의어
refuse turn down decline

retain [ritéin]

(v) 계속 유지[보유]하다(keep); 기억하다
- **retention** **n.** 유지, 보유
- **retentative** **a.** 보유하는; 기억하는

retain its freshness 신선함을 유지하다

Shiny Bong has retained No. 1 for three
consecutive weeks. 샤이니 봉은 3주 연속 1위를 유지하고 있다.

affect [əfékt]

v ~에 영향을 미치다(influence); ~인 체 하다(pretend)
cf) effect 영향, 결과, 효과 (철자와 의미 혼동에 유의)
have a(n) effect on ~에 영향을 미치다
└ **affected** **a.** 가장된
└ **affectionate** **a.** 애정 많은

The first block affects the next in dominoes.
도미노게임에서 첫 번째 블록은 다음 블록에 영향을 미친다.

dramatic [drəmǽtik]

a 극적인, 연극의; 감격적인
└ **dramatically** **ad.** 극적으로, 희곡으로, 연극적으로
└ **drama** **n.** 드라마, 연극
└ **dramatist** **n.** 극작가

have a dramatic effect on ~에 극적인 영향을 미치다

The announcement that Shiny Bong is going to marry is a very dramatic incident for his fans.   샤이니 봉이 결혼할 것이라는 발표는 팬들에게는 아주 극적인 사건이다.

practice [prǽktis]

v 연습하다; 실천하다; 개업하다
n 연습; 관행; 습관; 개업; 실천 ↔ theory(이론)
└ **practical** **a.** 실제적인, 실용적인
└ **practicable** **a.** 실행할 수 있는
└ **practiced** **a.** 연습을 쌓은, 경험이 풍부한

put the theory into practice 이론을 실행으로 옮기다

It needs a lot of practice to play the guitar well.   기타를 잘 치려면 연습을 많이 해야 한다.

cease [síːs]

v 멈추다(stop), 중단시키다(discontinue)
n 중지
⌐ **cessation** **n.** 중단, 중지
⌐ **ceaseless** **a.** 끊임없는(incessant)

Cease fire. 사격 중지!

Wellbong told Nyabong to cease throwing the water balloons. 웰봉이는 냐봉이에게 물 풍선을 그만 던지라고 말했다.

complete [kəmplíːt]

v 완료하다(finish); (문서 등을) 작성하다(fill out)
a 완전한(absolute) ↔ incomplete(불완전한);
　전체의(whole, total)
⌐ **completion** **n.** 완성, 완료
⌐ **completely** **ad.** 완전히, 전적으로(totally, absolutely)

complete all the courses 모든 과정을 수료하다

Wellbong has completed the difficult cube puzzle in a very short time.
웰봉이는 그 어렵다는 큐브퍼즐을 순식간에 완성시켰다.

continuous [kəntínjuəs]

a 계속되는(successive, consecutive)
　↔ discontinuous(불연속적인)
⌐ **continual** **a.** (이따금씩 사이를 두고) 계속되는
⌐ **continue** **v.** 계속하다, 계속 되다(go on)
⌐ **continuity** **n.** 연속성, 지속성(continuance)
　　　　↔ discontinuity(불연속성)

a continuous stream of cars 끊임없는 차량의 행렬

The white baduk pieces are continuous on the board. 흰색 바둑알들은 바둑판 위에서 계속 이어진다.

hesitate [hézətèit]

ⓥ 망설이다, 주저하다(to V)
∟ **hesitancy** **n.** 주저, 망설임
∟ **hesitation** **n.** 주저, 망설임, 우유부단(indecisiveness)
∟ **hesitant** **a.** 주저하는, 망설이는

hesitate to express one's opinion   의견 내기를 주저하다
Wellbong is hesitating for a moment before bungee jumping.   웰봉이는 번지점프하기 전에 잠시 망설였다.

consequence [kánsəkwèns]

ⓝ 결과(outcome, result); 중요성(importance, significance)
∟ **consequent** **a.** ~의 결과로 일어나는
∟ **consequently** **ad.** 결과적으로(as a result)

Wellbong announced the consequence of the game between "Blue Team" and "White Team."
웰봉이는 청팀&백팀의 게임 결과를 발표했다.

voca plus+ 결과
effect 효과, 결과   **result** (경기, 시험 등의) 결과   **outcome** 결과
result in 결과가 ~이 되다   **result from** ~에서 기인하다
lead to ~에 이르다

impact [ímpækt]

ⓝ 영향(influence); 충격(shock); 충돌(collision)
ⓥ 영향을 미치다(on) (affect)

the environmental impact to the area
그 지역에 미치는 환경 영향

All the bowling pins fell down by the impact of the bowling ball.   볼링공의 충격으로 모든 볼링핀이 쓰러졌다.

Step 1 다음 영단어의 우리말 뜻을 쓰시오.

accomplish	accurate
destination	advantage
exotic	exhausted
pack	triumph
astray	reject
abroad	retain
compete	affect
encourage	dramatic
failure	practice
participate	cease
prepare	complete
aim	continuous
deliberate	hesitate
strategy	consequence
leap	impact

Step 2 다음 밑줄 친 단어의 유의어를 고르시오.

Hint 책갈피로 가리고 이해가 안가는 경우에만 보세요.

1 to be <u>accurate</u>
① trivial ② intent ③ patient ④ gloomy ⑤ exact

2 <u>accomplish</u> one's purpose
① attract ② avoid ③ display
④ achieve ⑤ persuade

3 <u>compete</u> against one another
① confess ② contend ③ plead ④ refer ⑤ satisfy

4 <u>encourage</u> children to do their best
① declare ② belong ③ restrain
④ assemble ⑤ inspire

5 <u>participate</u> in the Worldcup
① justify ② carve ③ yield ④ join ⑤ decrease

1 정확히 말하자면
① 사소한 ② 열중한 ③ 참을성 있는
④ 우울한 ⑤ 정확한

2 목적을 이루다
① 끌어당기다 ② 피하다 ③ 전시하다
④ 성취하다 ⑤ 설득하다

3 서로 경쟁하다
① 자백하다 ② 경쟁하다 ③ 간청하다
④ 참조하다 ⑤ 만족시키다

4 아이들이 최선을 다하도록 격려하다
① 선언하다 ② 속하다 ③ 저지하다 억누르다
④ 조립하다 ⑤ 고무하다, 영감을 주다

5 월드컵에 참가하다
① 정당화하다 ② 새기다 ③ 수확하다
④ 가입하다, 함께 하다 ⑤ 감소하다

Step 3 다음 빈칸에 들어갈 알맞은 단어를 고르시오.

1 What is the train's final ....?
① temptation ② civilization ③ destination
④ prejudice ⑤ emotion

2 The .... plants from the tropics are especially beautiful.
① local ② exotic ③ destitute ④ principal ⑤ vertical

3 The cause of his business .... is lack of capital.
① success ② failure ③ benefit
④ welfare ⑤ symptom

4 Owen is very serious and behaves in a .... manner.
① domestic ② aware ③ intentional
④ spontaneous ⑤ deliberate

5 The coach made his players gather around to plan the ....
① remedy ② strategy ③ dialect ④ barrier ⑤ gravity

1 열차의 종착역은 어디인가?
① 유혹 ② 문명 ③ 목적지 ④ 선입견 ⑤ 감정

2 열대지방의 <u>이국적인</u> 식물들은 특히 아름답다.
① 지역의 ② 이국적인 ③ 궁핍한
④ 주요한 ⑤ 수직의

3 그의 사업 실패 원인은 자본의 부족이다.
① 성공 ② 실패 ③ 이득, 이익
④ 복지, 행복 ⑤ 증상

4 오웬은 매우 진지해서 <u>신중하게</u> 처신한다.
① 국내의, 가정의 ② 인식하는 ③ 고의의
④ 자발적인 ⑤ 고의의, 신중한

5 코치는 <u>전략을</u> 짜기 위해 선수들을 한자리에 모이게 했다.
① 치료 ② 전략 ③ 방언 ④ 장벽 ⑤ 중력

Step 4 빈칸에 알맞은 단어를 보기에서 골라 쓰시오.

Hint 책갈피로 가리고 이해가 안가는 경우에만 보세요.

보기
aim	exhausted	triumphs
prepare	retains	

1 Samuel is so .... from working overtime two weeks in a row.

2 I just started to .... for the mid-term exam.

3 It is sad that there are many people who live without ....

4 Kelly .... her very significant shareholding in the company.

5 Good* .... over evil in the end. * good 선(善)

1 사무엘은 연속 2주 내내 야근을 하는 바람에 매우 지쳐 있다.
2 나는 방금 중간고사 준비를 시작했어.
3 많은 사람들이 목적 없이 산다는 것은 슬픈 일이다.
4 켈리는 상당량의 회사주식 지분을 보유하고 있다.
5 결국에는 선이 악을 이긴다.

보기
cease	hesitate	consequence
continuous	affect	

6 The commander ordered his men to .... fire.

7 There is a(n) .... stream of cars on the street.

8 Please do not .... to call me if you have any questions.

9 My parents were so pleased with my test ....

10 Weather could .... how people feel and act.

6 사령관은 부하들에게 사격 중지를 명했다.
7 거리에는 끊임없는 자동차의 물결이 있다.
8 의문사항이 있으면 주저하지 말고 연락 주세요.
9 부모님은 나의 시험 결과에 매우 즐거워하셨다.
10 날씨는 사람들의 감정과 행동에 영향을 미칠 수 있다.

▶ 정답은 p.361~362에

Everything in your world is created by what you think.

Oprah Winfrey

세상 모든 일은 여러분이 무엇을 생각하느냐에 따라 만들어진다.

– 오프라 윈프리, 미국의 여성 방송인

Ch.10

학교생활

Check-up 아는 단어에 ✔ 표시

- ☐ absence
- ☐ attendance
- ☐ register
- ☐ relief
- ☐ assign
- ☐ recess
- ☐ private
- ☐ peer
- ☐ analyze
- ☐ survey
- ☐ submit
- ☐ enroll
- ☐ tuition
- ☐ tolerate
- ☐ compulsory

- ☐ intention
- ☐ supervise
- ☐ desire
- ☐ nervous
- ☐ achieve
- ☐ regulate
- ☐ engage
- ☐ agent
- ☐ stimulate
- ☐ inspire
- ☐ overbear
- ☐ commemorate
- ☐ aptitude
- ☐ lecture
- ☐ instruct

absence [ǽbsəns]

ⓝ 결석, 부재(不在) ↔ presence(출석, 참석)
↳ **absent** **a.** 결석한(from) ↔ present(참석한)(at)

repeated absences from school 반복되는 학교 결석
The homeroom teacher's absence made Wellbong happy. 담임선생님의 결근으로 웰봉이는 기뻤다.

attendance [əténdəns]

ⓝ 출석, 참석(at)
↳ **attend** **v.** 참석하다(be present at); 돌보다, 시중들다(wait on); 주의를 기울이다(pay attention to)
↳ **attendant** **n.** 종업원; 안내원; 수행원
↳ **attention** **n.** 주목; 시중듦
↳ **attentive** **a.** 주의를 기울이는(heedful); 배려하는(considerate)

When the homeroom teacher took attendance, Wellbong raised his hand.
담임선생님이 출석을 부를 때, 웰봉이는 손을 들었다.

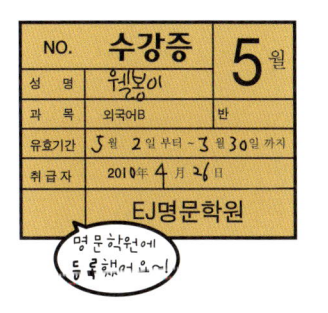

register [rédʒistər]

ⓥ 등록하다; 등기로 하다
ⓝ 등록; 등기
↳ **registration** **n.** 등록, 등기

register the birth of a baby 아기의 출생 신고를 하다
Wellbong registered at Myungmun Institute to learn English. 웰봉이는 영어를 배우기 위해 명문학원에 등록했다.

voca plus+ '등록하다'의 유의어
enroll sign up for

relief [rilíːf]

ⓝ 안도, 안심; 경감, 완화
└ **relieve** **v.** (고통 등을) 덜어 주다(ease, alleviate)
    relieve A of B A에게서 B를 덜어주다
└ **relieved** **a.** 완화된, 안도하는(relaxed)

breathe a sigh of relief   안도의 한숨을 쉬다

Wellbong breathed a sigh of relief when the school gate was shut.
웰봉이는 교문이 닫히자 안도의 한숨을 내쉬었다.

assign [əsáin]

ⓥ 할당하다, 배정하다(to) (allot, allocate); 임명하다(appoint), 지정하다(designate)
└ **assignment** **n.** 할당, 배정; 과제

assign work to each man   각자에게 작업을 할당하다

Students have all been assigned to separate classrooms.   그들은 모두 각자의 교실로 배정되었다.

recess [risés]

ⓝ 휴식(break); 휴회
└ **recede** **v.** 서서히 뒤로 물러나다

an hour's recess at noon   정오에 한 시간의 휴식

Recess was one of the most awaited times in school.   휴식시간은 학교 다닐 때 가장 기다려지는 시간 중 하나였다.

voca plus+   '휴식'의 유의어
break   rest   repose   relaxation   intermission

private [práivət]

ⓐ 개인적인 ↔ public(공공의); 비밀의(secret)
↳ **privately** **ad.** 남몰래, 은밀히(in private)
↳ **privacy** **n.** 사적 자유, 사생활, 프라이버시
        privacy protection 사생활 보호

private education 사교육
private school 사립학교

Many private things are written in the diary.
많은 사적인 내용들이 일기장에 기록되어 있다.

peer [píər]

ⓝ 동등한 사람, 동료; 또래(same age group)
ⓥ 자세히 들여다보다(gaze at)
↳ **peerless** **a.** 비할 데 없는

peer closely at the photograph 사진을 꼼꼼히 눈여겨보다

They have a peer relationship, sharing the same values and experiences.
그들은 같은 가치와 경험을 공유하는 또래관계이다.

analyze [ǽnəlàiz]

ⓥ 분석하다, 분해하다
↳ **analysis** **n.** 분석
↳ **analyst** **n.** 분석가
↳ **analytic(al)** **a.** 분석적인

analyze data 데이터를 분석하다

The calories in the hamburger are analyzed exactly. 햄버거 한 개의 칼로리가 정확하게 분석되었다.

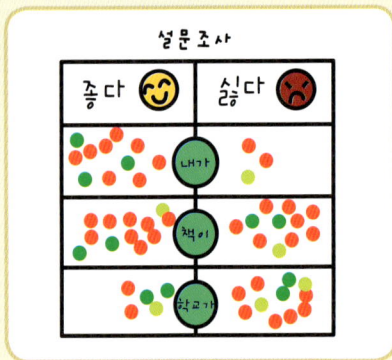

survey [sərvéi]

n (설문)조사 **v** 조사하다

the result of the survey 조사의 결과
do[conduct, carry out] a survey 설문 조사를 하다

The questions used in the survey are rather interesting. 설문조사에 사용된 질문들이 다소 흥미롭다.

submit [səbmít]

v 제출하다(hand, turn, give in); 복종하다(obey)
   굴복하다(to) (surrender, give in)
↳ **submission** **n.** 제출; 굴복
↳ **submissive** **a.** 순종적인(compliant, docile), 복종하는(obedient)

submit the report in time 보고서를 제때 제출하다

Their homeroom teacher asks his students to submit their assignments.
담임선생님은 학생들에게 과제를 제출하라고 했다.

enroll [inróul]

v 등록하다(register); 입학하다(enter)
↳ **enrollment** **n.** 등록; 입학 *enrollment* fee 입회비
↳ **enrolled** **a.** 입학한

Wellbong was finally enrolled in a college.
웰봉이는 마침내 대학에 입학했다.

tuition [tjuːíʃən]

ⓝ 수업료(tuition fee); 수업, 교습(소규모 혹은 개인)
↳ **tutor** n. 가정교사

pay the tuition 등록금(수업료)를 내다

The tuition fee in college is very expensive.
대학교 등록금이 굉장히 비싸다.

voca plus+ 요금

fee (의사, 변호사 등에 대한) 수수료 **fare** (승차) 요금 **bill** 청구서, 계산서
charge 요금 **change** 잔돈, 거스름돈 **tax** 세금

tolerate [tɑ́lərèit]

ⓥ 참다, 견디다(endure, stand); 묵인하다(condone)
↳ **tolerance** n. 인내; 묵인, 관용(toleration)
↳ **tolerable** a. 참을 수 있는 ↔ intolerable(참을 수 없는)
↳ **tolerant** a. 너그러운, 묵인하는(of)

tolerate pain 통증을 참다

Wellbong tolerated the pain to set a better
record. 웰봉이는 더 좋은 기록을 위해 고통을 견뎌냈다.

compulsory [kəmpʌ́lsəri]

ⓐ 강제적인 ↔ voluntary(자발적인);
의무적인 ↔ optional(선택적인)
↳ **compel** v. 강요하다(force, oblige, impose)
↳ **compulsion** n. 강요

Wellbong hates to do compulsory study.
웰봉이는 강제적으로 공부하는 것을 싫어한다.

voca plus+ '강제적인, 의무적인'의 유의어

**forced forcible enforced obligatory imperative
mandatory**

intention [inténʃən]

ⓝ 의도(intent), 목적
↳ **intend** **v.** 의도하다, 작정하다(to V)
↳ **intentional** **a.** 의도적인(deliberate) ↔ accidental(우연한)

hide one's intention 의도를 숨기다

The teacher wants to know the intention of the stupid thing Wellbong did.
선생님은 웰봉이가 한 어리석은 행동의 의도를 알고 싶어 한다.

supervise [súːpərvàiz]

ⓥ 감독하다(oversee)
↳ **supervision** **n.** 감독, 관리
↳ **supervisory** **a.** 감독의
↳ **supervisor** **n.** 감독관, 관리자, 지도교수

supervise an examination 시험을 감독하다

The homeroom teacher is supervising the final examination closely.
담임선생님은 기말시험을 주도면밀하게 감독하고 계신다.

desire [dizáiər]

ⓥ 바라다, 갈망하다(for) **n.** 욕망, 욕구
↳ **desirable** **a.** 바람직한, 마음에 드는
↳ **desirous** **a.** 바라고 있는(of)

Most of us desire to live in a world without exams. 대부분 우리는 시험 없는 세상에서 살기를 원한다.

뉘앙스 구별 원하다
want 원하다(가장 일반적) **love** 대단히 ~하고 싶다 **would like to V** (정중한 표현) 원하다 **feel like V-ing** ~하고 싶다(일시적 기분을 나타냄) **long for** (이루어질 것 같지 않은 일을) 간절히 바라다 **aspire** (가치 있는 일을 성취하기 위해) 열망하다 **yearn** (거의 불가능한 일을) 갈망하다. 동경하다

nervous [nə́ːrvəs]

ⓐ 초조해하는, 긴장하는; 신경의
↳ **nervously** **ad.** 초조하게
↳ **nerve** **n.** 신경; 용기; 뻔뻔스러움; 근심(~s)

be **nervous** before the performance 공연 전에 떨리다
Wellbong felt so **nervous** because of the report card. 웰봉이는 성적표로 인해 매우 긴장했다.

achieve [ətʃíːv]

ⓥ 성취하다(accomplish), 달성하다(attain)
↳ **achievement** **n.** 성취, 달성

achieve eminence as a writer 작가로서 유명해지다
Wellbong eventually **achieved** the highest score in the English section.
웰봉이는 결국 영어 부분에서 1등급을 달성했다.

regulate [régjulèit]

ⓥ 규제하다, 단속하다(restrict); 조절하다(adjust)
↳ **regulation** **n.** 규제, 단속; 조절

regulate the temperature 온도를 조절하다
The teacher strictly **regulated** the student's dress. 선생님은 그 학생의 복장을 엄격하게 단속했다.

engage [ingèidʒ]

ⓥ 참여시키다(in), 종사시키다, 고용하다; 약속하다; 약혼하다
↳ **engagement** **n.** 참여; 약속; 약혼; 교전
↳ **disengage** **v.** (잡고 있던 것에서) 풀다, 떼어 내다

engage in a race   경주에 참가하다

Why don't you **engage in** the study abroad program?   해외 연수 프로그램에 참여해 보는 게 어때?

agent [éidʒənt]

ⓝ 대리인, 중개상, 에이전트, 중요한 작용을 하는 사람
↳ **agency** **n.** 대리점, 대행회사

an estate **agent**   부동산 중개인
a travel **agent**   여행사 직원
an insurance **agent**   보험 설계사

This **agent** will arrange your English language program.
이 대리인이 당신의 어학연수에 필요한 모든 것을 준비해 줄 것이다.

stimulate [stímjulèit]

ⓥ 자극하다; 격려하다(encourage) ↔ deter(그만두게 하다)
↳ **stimulation** **n.** 자극, 고무; 격려(to)
↳ **stimulative** **a.** 자극적인, 격려하는
↳ **stimulus** **n.** 자극, 격려 *pl)* stimuli

Wellbong's good attitude **stimulated** Chorok to study more diligently.
웰봉이의 좋은 태도는 초록이가 더 열심히 공부할 수 있는 자극이 됐다.

voca plus+ '자극하다'의 유의어
trigger motivate inspire spur

inspire [inspáiər]

Ⓥ 고무하다, 격려하다; 영감을 주다
ㄴ **inspiration** **n.** 고무; 영감; 영향
ㄴ **inspiring** **a.** 영감을 불어넣는; 고무하는, 격려하는
ㄴ **inspired** **a.** 인상적인, 영감을 받은

The teacher inspired Wellbong to* have confidence with his enthusiasm.
선생님은 웰봉이에게 자신감을 가질 수 있도록 열정을 불어넣어주셨다.
* inspire A to V A에게 ~하도록 고무시키다

overbear [òuvərbέər]

동사변화 overbear–overbore–overborn
Ⓥ 제압하다, 압도하다, 눌러대다
ㄴ **overbearing** **a.** 남을 지배하려 드는(dominant)

overbear all my objections 모든 이의를 이겨내다

Wellbong completely overbored Chorok in the class election.
웰봉이는 반장선거에서 완벽한 득표 차이로 초록이를 이겼다.

commemorate
[kəmémərèit]

Ⓥ (중요인물, 사건을) 기념하다 ↔ forget(망각하다)
ㄴ **commemoration** **n.** 기념(식), 축하
ㄴ **commemorative** **a.** 기념이 되는
　　　　　　　　　　commemorative stamp 기념우표

They are commemorating Wellbong's first place in his class.
그들은 웰봉이가 반에서 1등한 것을 축하해 주고 있다.

aptitude [ǽptətjùːd]

n 소질, 적성(for), 재능(talent)
↳ **apt** **a.** ~하는 경향이 있는, ~하기 쉬운

an aptitude test　적성 검사

Wellbong has a natural aptitude for the violin.
웰봉이는 바이올린에 천부적 재능이 있다.

lecture [léktʃər]

n 강의, 강연
v 강의하다, 강연하다 (teach, discourse)
↳ **lecturer** **n.** 강사, 강연자, 교수

prepare a lecture　강의 준비를 하다

Professor Wellbong is lecturing his students
about love.　교수 웰봉이는 사랑에 대하여 학생들에게 강의하고 있다.

voca plus+ 수업, 강의
class 수업　**lesson** 개인지도　**seminar** 세미나

instruct [instrʌ́kt]

v 가르치다(in); 지시하다(order)
↳ **instruction** **n.** 교육(education); 지시; 사용법(directions)
↳ **instructive** **a.** (교육상) 유익한
↳ **instructor** **n.** 강사, 교사

Our English teacher always merrily instructs
his students in English.
우리 영어선생님은 항상 즐겁게 학생들에게 영어를 가르친다.

TEST 17

Step 1 다음 영단어의 우리말 뜻을 쓰시오.

absence	intention
attendance	supervise
register	desire
relief	nervous
assign	achieve
recess	regulate
private	engage
peer	agent
analyze	stimulate
survey	inspire
submit	overbear
enroll	commemorate
tuition	aptitude
tolerate	lecture
compulsory	instruct

Step 2 다음 밑줄 친 단어의 유의어를 고르시오.

Hint 책갈피로 가리고 이해가 안가는 경우에만 보세요.

1 <u>register</u> by March 10
① submit ② regulate ③ enroll ④ hesitate ⑤ forgive

2 <u>assign</u> us the best room
① accomplish ② cease ③ prepare
④ allot ⑤ entertain

3 <u>submit</u> one's project work* * project work 수행평가
① succeed ② subscribe ③ hand in ④ dwell ⑤ occupy

4 <u>tolerate</u> the noise
① desire ② accuse ③ wander ④ evolve ⑤ endure

5 <u>compulsory</u> for all motorcyclists
① effective ② available ③ private
④ willing ⑤ mandatory

1 3월 10일까지 <u>등록하다</u>
① 제출하다 ② 규제하다, 조절하다 ③ 등록하다
④ 망설이다 ⑤ 용서하다

2 우리들에게 가장 좋은 방을 <u>배정해주다</u>
① 성취하다 ② 중단하다 ③ 준비하다
④ 할당하다 ⑤ 즐겁게 하다

3 수행평가를 <u>제출하다</u>
① 성공하다 ② 구독하다, 기부하다 ③ 제출하다
④ 거주하다 ⑤ 점유하다

4 소음을 <u>참다</u>
① 욕망하다 ② 고발하다 ③ 배회하다
④ 진화하다 ⑤ 참다

5 오토바이를 타는 사람들에게 모두 <u>의무적인</u>
① 효과적인 ② 이용 가능한 ③ 사적인
④ ~할 의지가 있는 ⑤ 의무적인

Step 3 다음 빈칸에 들어갈 알맞은 단어를 고르시오.

1 Her .... extends to three days.
① relief ② tuition ③ destination
④ proportion ⑤ absence

2 We have perfect .... with no absence today.
① asset ② acquaintance ③ attendance
④ endurance ⑤ importance

3 Our school has an hour's .... at lunch time.
① repetition ② recess ③ adaptation
④ aspiration ⑤ imagination

4 The analyst tries to .... the sales charts.*
* sales chart 판매현황표
① aspire ② install ③ shed ④ conceal ⑤ analyze

5 The coach .... the players to train much harder.
① competed ② discouraged ③ inspired
④ executed ⑤ supplied

1 그녀의 <u>결석</u>이 3일째에 이른다.
① 안도 ② 수업료 ③ 목적지 ④ 비율 ⑤ 결석, 부재

2 오늘은 한 사람도 빠짐없이 전원 <u>참석</u>했다.
① 자산 ② 면식 ③ 참석, 출석 ④ 안내 ⑤ 중요성

3 우리 학교에서는 점심시간으로 한 시간 <u>휴식</u>한다.
① 반복 ② 휴식 ③ 적응 ④ 열망 ⑤ 상상력

4 분석가는 판매현황표를 <u>분석하려고</u> 애썼다.
① 열망하다 ② 설치하다 ③ 흘리다
④ 숨기다 ⑤ 분석하다

5 그 코치는 선수들에게 더 열심히 훈련하라고 <u>격려</u>했다.
① 경쟁했다 ② 낙담시켰다 ③ 격려했다
④ 실행했다 ⑤ 공급했다

Step 4 빈칸에 알맞은 단어를 보기에서 골라 쓰시오.

Hint 책갈피로 가리고 이해가 안가는 경우에만 보세요.

보기
regulate   supervised   aptitude
intention   overbore

1 Hormones in our body .... some bodily functions and control growth.

2 Elizabeth has an .... for music.

3 Study halls* are .... by teachers. * study hall 자습실

4 The father's .... is to make his daughter be a doctor.

5 Gloria was frightened by the result that .... her.

1 우리 몸 안에 있는 호르몬은 신체의 일부 기능을 조절하고 성장을 통제한다.

2 엘리자베스는 음악에 소질이 있다.

3 학교 자습실은 선생들이 감독한다.

4 아버지의 의도는 딸을 의사로 만들겠다는 것이다.

5 글로리아는 자신을 압도하는 그 결과에 놀랐다.

보기
enroll   peers   engages
tuition   commemorate

6 Countless students are busy rushing to .... at Hakwon.

7 The organization actively .... in volunteer work.

8 Adolescents are easily influenced by their ....

9 College .... and book fees have steadily increased every year.

10 In the USA, they .... Independence Day on July 4th.

6 수많은 학생들은 학원에 등록하느라 바쁘다.

7 그 단체는 자원 활동에 적극적으로 참여하고 있다.

8 청소년들은 또래들의 영향을 받기 쉽다.

9 대학 등록금과 교재비는 매년 꾸준히 증가한다.

10 미국에서는 7월 4일에 독립 기념일을 경축한다.

▶ 정답은 p.362~363에

Check-up 아는 단어에 ✔ 표시

☐ scholarship

☐ semester

☐ graduate

☐ reluctant

☐ esteem

☐ review

☐ ignorance

☐ indicate

☐ inform

☐ enable

☐ academic

☐ formula

☐ chemistry

☐ anthropology

☐ physics

☐ encyclopedia

☐ biologist

☐ record

☐ ridicule

☐ burden

☐ deviant

☐ obligation

☐ novel

☐ terminate

☐ biography

☐ circumstance

☐ initiative

☐ thesis

☐ incessant

☐ conclude

scholarship [skάlərʃìp]

ⓝ 장학금; 학문

↳ **scholar** **n.** 학자; 장학생

receive a scholarship   장학금을 받다

Wellbong studied in the United States on a scholarship.   웰봉이는 장학금을 타서 미국에서 공부를 했어요.

semester [siméstər]

ⓝ 학기 *cf)* semester는 한 학년을 둘로, term은 셋으로 나눈 수업 기간의 단위이다.

↳ **semesterly** **a.** 학기별로

the spring/fall semester   봄/가을 학기

At last, the new semester began in March.
마침내 새 학기가 3월에 시작되었다.

voca plus+

subject 과목   **major** 전공   **minor** 부전공   **credit** 학점   **grade** 학년

graduate [grǽdʒuèitt]

ⓥ 졸업하다(from) **ⓝ** 대학 졸업자, 졸업자

↳ **graduation** **n.** 졸업 a *graduation* thesis 졸업 논문

Wellbong graduated from Harvard this year.
웰봉이는 올해 하버드 대학교를 졸업했다.

voca plus+ 학교, 졸업

graduation 졸업, 졸업식 **graduate school** 대학원 **graduate student** 대학원생 **undergraduate** 학부생(대학원 이전의 대학생) **alumni** 동창생들(단수형 alumnus) **bachelor's degree** 학사 학위 **master's degree** 석사 학위 **doctor's degree** 박사 학위

reluctant [rilʌ́ktənt]

ⓐ 꺼리는, 마지못해 하는(unwilling, disinclined)
　↔ spontaneous(자발적인)
↳ **reluctance**　**n.** 꺼림, 마지못해 함
↳ **reluctantly**　**ad.** 마지못해(with reluctance)

reluctant to admit the truth　사실을 인정하기를 꺼리는

Wellbong's friends gave reluctant smiles to their teacher's flat humor.
선생님의 썰렁한 유머에 웰봉이의 친구들은 마지못해 웃었다.

esteem [istíːm]

ⓥ 존경하다, 존중하다(respect) ↔ despise(경멸하다)
ⓝ 존경, 존중

have high self-esteem　자신감이 대단히 높다

He is held in high esteem by his students.
그는 학생들로부터 많은 존경을 받는다.

voca plus+　'존경하다'의 유의어
revere 존경하다　**look up to** 존경하다　**worship** 숭배하다
honor 경의를 표하다

review [rivjúː]

ⓥ 다시 보다, 복습하다, 재검토하다; 비평하다
ⓝ 재검토, 복습; 비평(critic)

book review　(특히 신간 서적의) 서평
literary review　문예 비평

They are reviewing the insect to see if it is dead or alive.　그들은 곤충이 죽었는지 살았는지 다시 보고 있다.

ignorance [ígnərəns]

ⓝ 무지, 무식
↳ **ignore** **v.** 무시하다(neglect, disregard), 간과하다(overlook)
↳ **ignorant** **a.** 무지한(uneducated), 무식한(of)

Ignorance is bliss. 모르는 게 약이다. (속담)

Once Wellbong was in ignorance of multiplication tables.* 한때 웰봉이는 구구단도 몰랐다.
* multiplication table 구구단

indicate [índikèit]

ⓥ 가리키다(designate), 나타내다, 표시하다; 암시하다
↳ **indication** **n.** 표시; 조짐, 암시
↳ **indicative** **a.** 나타내는; 암시하는(of)
↳ **indicator** **n.** 지표, 척도

indicate a place on a map 지도에서 장소를 가리키다

A bookmark indicates which page you have read up to. 책갈피는 당신이 어디까지 읽었는지를 나타낸다.

inform [infɔ́ːrm]

ⓥ 알리다(of); 통지하다(notify)
↳ **information** **n.** 정보, 지식
↳ **informative** **a.** 유용한 정보를 주는, 유익한
↳ **informed** **a.** 많이 아는, 박식한

inform the police (of) 경찰에 알리다

The cuckoo informed us it was exactly three.
삐꾸기는 우리에게 3시 정각을 알려주었다.

enable [inéibl]

v ~할 수 있게 하다(permit, empower)
└ **able** **a.** ~할 수 있는(capable) ↔ unable(~할 수 없는)
  be able to V ~할 수 있다
└ **ability** **n.** 능력(capacity, competence) ↔ inability(무능력)

Wordmate enables all students to* memorize
English vocabulary easily and interestingly.
《워드메이트》는 모든 학생들이 영어 어휘를 쉽고 흥미롭게 기억할 수 있게 한다.
* enable A to V A가 ~할 수 있게 하다

academic [æ̀kədémik]

a 학교의, 학문의, 학구적인(scholarly)
└ **academy** **n.** 학원, 학회

neglect one's academic work 학문을 소홀히 하다
The new academic year starts in March.
새 학기는 3월에 시작한다.

formula [fɔ́ːrmjulə]

n 공식 **pl.** formulas, formulae
└ **formulate** **v.** 공식화하다   └ **formulation** **n.** 공식화
└ **formulaic** **a.** 공식적인   └ **form** **v.** 형성하다
└ **formation** **n.** 형성

This formula is used to solve the quadratic
equation.* 이 공식은 2차 방정식을 푸는 데 사용된다.
* quadratic equation 2차 방정식

뉘앙스 구별 계산하다
calculate 연산을 하여 계산하다   **reckon** 대략적으로 계산하다
project 현재의 정보로 대충 계산하다

chemistry [kémə stri]

n 화학
- **chemical** **a.** 화학의, 화학적인
- **chemically** **ad.** 화학적으로 ⌐ **chemist** **n.** 화학자

the book on chemistry 화학에 관한 책

Wellbong does experiments in chemistry class each week. 웰봉이는 매주 화학 시간에 실험을 한다.

voca plus+ 자연과학
biology 생물학 geology 지질학 geography 지리학
astronomy 천문학 physics 물리학 mathematics 수학

anthropology [æ̀nθrəpálədʒi]

n 인류학
- **anthropologic(al)** **a.** 인류학의
- **anthropologist** **n.** 인류학자

Anthropology is the scientific study of people, society, and culture.
인류학은 사람, 사회 그리고 문화를 과학적으로 다루는 학문이다.

voca plus+ 인문/사회과학
philosophy 철학 politics 정치(학) sociology 사회학
psychology 심리학 archaeology 고고학

physics [fíziks]

n 물리학
- **physicist** **n.** 물리학자
- **physical** **a.** 육체의(bodily), 물질의
  physical education 체육
- **physician** **n.** 내과의사

Einstein's theory opened a new era in physics.
아인슈타인의 이론은 물리학에 새로운 시대를 열었다.

encyclopedia [insàikləpíːdiə]

ⓝ 백과사전
└ **encyclopedic** **a.** 백과사전의

Just look it up in the encyclopedia if you want
to know something. 뭔가를 알기 원한다면 백과사전을 찾아보아라.

voca plus+ 책의 종류
novel (장편)소설 **short story** 단편 소설 **science fiction** 공상 과학
소설 **detective story** 탐정소설 **storybook** 동화책 **memoirs** 회
고록 **dictionary** 사전 **manual** 설명서 **handbook** 안내서

biologist [baiáːlədʒist]

ⓝ 생물학자
└ **biological** **a.** 생물학의, 생물학적인
└ **biology** **n.** 생물학

a marine biologist 해양 생물학자

Biologist Wellbong studies the structure of a
leaf with a microscope.
생물학자 웰봉이는 현미경으로 나뭇잎의 구조를 연구한다.

record [rikɔ́ːrd]

ⓥ 기록하다; 녹음하다, 녹화하다
ⓝ [rékərd] 기록; 녹음, 녹화; 레코드, 음반
└ **recording** **n.** 기록; 녹음, 녹화

break a record 기록을 경신하다

The journalist is recording the important part
of the interview with Wellbong.
잡지사 기자는 웰봉이와의 인터뷰 중 중요한 부분을 녹음하기 시작했다.

ridicule [rídikjùːl]

v 비웃다, 조롱하다　**n** 조롱, 조소
⌐ **ridiculous** **a.** 웃기는, 우스꽝스러운
⌐ **ridiculously** **ad.** 우스꽝스럽게, 터무니없이

ignore ridicule　조롱을 무시하다

Wellbong was ridiculed by the people.
웰봉이는 사람들의 놀림감이 되었다.

voca plus+ '비웃다, 조롱하다'의 유의어
make fun of　laugh at　mock　deride　taunt

burden [bə́ːrdn]

n 짐(load); 부담　**v** 부담[짐]을 지우다(with)
⌐ **burdensome** **a.** 부담스러운, 힘든(demanding)

be concerned about increased work burden
늘어난 업무 부담으로 걱정하다

Poor Wellbong was burdened with a lot of studies.　가엾은 웰봉이는 넓은 학업의 짐을 지고 있었다.

뉘앙스 구별 짐, 화물
load 짐　**baggage/luggage** 수화물　**freight** 운송, 화물
cargo 비행기 등의 화물　**shipment** 화물, 선적, 수송

deviant [díːviənt]

a 벗어난, 일탈적인
⌐ **deviance** **n.** 일탈, 탈선(deviation)
⌐ **deviate** **v.** 빗나가다, 일탈하다(digress, diverge)

a deviant action　일탈행동

Cutting a class is a deviant behavior which will be punished eventually.
수업을 빼먹는 것은 일탈행위이며 마침내는 벌을 받게 되어있다.

obligation [àbləgéiʃən]

n 의무(duty), 책임(responsibility)
ㄴ **oblige** **v.** (~하도록) 의무 지우다, 강요하다(compel, force)
ㄴ **obligatory** **a.** 의무적인, 강제적인(compulsory, mandatory)
↔ voluntary(자발적인)

moral obligation 도덕적 의무

Parents have an obligation to raise their children well. 부모는 그들의 자녀들을 바르게 키울 의무가 있다.

novel [návəl]

a 새로운(new), 참신한(original)
n 소설
ㄴ **novelty** **n.** 새로움, 참신함, 신기함

a novel method of teaching 참신한 교수법

Wellbong used a novel trick to sleep during class. 웰봉이는 수업시간에 자려고 기발한 수법을 생각해 냈다.

terminate [tə́:rmənèit]

v 끝나다(end), 종료되다
ㄴ **termination** **n.** 종료
ㄴ **terminator** **n.** 종결자

terminate the insurance contract 보험계약을 해약하다

Wellbong is signalling that the race will terminate with the flag.
웰봉이는 깃발로 경주가 끝날 신호를 보내고 있다.

biography [baiɑ́grəfi]

n (위인의) 전기(傳記)
- **biographic(al)** **a.** 전기의
- **biographer** **n.** 전기 작가
- **autobiography** **n.** 자서전

a famous biography writer 유명한 전기 작가

I am about to* read a biography about independence fighter Kim Koo.
나는 백범 김구 선생의 전기를 읽으려 한다.
* be about to V 막 ~하려고 하다

circumstance [sə́ːrkəmstæns]

n 사정, 상황(~s), 환경(conditions)
- **circumstantial** **a.** 상황의, 정황상의

a significant change of circumstance
엄청난 상황 변화

Wellbong is in difficult circumstances, but his dream will finally come true.
웰봉이는 분명 힘든 상황에 처해있지만 그의 꿈은 마침내 이루어질 것이다.

initiative [iníʃiətiv]

n 주도(권), 솔선(lead)
- **initiate** **v.** 시작하다, 착수하다
- **initiation** **n.** 개시, 착수
- **initial** **a.** 최초의, 초기의 **n.** 머리글자

an initiative step 제 1단계

They started the blood donation drive on the initiative of Bora. 그들은 보라의 주도로 헌혈을 시작했다.

수능 빈출표현
take the initiative to V ~하는 데 주도권을 잡다

thesis [θíːsis]

n 학위 논문(on)

a graduation thesis 졸업논문
submit a thesis 논문을 제출하다

Wellbong has to get his thesis approved to graduate. 웰봉이는 졸업을 하기 위해서 논문을 통과해야 한다.

voca plus+ '논문'의 유의어
dissertation   treatise   paper

incessant [insésnt]

a 끊임없는
└ **incessantly** **ad.** 끊임없이

incessant rain 그칠 줄 모르는 비

Wellbong couldn't understand the incessant chatting of the girls.
웰봉이는 여자들의 끊임없는 수다를 이해할 수가 없었다.

voca plus+ '끊임없는'의 유의어
endless   unending   interminable   ceaseless
unceasing   constant

conclude [kənklúːd]

v 결론을 내리다, 끝내다, 결정을 내리다(decide)
└ **conclusion** **n.** 결론, 판단, 결말
└ **conclusive** **a.** 결정적인(decisive)

Determined to conclude the existence of his pimples, Wellbong bought an ointment for the pimples. 웰봉이는 여드름을 끝장낼 결심으로 여드름 전용 연고를 구입했다.

뉘앙스 구별 끝나다
end 끝나다(가장 일반적)   **come to an end** 지속되던 일이 마침내 끝나다
finish 끝나다, 끝내다   **complete** 완료하다   **terminate** 종결시키다
conclude 하던 일을 끝마무리하여 결론을 내다   **be over** 끝나다

TEST 18

Step 1 다음 영단어의 우리말 뜻을 쓰시오.

scholarship

semester

graduate

reluctant

esteem

review

ignorance

indicate

inform

enable

academic

formula

chemistry

anthropology

physics

encyclopedia

biologist

record

ridicule

burden

deviant

obligation

novel

terminate

biography

circumstance

initiative

thesis

incessant

conclude

Step 2 다음 밑줄 친 단어의 유의어를 고르시오.

Hint 책갈피로 가리고 이해가 안가는 경우에만 보세요.

1 The second <u>semester</u>
① strategy ② destination ③ term ④ graduation ⑤ ceremony

2 <u>reluctant</u> to reveal
① imminent   ② astray   ③ continuous
④ noticeable   ⑤ unwilling

3 <u>esteem</u> real ability
① escape ② enable ③ grant ④ contribute ⑤ respect

4 every citizen's <u>obligation</u>
① privilege   ② expedition   ③ ventilation
④ shelter   ⑤ responsibility

5 <u>terminate</u> one's contract
① hesitate ② cancel ③ prepare ④ end ⑤ belong

1 2학기
  ① 전략 ② 목적지 ③ 학기 ④ 졸업식 ⑤ 의식

2 밝히기를 꺼리는
  ① 임박한 ② 길을 잃은 ③ 계속하는
  ④ 뚜렷한, 현저한 ⑤ ~할 의지가 없는

3 실력을 중시하다
  ① 달아나다 ② ~할 수 있게 하다 ③ 수여하다
  ④ 공헌하다 ⑤ 존경하다

4 모든 국민의 의무
  ① 특권 ② 원정 ③ 환기 ④ 피난처 ⑤ 책임감

5 우리의 계약을 종결하다
  ① 망설이다 ② 취소하다 ③ 준비하다
  ④ 끝내다 ⑤ 속하다

Step 3 다음 빈칸에 들어갈 알맞은 단어를 고르시오.

1 The student applied for a .... at the university.
① relationship   ② hardship   ③ scholarship
④ formula   ⑤ shortage

2 What are you going to do after you .... from high school?
① graduate   ② generate   ③ germinate
④ migrate   ⑤ paralyze

3 The horse looked so exhausted with the heavy .... and a long journey.
① society ② function ③ facility ④ phase ⑤ burden

4 The music was .... with microphones.
① stimulated   ② announced   ③ arranged
④ amplified   ⑤ cherished

5 You must not expose yourself to ....
① biography   ② species   ③ recess
④ ridicule   ⑤ factor

1 그 학생은 대학교에서 장학금을 신청했다.
  ① 관계 ② 고난 ③ 장학금 ④ 공식 ⑤ 부족

2 고등학교를 졸업한 다음에는 뭐 할 거예요?
  ① 졸업하다 ② 발생시키다 ③ 발아하다
  ④ 이주하다 ⑤ 마비시키다

3 말은 무거운 짐과 긴 여정으로 매우 지쳐보였다.
  ① 사회 ② 기능 ③ 시설 ④ 국면 ⑤ 짐

4 음악은 마이크를 통해 증폭되었다.
  ① 자극된 ② 발표된 ③ 배열된
  ④ 증폭된 ⑤ 소중하게 된

5 남의 비웃음을 사는 짓을 해서는 안 된다.
  ① 전기 ② 종 ③ 휴식 ④ 조롱, 조소 ⑤ 요소

Step 4 빈칸에 알맞은 단어를 보기에서 골라 쓰시오.

Hint 책갈피로 가리고 이해가 안가는 경우에만 보세요.

보기 initiative   concluded   incessant
      encyclopedia   physics

1 The lecturer .... the speech by reminding us of
   our patriotism.* * patriotism 애국심

2 The .... Chinese communist army were crossing
   the border for the South.

3 I think that we need to take the ...., and give a
   helping hand.

4 Marie Curie was awarded the Nobel Prize in ....

5 You can search for the information you want in any
   ....

보기 anthropology   inform   enables
      formula   novel

6 My son aged 7 understands the basic mathematical
   ....

7 The students could learn about the Inca Civilization
   through the .... course.

8 The doctor should .... the patient of the truth.
   * inform A of B A에게 B를 알리다

9 The microscope .... us to see organisms
   invisible to the naked eye.

10 A(n) .... way was created to help purify drinking
   water. * purify 정화시키다

1 그 강사는 우리의 애국심을 상기시키는 것으로 연설을 끝냈다.
2 끝없는 중국군이 남한을 향해 국경을 건너고 있었다.
3 나는 우리가 솔선해서 도움의 손길을 먼저 뻗어야 한다고 생각한다.
4 마리 퀴리는 노벨 물리학상을 받았다.
5 당신은 원하는 정보를 어떤 백과사전에서나 찾을 수 있다.

6 7살인 내 아들은 기본적인 수학 공식들을 이해한다.
7 학생들은 인류학 강좌를 통해 잉카 문명에 대해 배울 수 있었다.
8 의사는 환자에게 진실을 알려줘야 한다.
9 현미경은 육안으로 볼 수 없는 생물들을 볼 수 있게 해준다.
10 식수 정화를 돕기 위해서 새로운 방법이 만들어졌다.

▶ 정답은 p.363~364에

All our dreams can come true if we have the courage to pursue them.

Walt Disney

우리에게 꿈을 추구할 용기가 있다면, 우리는 모든 꿈을 이룰 수 있다.

– 월트 디즈니, 디즈니랜드 창립자

Ch.11

현대사회와 사건

Check-up 아는 단어에 ✔ 표시

☐ identification
☐ population
☐ starve
☐ neglect
☐ support
☐ contribute
☐ donate
☐ grant
☐ guard
☐ protect
☐ rescue
☐ resolve

☐ controversial
☐ restore
☐ rehabilitate
☐ repair
☐ search
☐ selfish
☐ abandon
☐ shelter
☐ obstacle
☐ imminent
☐ crisis
☐ discretion

identification [aidèntəfikéiʃən]

ⓝ 신원확인, 신분증명(ID)
  ↳ **identify** v. 누구인지 알아보다(recognize), 구별하다, 식별하다;
           ～와 공감하다(with sb)
  ↳ **identical** a. 동일한(to/with) *identical* twins 일란성 쌍둥이
  ↳ **identity** n. 신원(확인); 정체성

Mapae was a kind of identification carried by
secret royal inspectors* in the Chosun Dynasty.
마패는 조선시대에 암행어사가 지니고 다니던 일종의 신분증이었다.
* secret royal inspector 암행어사

population [pàpjuléiʃən]

ⓝ 인구 *cf)* popular 인기 있는, 대중적인 popularity 인기, 대중성
  ↳ **populous** a. 인구가 많은
  ↳ **overpopulation** n. 인구과잉

population density 인구밀도

South Korea has a population of nearly 50
million. 남한의 인구는 약 5천만 명이다.

starve [stáːrv]

ⓥ 굶주리다, 굶어 죽다(famine) ↔ full, stuffed(배부른)
  ↳ **starvation** n. 기아, 굶주림
  ↳ **starving** a. 몹시 허기진(so hungry), 배고픈

It seemed that Wellbong would starve to death.
웰봉이가 거의 굶어죽을 것처럼 보였다.

방치된 냐봉이...

배고파..   힘들어..

neglect [niglèkt]

- ⓥ 소홀히 하다, 방치하다(leave ~ unattended); 간과하다(overlook)
- ⓝ 방치, 소홀, 무시
- └ **neglected a.** 방치된
- └ **neglectful a.** 태만한, 소홀히 하는(negligent)
  cf) negligible 무시해도 좋은, 하찮은

For a long time Nyabong was a neglected cat in a dark alley.
오랫동안 냐봉이는 어두운 길에 방치되어 버려진 고양이였다.

전 불쌍한 아프리카 어린이들을 위해 후원하고 있어요

support [səpɔ́ːrt]

- ⓥ 후원하다; 부양하다; 떠받치다(uphold)
- ⓝ 후원(backing); 부양; 떠받침
- └ **supporter n.** 지지자, 후원자   └ **supportive a.** 지원하는

Wellbong has been supporting poor African children since 2011.
웰봉이는 2011년부터 가난한 아프리카 아이들을 후원하고 있다.

뉘앙스 구별 돕다

help 돕다(가장 일반적)   **assist** 보조하다, 돕다   **aid** 돕다
give sb a hand (실제적인) 도움을 주다

구세군

기부하는 웰봉이

contribute [kəntríbjuːt]

- ⓥ 기부하다(to) (donate), 공헌하다; (잡지 등에) 기고하다
- └ **contribution n.** 기부(금), 공헌; 기고문
- └ **contributor n.** 기부자, 공헌자; 기고자

contribute to world peace   세계평화에 공헌하다.

Wellbong contributed money into the charity pot.   웰봉이는 자선냄비에 돈을 기부했다.

donate [dóuneit]

v 기부하다, 기증하다(to) (contribute)

↳ **donor** **n.** 기부자, 기증자(contributor, benefactor)
　　　　　　a blood *donor* 혈액기증자

↳ **donation** **n.** 기부, 기증

Mrs. Bong donated a lot of money to a charity organization. 봉여사는 많은 돈을 자선단체에 기부했다.

voca plus+ '기부, 기증'의 유의어
contribution benefaction endowment

grant [grǽnt]

v 수여하다(bestow); 인정하다(acknowledge), 허락하다(allow)

grant aid 보조금
grant a degree 학위를 수여하다

The mayor is granting the award to Nyabong.
시장은 냐봉이에게 상을 수여하고 있다.

수능 빈출표현
take it for granted that S V ~을 당연하게 여기다

guard [gáːrd]

n 경비원, 경호원, 보초
v 지키다, 보호하다, 경비를 보다

↳ **guardian** **n.** 수호자, 보호자 *guardian* angel 수호천사

A royal guard holding a gun is guarding Buckingham Palace. 총을 든 근위병이 버킹검 궁을 지키고 있다.

voca plus+ '보호하다'의 유의어
protect safeguard shelter preserve

protect [prətékt]

v 보호하다(take care of), 지키다(safeguard)
- **protection** **n.** 보호, 방어
- **protective** **a.** 보호하는
- **protector** **n.** 보호자

protect one's country　나라를 지키다

Wellbong uses sunscreen to protect his skin against the sun.
웰봉이는 태양으로부터 피부를 보호하기 위해 자외선 차단제를 사용한다.

rescue [réskjuː]

v 구출하다, 구조하다(from)
n 구출, 구조(save)
- **rescuer** **n.** 구출자

a mountain rescue team　산악 구조대

Super Wellbong rescued Boonhong from the danger.　슈퍼 웰봉이는 위험으로부터 분홍이를 구출했다.

resolve [rizálv]

v 결심하다, 결정하다(determine); 해결하다(solve)
- **resolved** **a.** 굳게 결심한, 단호한
- **resolution** **n.** 결심, 결정; 해결

resolve a conflict　분쟁을 해결하다

Wellbong helped the crane* resolve its problem.　* crane 두루미
웰봉이는 두루미의 문제 해결에 도움을 주었다.

voca plus+ '해결하다'의 유의어
solve　figure out　work out

controversial [kὰntrəvə́:rʃəl]

a 논란의 여지가 있는

↳ **controversy** **n.** 논란, 논쟁(disagreement, dissention)

Currently, there is a controversial issue about the safety of U.S. beef.
현재 미국산 쇠고기의 안전에 대한 논란이 일고 있다.

뉘앙스 구별 논쟁

argument (의견, 주장 등이 달라서 하는) 언쟁 **debate** 격식을 갖춘 논쟁
quarrel (특히 사소한 문제로 하는) 말싸움 **dispute** 격렬한 논쟁
controversy (중요한 공적인 문제에 대한) 논쟁

restore [ristɔ́:r]

v 복구하다, 회복하다(recover); 반환하다(return)

↳ **restoration** **n.** 회복(recovery); 반환, 복직

The broken gingerbread man* restored its original figure. 부서진 생강과자는 원래의 모습을 되찾았다.

* gingerbread man 영국의 전래동화에 나오는 생강빵 아이

뉘앙스 구별 고치다/회복하나

fix (차량 등을) 수리히디 **repair** 수리하나(가상 일반적)
mend (주로 의복을) 수선하다 **renovate** (건물 등을) 다시 새롭게 하다
remodel (건물 등을) 개조하다 **recover** (본래의 상태로) 회복하다
regain 되찾다, 회복하다 **retrieve** (수중에 벗어난 것을) 다시 되찾다

rehabilitate [rìːhəbílətèit]

v 회복시키다, 복원시키다(restore); 재활 치료를 하다

↳ **rehabilitation** **n.** 회복, 복원; 재활
↳ **rehabilitative** **a.** 건강 회복의, 복귀시키는

rehabilitation medicine 재활의학
rehabilitation training 재활훈련

The broken computer needs to be rehabilitated.
고장난 컴퓨터는 복원이 필요하다.

repair [ripɛ́ər]

v (고장 난 물건 등을) 수선하다, 수리하다(mend, fix)
n 수선, 수리
↳ **repairman** n. 수리공

repair shop 수리점, 정비 공장
repair the computer 컴퓨터를 수리하다
Auto mechanic Wellbong repaired Mrs.
Bong's car. 자동차 기계공인 웰봉이는 봉여사의 차를 수리했다.

search [sə́:rtʃ]

v 찾다(for), 뒤지다(look through); 조사하다(investigate)
n 찾기, 수색, 검색
↳ **research** n. 연구, 조사(investigation)

search for stolen goods 도난품을 찾다

Wellbong continued to search for the missing
Nyabong. 웰봉이는 계속해서 실종된 냐봉이를 찾았다.

selfish [sélfiʃ]

a 이기적인
↳ **selfless** a. 이타적인, 사심 없는(unselfish, altruistic, sacrificial)
↳ **selfishness** 제멋대로임, 이기적임

selfish behaviour 이기적인 행위

It is very selfish to sit with one's legs apart in
the subway seat.
지하철 좌석에서 다리를 넓게 벌려 앉는 것은 매우 이기적이다.

abandon [əbǽndən]

ⓥ (사람, 장소 등을) 버리다(desert, forsake);
(계획, 생각 등을) 포기하다(give up)

↳ **abandoned** **a.** 버려진(deserted, derelict)

Sim Bong-sa abandoned his daughter, Sim
Cheong-i because of 300 bags of rice.
심봉사는 공양미 삼백 석에 딸 심청이를 버렸다.

뉘앙스 구별 **포기하다**
give up 포기하다(가장 일반적) **quit** 그만 두다 **renounce** (지위, 권리 등
을) 공식적으로 포기하다 **waive** (주장 등을) 철회하다 **withdraw** 철회하다

shelter [ʃéltər]

ⓝ 피신처(refuge, haven); 쉼터
ⓥ 보호하다(protect); 피하다(from)

secure shelter   안전한 피난처

Mrs. Bong took shelter under the big leaf to
avoid the shower.
봉어사는 소나기를 피하기 위해 큰 잎사귀 아래로 피신했다.

obstacle [ábstəkl]

ⓝ 장애(물), 방해(물)

the biggest obstacle to success   성공의 가장 큰 장애물

Nyabong's car was stopped by an obstacle
on the road.   냐봉이의 자동차는 길 위의 장애물로 인해 멈춰 섰다.

voca plus+ '거부, 거절'의 유의어
barrier **hindrance** **hurdle** **impediment**

imminent [ímənənt]

ⓐ 금방이라도 닥칠 듯한, 임박한(impending)
↳ **imminence** **n.** 임박, 일촉즉발

imminent death 임박한 죽음

The bomb is in **imminent** danger of explosion.
폭탄이 곧 터질 위기에 임박해 있다.

crisis [kráisis]

ⓝ 위기(emergency, plight) **pl.** cri**ses**

a financial **crisis** 재정적 위기

Bora is in a **crisis** because she is falling into the river. 보라는 강에 빠져서 위기에 처해 있다.

뉘앙스 구별 위험

danger 위험(가장 일반적) **risk** 위험 **peril** (생명을 잃을 수 있는 심각한)
위험 **hazard** 위험 **jeopardy** 위험(혹은 그 상황에 빠뜨리는 것)

discretion [diskréʃən]

ⓝ 신중함; 자유재량
↳ **discretionary** **a.** 자유재량에 의한
↳ **discreet** **a.** 신중한(deliberate), 조심스러운(cautious)
  discreet about one's remark 발언에 신중한
  cf) discrete 별개의 *discrete* matter 별개의 문제

Wellbong has to have **discretion** in this case.
웰봉이는 이 경우 신중해야만 한다.

Step 1 다음 영단어의 우리말 뜻을 쓰시오.

identification

controversial

population

restore

starve

rehabilitate

neglect

repair

support

search

contribute

selfish

donate

abandon

grant

shclter

guard

obstacle

protect

imminent

rescue

crisis

resolve

discretion

Step 2 다음 밑줄 친 단어의 유의어를 고르시오.

Hint 책갈피로 가리고 이해가 안가는 경우에만 보세요.

1 <u>starving</u> to death
① reluctant　② novel　③ incessant
④ famine　⑤ controversial

2 <u>contribute</u> all one's property
① graduate　② indicate　③ terminate
④ register　⑤ donate

3 take <u>shelter</u> in a nearby cabin
① variety　② studio　③ opportunity　④ refuge　⑤ experience

4 a bulldog that <u>guards</u> the house
① review　② conclude　③ abandon　④ protect　⑤ assign

5 <u>resolve</u> a problem through negotiation
① intend　② analyze　③ neglect　④ inform　⑤ solve

1 굶어 죽어가고 있는
① 꺼리는　② 진기한　③ 끊임없는
④ 기근의　⑤ 논쟁의

2 자신의 전 재산을 <u>기부하다</u>
① 졸업하다　② 나타내다　③ 종료시키다
④ 등록하다　⑤ 기부하다

3 근처 오두막으로 <u>피신하다</u>
① 다양성　② 스튜디오　③ 기회
④ 피신, 피난처　⑤ 경험

4 집을 <u>지키고</u> 있는 불독
① 검토하다　② 결론짓다　③ 버리다
④ 보호하다　⑤ 할당하다

5 협상을 통해 문제를 해결하다
① 의도하다　② 분석하다　③ 무시하다
④ 알리다　⑤ 해결하다

Step 3 다음 빈칸에 들어갈 알맞은 단어를 고르시오.

1 All too often the animals die through ....
① donor　② peer　③ recess　④ neglect　⑤ lecture

2 The event was held with the .... of many churches.
① triumph　② impact　③ consequence
④ audience　⑤ support

3 It took two years to completely .... the town after an earthquake.
① dwell　② conserve　③ persist　④ restore　⑤ disturb

4 Can you .... this computer right now?
① detect　② repair　③ purchase　④ interfere　⑤ deliver

5 What I want to say is this: Man is .... by nature.
① selfish　② exotic　③ dramatic　④ private　⑤ nervous

1 동물들이 <u>방치되어</u> 죽는 일이 너무나 흔하다.
① 기부자　② 또래　③ 휴식　④ 방치　⑤ 강의

2 그 행사는 많은 교회들의 <u>후원</u>으로 개최되었다.
① 승리　② 충격　③ 결과　④ 청중　⑤ 지원, 후원

3 지진 후에 그 마을을 완전히 <u>회복시키는</u> 데 2년이라는 시간이 걸렸다.
① 거주하다　② 보존하다　③ 회복시키다
④ 복구하다　⑤ 방해하다

4 이 컴퓨터를 지금 당장 <u>수리할</u> 수 있겠니?
① 감지하다　② 수리하다　③ 구매하다
④ 방해하다　⑤ 배달하다

5 내가 말하려는 것은 이것이다. 인간은 본성이 <u>이기적</u>이다
① 이기적인　② 이국적인　③ 극적인
④ 사적인　⑤ 긴장하는, 신경의

Step 4 빈칸에 알맞은 단어를 보기에서 골라 쓰시오.

Hint 🌿 색갈피로 가리고 이해가 안가는 경우에만 보세요.

> **보기** rehabilitate　　obstacle　　discretion
> controversial　　population

1 You have to choose your spouse with ....

2 Pilates was originally used to .... injured athletes and dancers.

3 Euthanasia* is one of the most .... issues of our time. * euthanasia 안락사

4 The world's .... is nearly 7 billion.

5 They cleared the .... on the road.

1 배우자를 신중하게 선택해야 한다.

2 필라테스는 원래 부상당한 운동선수와 댄서들을 회복시키는 데 사용되었다.

3 안락사는 요즘 가장 논란거리가 되고 있는 문제 중 하나이다.

4 세계의 인구는 거의 70억명 정도이다.

5 그들은 길 위에 있는 장애물을 치웠다.

> **보기** rescue　　crisis　　imminent
> protect　　abandon

6 The Great Depression was a severe economic .... in the United States, which started in 1929.

7 Her grandmother's death is ....

8 Heavy snow forced many drivers to .... their cars.

9 Many people turned out to .... the wounded from the crashed airplane.

10 In-line skaters should wear equipment to .... themselves.

6 대공황은 1929년에 미국에서 시작된 심각한 경제적 위기였다.

7 그녀의 할머니는 사망이 임박했다.

8 폭설로 인하여 많은 운전자들이 차를 버리고 가야 했다.

9 추락된 비행기에서 부상자들을 구하기 위해 많은 사람들이 나섰다.

10 인라인 스케이터들은 스스로를 보호하기 위해 장비를 착용해야 한다.

▶ 정답은 p.364~365에

Check-up 아는 단어에 ✔ 표시

- ☐ compensate
- ☐ cope
- ☐ alert
- ☐ caution
- ☐ warn
- ☐ negligence
- ☐ destroy
- ☐ wreck
- ☐ smash
- ☐ collapse
- ☐ spill
- ☐ threaten

- ☐ escape
- ☐ related
- ☐ accuse
- ☐ damage
- ☐ worsen
- ☐ hardship
- ☐ regret
- ☐ quit
- ☐ arise
- ☐ advent
- ☐ appraise
- ☐ induce

compensate [kámpənsèit]

ⓥ 보상하다, 배상하다(for); 보충하다(make up for)
└ **compensation** **n.** 보상

be **compensated for** the delay 지연으로 인해 보상을 받다

Wellbong has to **compensate** Mrs. Bong **for** the injury caused by Nyabong.
웰봉이는 나봉으로 인한 부상에 대해 봉여사에게 보상해야 한다.

voca plus+ '보상'의 유의어
recompense   reward

cope [kóup]

ⓥ 잘 처리하다(with), 수습하다

cope with a task 일을 처리하다

Wellbong **coped with** an injury case through insurance. 웰봉이는 보험으로 상해사건을 처리했다.

voca plus+ '처리하다'의 유의어
**deal with   take care of   handle   take action   address
see to   tackle**

alert [ələ́ːrt]

ⓐ 방심하지 않는(to), 경계하는   **ⓝ** 경계태세
ⓥ (위험 등을) 알리다, 경보를 발하다
└ **alertness** **n.** 민첩함(vigilance)

be on the **alert** 빈틈없이 경계하다

The security guard is **alert to** the possibility of danger. 경계병이 위험 가능성을 경계하고 있다.

voca plus+ '경계하는'의 유의어
watchful   vigilant   cautious

caution [kɔ́ːʃən]

n 조심(beware), 경고, 주의(heed)
v 주의를 주다(warn)
└ **cautious** **a.** 조심하는, 주의하는(careful)

the caution signal 경고 신호
You should not ignore the caution sign on the door. 당신은 그 문에 있는 경고를 무시해서는 안 된다.

warn [wɔ́ːrn]

v 경고하다(of) (caution)
└ **warning** **n.** 경고, 주의 *warning* in advance 사전 경고

The dinosaur looked like it was warning people not to come near.
공룡은 사람들에게 가까이 오지 말라고 경고하는 것 같았다.

수능 빈출표현
warn A of[against] B A에게 B에 대해 경고하다

negligence [néglidʒəns]

n 부주의(carelessness), 태만(inattention); 무관심(indifference)

negligence of the driver 운전자의 부주의
The negligence of throwing away a cigarette butt* in the mountain can cause a forest fire.
담배꽁초를 산에 함부로 버리는 부주의한 행동은 산불을 야기한다.
* cigarette butt 담배꽁초

destroy [distrɔ́i]

ⓥ 파괴하다(ruin) ↔ construct(건설하다)
ㄴ **destruction** **n.** 파괴 ↔ construction(건설)
ㄴ **destructive** **a.** 파괴적인 ↔ constructive(건설적인)

The statue is in danger of being destroyed by Bora's attack. 조각상은 보라의 공격으로 파괴될 위기에 처해 있다.

뉘앙스 구별 **파괴하다**
annihilate 전멸시키다 **demolish** 파괴하다 **ravage** 황폐화시키다
devastate 황폐화시키다

wreck [rék]

ⓝ 난파선, 사고 자동차[비행기]; 잔해, 파멸
ⓥ 망가뜨리다, 파괴하다(destroy, ruin)
ㄴ **wrecked** **a.** 난파된(shipwrecked), 망가진
ㄴ **wreckage** **n.** 잔해

a train wreck (충돌, 전복한) 열차의 잔해

Wellbong's car had been wrecked by the accident. 웰봉이의 자동차는 사고로 망가졌다.

smash [smǽʃ]

ⓥ 박살나[내]다

smash a window 창을 부수다

The scale smashed into pieces under the weight of Bora. 보라의 무게 때문에 체중계가 박살이 났다.

뉘앙스 구별 **파손**
break 깨지다, 깨뜨리다(가장 일반적) **crack** 금이 가다(가게 하다)
shatter 산산조각 나[내]내다] **crush** 으스러뜨리다 **split** 쪼개지다, 쪼개다

collapse [kəlǽps]

v 붕괴되다(ruin); 가구가 접히다

n 붕괴, 몰락(downfall, breakdown, cave-in)

the collapse of the roof 지붕의 붕괴

The bridge collapsed under the weight of Bora. 다리가 보라의 무게를 못 이기고 내려앉았다.

voca plus+ '부수다, 무너지다'의 유의어

demolish   knock down

spill [spíl]

동사변화 spill–spilt–spilt

v 흐르다, 쏟아지다, 흘리다, 쏟다

└ **spillage** **n.** 흘림, 엎지름

spill milk on the shirt 셔츠에 우유를 엎지르다

Thousands of gallons of crude oil from the ship were spilled into the ocean.
배에서 수천 갤런의 원유가 바다로 쏟아졌다.

threaten [θrétn]

v 협박하다, 위협하다(menace, intimidate)

└ **threat** **n.** 협박(to), 위협(intimidation)

└ **threatened** **a.** 위협당한, 멸종할 위기에 직면한

└ **threatening** **a.** 협박하는, 위협적인

threaten world peace 세계 평화를 위협하다

The bad guy, Nyabong, threatened them with his sharp claws. 악당 냐봉이는 날카로운 발톱으로 그들을 위협했다.

escape [iskéip]

v 달아나다, 탈출하다, 피하다(from)
└ **escaped** **a.** 탈출한

The brother and the sister managed to escape from the bad guy by climbing the rope from heaven.
오누이는 하늘로부터 내려온 밧줄을 타고 올라가 악당으로부터 간신히 달아났다.

[뉘앙스 구별] 피하다

avoid 바람직하지 않은 일을 피하다 **evade** 방법을 써서 교묘하게 피하다
shun 싫은 것을 피하다 **flee** 달아나다, 도피하다 **run away** 도망가다
run off 달아나다, 도망치다

related [riléitid]

a 관련된(to, with) (pertinent); 친척의
└ **relate** **v.** 관련시키다(link), 이야기하다(narrate)

closely related to the environment
환경과 밀접하게 관련된

This man is related to the threat case.
이 남자는 그 협박사건과 관련이 있나.

[수능 빈출표현]

have something/nothing/little to do with
~와 관련이 있다/없다/거의 없다

accuse [əkjúːz]

v 고발하다(of) (charge, sue); 비난하다
└ **accused** **n.** 피의자, 피고 ↔ accuser(고소자, 원고)
└ **accusation** **n.** 고발; 비난

The 'No complaint' program on WBC accuses a person or a company of illegality.
WBC '불만없어'라는 프로그램은 개인이나 회사의 불법을 고발한다.

voca plus+ '비난하다, 책망하다'의 유의어

criticize blame reproach condemn denounce
censure rebuke reprove

damage [dǽmidʒ]

n (주로 물질적인) 손상, 피해
v 손상을 입히다(hurt, harm, mar)
   cf) do sb damage 해를 입히다 ↔ do sb a favor(호의를 베풀다)
└ **damaged** **a.** 손해를 입은

Mrs. Bong was damaged by the fall in her stock. 봉여사는 주식이 떨어져 손해를 입었다.

뉘앙스 구별 손상
harm 사람, 사물에게 미치는 해 **spoil** 망쳐놓다, 손상시키다
ruin 망쳐놓다, 못쓰게 만들다 **mar** 망쳐놓다, 훼손하다

worsen [wə́ːrsn]

v 악화시키다(deteriorate, aggravate)
└ **worse** **a.** 더 나쁜

worsen the economy 경제를 악화시키다

Nyabong's actions worsened the situation.
나봉이의 행동은 상황을 더 악화시켰다.

voca plus+ 불규칙 비교
bad 나쁜 ─ **worse** 더 나쁜 ─ **worse** 가장 나쁜
good 좋은 ─ **better** 더 좋은 ─ **best** 가장 좋은

hardship [hάːrdʃip]

n 고난, 어려움
   cf) hardness 단단함 (의미가 완전히 다름에 유의)

go through hardship 곤란을 겪다

Wellbong is suffering financial hardship these days. 웰봉이는 요즘 재정적 어려움을 겪고 있다.

voca plus+ 문제/어려움
problem 문제 **difficulty** 어려움, 곤란 **trouble** 걱정, 곤란
adversity 불운, 역경 **ordeal** 고난, 시련 **setback** 방해, 좌절
hassle 골치 아픈 일 **dilemma** 진퇴양난

regret [rigrét]

v 후회하다, 유감스럽게 생각하다　**n** 후회, 유감
　↳ **regretful　a.** 후회하는(remorseful), 아쉬워하는
　↳ **regretable　a.** 유감스러운

to one's regret　유감스럽게도

Wellbong deeply regretted not having studied
hard.　웰봉이는 열심히 공부하지 않은 것을 엄청 후회했다.

수능 빈출표현

regret to V ~하는 데 대해 유감이다　regret V-ing ~하는 것을 후회하다
I regret to say[inform] V that ~를 말하게[알리게] 되어 유감이다

quit [kwít]

동사변화 quit–quit–quit
v 그만두다, 멈추다(stop)

quit the job　일을 그만두다
Quit complaining!　이제 그만 투덜거리세요!

Wellbong has decided to quit smoking.
웰봉이는 근연을 결심했디.

voca plus+ '포기하다'의 유의어
give up　abandon　renounce　relinquish　pass up

arise [əráiz]

동사변화 arise–arose–arisen
v (문제, 사건 등이) 발생하다(happen, occur), 일어나다(get up)
　↳ **rise　v.** 일어나다, (수량이) 오르다, 증가하다
　　　　rise from A to B 수량이 A에서 B까지 오르다

arise from time to time　때때로 발생하다

FMD(foot-and-mouth disease) arose in Yesan,
Chung Nam.　충남 예산에서 구제여이 발생했다.

advent [ǽdvent]

n 도래, 출현(arrival)

the advent of the Internet   인터넷의 도래

The advent of a wild pig made Wellbong scared.   야생 돼지의 출현은 웰봉이를 무섭게 했다.

appraise [əpréiz]

v (물건, 재산 등의) 값을 매기다, 감정하다
↳ **appraisal**   **n.** 평가, 감정, 견적

appraise a fire loss   화재에 의한 손실을 평가하다

Nyabong appraises the value of the celadon.*
나봉이가 청자의 가치를 감정하고 있다.

* celadon 청자

induce [indjú:s]

v 유발하다(cause); 설득하다(persuade); 귀납하다(여러 가지 예들로부터 한 가지 원칙을 추론하다) ↔ deduce(연역하다)
↳ **inducement**   **n.** 유인책(incentive); 동기(motive)
↳ **induction**   **n.** 유인; 귀납법; 취임(식)

induce A to go   권유해서 A를 가게 하다

The mushroom that Nyabong ate induced drowsiness.   나봉이가 먹은 버섯은 졸음을 유발시켰다.

Step 1 다음 영단어의 우리말 뜻을 쓰시오.

compensate	escape
cope	related
alert	accuse
caution	damage
warn	worsen
negligence	hardship
destroy	regret
wreck	quit
smash	arise
collapse	advent
spill	appraise
threaten	induce

Step 2 다음 밑줄 친 단어의 유의어를 고르시오.

Hint 책갈피로 가리고 이해가 안가는 경우에만 보세요.

1 <u>destroy</u> crops, buildings and roads
   ① respect ② repeat ③ ruin ④ expect ⑤ contaminate

2 <u>threaten</u> world peace
   ① enter ② encounter ③ rely ④ menace ⑤ provide

3 <u>induce</u> changes in behavior
   ① arrive ② damage ③ alarm ④ irritate ⑤ cause

4 <u>worsen</u> as time goes on
   ① lengthen ② recognize ③ polish
   ④ grind ⑤ deteriorate

5 financial <u>hardship</u>
   ① attendance ② aptitude ③ population
   ④ adversity ⑤ encyclopedia

1 농작물과 건물, 길을 <u>파괴하다</u>
   ① 존경하다 ② 반복하다 ③ 망치다, 폐허로 만들다
   ④ 기대하다 ⑤ 오염시키다

2 세계 평화를 <u>위협하다</u>
   ① 들어가다 ② 우연히 만나다 ③ 의존하다
   ④ 위협하다 ⑤ 제공하다

3 행동의 변화를 <u>야기하다</u>
   ① 도착하다 ② 손상을 입히다 ③ 불안하게 하다
   ④ 짜증나게 하다 ⑤ 야기하다

4 시간이 지날수록 더 <u>나빠지다</u>
   ① 길게 하다 ② 인식하다 ③ 광내다
   ④ 갈다 ⑤ 악화시키다

5 경제적 <u>어려움</u>
   ① 참석 ② 적성 ③ 인구 ④ 역경 ⑤ 백과사전

Step 3 다음 빈칸에 들어갈 알맞은 단어를 고르시오.

1 The forest fire was due to* his .... * due to ~때문에
   ① shade ② environment ③ property
   ④ negligence ⑤ impression

2 Heavy rainfall caused the .... of the dam.
   ① celebrity ② accuracy ③ collaboration
   ④ evaluation ⑤ collapse

3 Many seagulls died as a result of the oil ....
   ① equipment ② spill ③ scenery
   ④ laboratory ⑤ occupation

4 I promised to .... him for the loss.
   ① compose ② compensate ③ explain
   ④ maintain ⑤ behave

5 The human body is closely .... to the changes in nature.
   ① afraid ② considerable ③ awesome
   ④ indifferent ⑤ related

1 산불은 그의 <u>부주의</u> 때문이었다.
   ① 그늘 ② 환경 ③ 재산 ④ 부주의 ⑤ 인상

2 폭우 때문에 댐이 <u>붕괴</u>되었다.
   ① 유명인사, 명성 ② 정확성 ③ 협동
   ④ 평가 ⑤ 붕괴

3 그 원유 <u>유출</u> 결과 많은 갈매기들이 죽었다.
   ① 장비 ② 유출 ③ 풍경 ④ 실험실 ⑤ 직업

4 나는 그 손해를 <u>보상하기로</u> 그에게 약속했다.
   ① 작곡하다 ② 보상하다 ③ 설명하다
   ④ 유지하다 ⑤ 처신하다

5 인간의 신체는 자연의 변화와 밀접한 <u>관련을 가지고</u> 있다.
   ① 두려운 ② 사려 깊은 ③ 끔찍한
   ④ 무관심한 ⑤ 관련이 있는

Step 4 빈칸에 알맞은 단어를 보기에서 골라 쓰시오.

Hint 책갈피로 가리고 이해가 안가는 경우에만 보세요.

보기	caution	advent	regret
	accused	appraise	

1 If we do not study now, we will .... it throughout our life.

2 The .... of the computer has changed our way of life enormously.

3 The man was .... of taking bribes.

4 Laura had an expert .... the house beforehand.

5 The policeman gave a .... to the driver for speed.

보기	wrecked	warned	arise
	alert	cope	

6 The Titanic was .... on an iceberg on the voyage.

7 You need to stay .... especially in times like this.

8 Doctors have .... that an excessive diet can be harmful to our health.

9 Healthy people are better able to .... with stress.

10 Problems often .... from simple errors.

1 지금 공부하지 않으면, 우리는 평생 이를 <u>후회할</u> 것이다.

2 컴퓨터의 <u>출현</u>은 우리 삶의 방식을 엄청나게 변화시켰다.

3 뇌물을 받아서 그는 <u>비난받았다</u>.

4 로라는 미리 전문가에게 그 집을 <u>평가</u>하게 했다.

5 경찰은 과속한 운전자에게 <u>주의</u>를 주었다.

6 타이타닉 호는 항해 도중 빙산에 걸려 <u>부서졌다</u>.

7 이런 때일수록 특히 <u>조심</u>해야 한다.

8 의사들은 지나친 다이어트가 건강에 해롭다는 것을 <u>경고했다</u>.

9 건강한 사람들이 스트레스에 더 잘 <u>대처한다</u>.

10 종종 작은 실수 때문에 문제가 <u>일어난다</u>.

▶ 정답은 p.365에

I've failed over and over again in my life and that is why I succeed.

Michael Jordan

일생을 살면서 수도 없이 실패했다. 그것이 내 성공의 비결이다.

– 마이클 조던, 미국의 전직 프로농구 선수

Ch.12

범죄와 법질서

Check-up 아는 단어에 ✔ 표시

☐ theft

☐ pirate

☐ rob

☐ steal

☐ trespass

☐ convey

☐ illegal

☐ offense

☐ guilty

☐ witness

☐ anonymous

☐ investigate

☐ probe

☐ punish

☐ imprisoned

☐ attempt

☐ prohibit

☐ trial

☐ client

☐ swear

☐ judge

☐ awaken

☐ justice

☐ unfairness

☐ enforce

☐ abolish

☐ involve

☐ bury

☐ manipulate

☐ capable

theft [θéft]

🄝 절도(burglary, robbery)
ㄴ **thief** **n.** 좀도둑 *pl*) thieves

commit a theft 절도를 하다

A masked burglar committed a theft of pottery in the middle of night.
복면을 한 절도범은 한 밤중에 도자기를 훔쳤다.

pirate [páiərət]

🄝 해적, 저작권 침해자
🅥 불법 복제하다(duplicate illegally)

a pirated **edition** 해적판

Pirate Nyabong is plundering on the high seas.
해적 냐봉이가 바다에서 노략질을 하고 있다.

rob [ráb]

🅥 털다, 강탈하다(of)
ㄴ **robber** **n.** 강도
ㄴ **robbery** **n.** 강도질

rob **a bank** 은행을 털다

Nyabong robbed Wellbong of* his piggy-bank. 냐봉이는 웰봉이의 돼지저금통을 훔쳤다.
* **rob A of B** A에게서 B를 훔치다

steal [stíːl]

동사변화 steal–stole–stolen

v 훔치다, 도둑질하다

steal somebody's heart ~의 마음을 훔치다

A lumberjack* is **stealing** a fairy's clothes.
나무꾼은 선녀의 옷을 훔치고 있다. * lumberjack 나무꾼

뉘앙스 구별 훔치다, 빼앗다

steal 물건 등을 훔치다(가장 일반적) **deprive** ~에게서 ~을 빼앗다 **rob** 사람, 장소 등을 강탈하다 **robbery** 강도행위 **shoplift** 가게 물건을 훔치다 **theft** 절도 **burglary** 강도행위, 절도 **burglar** 강도 **mug** 노상강도질하다 **pickpocket** 소매치기하다

trespass [tréspəs]

v 무단 침입하다(on) (break into, intrude) **n** 불법 침입
└ **trespasser** n. 무단 침입자

trespass against the law 법을 어기다

The burglar **trespassed on** rich Mrs. Bong's house. 한 절도범이 봉여사의 집에 무단 침입했다.

voca plus+ 입장/침입

come in(to) ~로 들어오다 **go in(to)** ~로 들어가다 **get in(to)** 들어가다(오다) **enter** ~로 들어가다 **squeeze** 비집고 들어가다 **break in(to)** ~에 침입하다 **penetrate** 침투하다, 관통하다 **entry** 입장, 가입

convey [kənvéi]

v 나르다, 수송하다(carry, transport); (감정 등을) 나타내다 (express)
└ **conveyance** n. 이송, 수송
└ **conveyable** a. 운반[운송]할 수 있는

convey specific messages 특정 메시지를 전달하다

Mrs. Bong is being **conveyed** to the hospital.
봉여사는 병원으로 이송되어지고 있다.

illegal [ilíːgəl]

ⓐ 불법적인(unlawful) ↔ legal, lawful, legitimate(합법의)
↳ **illegally** ad. 불법적으로

illegal copy 불법 복제
illegal immigrant 불법 입국자

We must stop illegal downloading of copyrighted material.
우리는 저작물의 불법 다운로드를 막아야 한다.

offense [əféns]

ⓝ 위반, 범죄; 무례; 공격 ↔ defense(방어)
↳ **offended** a. 감정이 상한, 기분이 불쾌해진
↳ **offensive** a. 화나게 하는, 불쾌한
↳ **offend** v. 기분 상하게[불쾌하게] 하다; 범죄를 저지르다

a trivial offense 하찮은 죄, 경범죄

Illegal parking is an offense against the law.
불법주차는 위법행위이다.

guilty [gílti]

ⓐ 유죄의 ↔ innocent(무죄의)
↳ **guilt** n. 유죄 ↔ innocence(무죄, 결백)

feel guilty (마음이) 꺼림칙하다, 잘못했다고 생각하다

Wellbong was found guilty due to neglecting Nyabong's excretion.
웰봉이는 냐봉이 배설물을 방치해서 유죄판결을 받았다.

voca plus+ '죄'의 유의어
crime offense misdeed(범죄) sin vice transgression(종교, 윤리상의 죄)

witness [wítnis]

n 목격자, 증인, 증거(evidence); 증언(testimony)
v 목격하다; 증언하다(testify)

Bora happened to witness Wellbong secretly throwing away the garbage.
보라는 우연히 웰봉이가 몰래 쓰레기 버리는 장면을 목격했다.

voca plus+ 재판 과정

trial 재판 **court** 법정 **lawyer** 법률가, 변호사 **judge** 재판관, 판사
attorney 법률가, 변호사 **prosecutor** 검사 **plaintiff** 원고
defendant 피고 **jury** 배심원단 **testimony** 증언

anonymous [ənánəməs]

a 익명의, 본명을 밝히기를 꺼리는(unnamed, unknown)
└ **anonymously** **ad.** 익명으로 └ **anonymity** **n.** 익명

Wellbong became anonymous by the camera blur.* 웰봉이의 얼굴은 모자이크처리로 익명처리 되었다.

* camera blur 모자이크 처리

voca plus+ 이름

name 성명, 이름, ~에 이름을 붙이다 **first name** 성(姓)이 아닌 이름
last[family] name, surname 이름이 아닌 성(姓) **nickname**
별명, 애칭 **alias** 가명 **autograph** (유명인이 팬에게 해 주는) 사인
signature (문서, 서류 등에 본인의 이름을 써넣은) 서명

investigate [invéstəgèit]

v 수사하다, 조사하다(probe, look into)
└ **investigation** **n.** 수사, 조사, 연구(research)
└ **investigator** **n.** 수사관, 조사관

investigate causes 원인을 조사하다

Detective Wellbong is thoroughly investigating the scene of a crime with a magnifying glass to look for evidence.
형사 웰봉이는 증거를 찾기 위해 돋보기로 범죄 현장을 샅샅이 수사하고 있다.

probe [próub]

v 면밀히 조사하다(into) (scrutinize); (진상 등을) 규명하다
n 탐사, 면밀한 조사(scrutiny)

an unmanned probe 무인탐사선

Detective Wellbong probes into charges of tax evasion* by Mrs. Bong.
형사 웰봉이는 봉여사의 탈세 혐의를 조사하고 있다.
* tax evasion 탈세

punish [pʌ́niʃ]

v 처벌하다(penalize), 벌주다(for)
↳ **punishment** **n.** 벌, 처벌(penalty)

punish a person for one's crime ~의 죄를 벌하다

Wellbong punished Nyabong for plundering* as a pirate. 웰봉이는 해적으로 노략질한 나봉이에게 벌을 주었다.
* plundering 노략질

imprisoned [imprízn]

a 수감된
↳ **imprison** **v.** 투옥시키다, 감금시키다(put in jail, confine)
↳ **imprisonment** **n.** 투옥, 감금
↳ **prison** **n.** 교도소, 감옥   ↳ **prisoner** **n.** 재소자, 죄수

Bora was imprisoned for beating Wellbong.
보라는 웰봉이를 구타해서 감옥에 갇혔다.

voca plus+ 교도소

sentence 형을 선고하다 **cell** 감방 **custody** 감금, 구류 **detain** 유치, 구류 **bail** 보석금/보석을 허락하다 **release** 석방하다 **amnesty** 사면 **parole** 가석방

attempt [ətémpt]

v 시도하다(make an attempt, give it a try) **n** 시도 (trial)

attempt to solve a problem 문제를 풀어보려고 하다
Prisoner Bora **attempted** to* escape from prison by digging the ground with a spoon.
죄수인 보라는 숟가락으로 땅을 파서 감옥탈출을 시도했다.
* **attempt to V** ~하려고 (어려운) 시도를 하다

(뉘앙스 구별) **시도하다**
try 시도하다(가장 일반적) **endeavor** 시도하다 **seek** ~하려고 하다
pursue 추구하다 **bid** (주로 신문 등에서 사용) 시도

보라의 감옥탈출시도 32일째...

prohibit [prouhíbit]

v ~을 금지시키다(ban, forbid)
└ **prohibited** a. 금하고 있는, 금지된
└ **prohibition** n. 금지

Adolescents under 19 are **prohibited** from accessing harmful media.
19세 미만의 청소년들은 유해매체의 접근이 금지된다.

(수능 빈출표현)
S **prohibit**[stop, keep, prevent, discourage, inhibit, dissuade, forbid] A from V-ing S는 A가 ~를 못하도록 금지하다

이 정보내용은 청소년 유해매체물로서 정보통신망 이용촉진 및
정보보호 등에 관한 법률 및 청소년 보호법의 규정에 의하여
19세 미만의 청소년이 이용할 수 없습니다.

trial [tráiəl]

n 재판; 시도; 시험; 시련

trial and error 시행착오
free **trial** period 무료 체험 기간
The culprit is on **trial** in court.
용의자는 법정에서 재판을 받고 있다.

314

client [kláiənt]

n 의뢰인; 고객

a lawyer and his client 변호사와 의뢰인

Wellbong as a client visited a private detective to solve his problem.
의뢰인 웰봉이는 문제해결을 위해 사설탐정을 찾았다.

swear [swέər]

동사변화 swear–swore–sworn

v 맹세하다; 욕하다(call A names)

swear by[before, to] God 신에게 걸고 맹세하다

Wellbong swore on the Bible he was innocent.
웰봉이는 그의 결백을 성경에 두고 맹세했다.

voca plus+ '맹세하다'의 유의어
vow   pledge   oath

judge [dʒΛdʒ]

v ~을 재판하다, 판단하다
n 재판관, 판사; (경기, 대회 등의) 심사위원, 심판(referee, umpire)
↳ **judgement** **n.** 판단, 판정, 판결

a partial judge 불공평한 재판관

Wellbong was once a promising judge.
웰봉이는 한때 촉망받던 판사였다.

awaken [əwéikən]

동사변화 awake–awoke–awoken

v 깨다(깨우다); 감정을 불러일으키다

Terrible memories were awakened at the sight of Chorok. 초록이를 보자 봉여사는 끔찍한 기억들이 떠올랐다.

뉘앙스 구별 일어나다/깨우다

wake (up) 일어나다(가장 일반적) **arise** 일어나다 **arouse** 깨우다. (감정, 주의, 관심을) 유발하다 **awake** 깨다, 깨우다; (감정 등을) 일깨우다, 깨어 있는 **waken** 깨다, 깨우다

justice [dʒʌ́stis]

n 공평성, 정의

└ **justify** **v.** 정당화시키다, 해명하다, 옹호하다
└ **justification** **n.** 정당화, 해명
└ **just** **a.** 공평한(fair) **ad.** 단지(only), 틀림없이(exactly)

Wellbong deals with all problems in the spirit of justice. 웰봉이는 항상 모든 문제를 정의롭게 처리한다.

The end justifies the means. 목적이 수단을 정당화한다. (격언)

unfairness [ʌnfέərnis]

n 불평등, 부당성(injustice, inequality) ↔ justice(공평성),
↔ equality(평등성)

└ **unfair** **a.** 불공평한(unjust)
make *unfair* profits 부당이득을 취하다

Konggwi was so sad at the unfairness of her mom's remark. 콩쥐는 부당한 엄마의 말에 매우 슬퍼했다.

enforce [infɔ́:rs]

ⓥ 법률을 집행[시행]하다(implement, carry out);
강요하다(compel, force)
∟ **enforced** **a.** 강요된, 강제적인
∟ **enforcement** **n.** 시행, 집행; 강제 *enforcement* date 시행일

enforce a system   제도를 시행하다

The new law is enforced by the proclamation of Bora. 새로운 법이 보라의 공포로 시행되었다.

abolish [əbάliʃ]

ⓥ (법률, 제도 등을) 폐지하다
∟ **abolition** **n.** 폐지

abolish slavery   노예 제도를 폐지하다

Prisoner Wellbong insists that the death penalty should be completely abolished.
죄수 웰봉이는 사형제도가 완전히 폐지되어야 한다고 주장한다.

voca plus+ '폐지하다'의 유의어
do away with   repeal   revoke   abrogate   rescind

involve [invάlv]

ⓥ 포함시키다, 필연적으로 수반하다; 관련시키다, 연루시키다(in);
참여시키다
∟ **involved** **a.** 관여하는, 관련된, 연루된; 열심인
∟ **involvement** **n.** 관련, 참여(participation), 연루, 몰두

Wellbong has involved Nyabong in the mission to defeat their enemy.
웰봉이는 적을 패배시키는 미션에 냐봉이를 끌어 들였다.

수능 빈출표현
be involved in ~에 참여하다, 개입하다

bury [béri]

ⓥ 묻다, 매장하다 ↔ dig, excavate(파다, 발굴하다)
└ **burial** **n.** 매장

bury one's past 과거를 파묻다

Nyabong was **buried** in the ground, asking for help. 냐봉이는 땅에 묻혔고, 도움을 요청했다.

manipulate [mənípjulèit]

ⓥ 조종하다, 조작하다(maneuver); (기계 등을) 솜씨 있게 다루다
└ **manipulation** **n.** 교묘한 조작[조종], 잘 다룸

manipulate public opinion 여론을 조종하다

Wellbong was forced to be **manipulated** by Nyabong. 웰봉이는 강제로 냐봉이에게 조종당했다.

capable [kéipəbl]

ⓐ ～할 수 있는(of) (able) ↔ incapable(～할 수 없는)
└ **capability** **n.** 능력, 역량 ↔ incapability(불능, 무능)

capable of teaching English 영어를 가르칠 수 있는

The burglar was perfectly **capable of** unlocking the safe. 도둑은 금고를 완벽하게 열 수 있었다.

Step 1 다음 영단어의 우리말 뜻을 쓰시오.

theft

pirate

rob

steal

trespass

convey

illegal

offense

guilty

witness

anonymous

investigate

probe

punish

imprisoned

attempt

prohibit

trial

client

swear

judge

awaken

justice

unfairness

enforce

abolish

involve

bury

manipulate

capable

Step 2 다음 밑줄 친 단어의 유의어를 고르시오.

Hint 책갈피로 가리고 이해가 안가는 경우에만 보세요.

1 the anonymous gift
① unpopular   ② analogous   ③ unnamed
④ diverse   ⑤ artificial

2 investigate the accident
① inspire   ② engage   ③ enforce   ④ probe   ⑤ manipulate

3 will be punished
① reminded   ② penalized   ③ published
④ protected   ⑤ prepared

4 strictly prohibited
① proclaimed   ② attempted   ③ destroyed
④ induced   ⑤ banned

5 convey a sense of strength
① escape   ② carry   ③ catch   ④ regret   ⑤ abolish

Step 3 다음 빈칸에 들어갈 알맞은 단어를 고르시오.

1 I was fortunate enough to succeed in my last ....
① theft   ② advent   ③ attempt   ④ crisis   ⑤ shelter

2 A lawyer and a .... are in a lawyer's office together.
① passenger   ② suspect   ③ trial   ④ client   ⑤ beggar

3 The police are cracking down on* .... drugs.
* crack down on ~을 단속하다
① irregular   ② unfair   ③ related   ④ reluctant   ⑤ illegal

4 Peter was arrested on the suspicion of ....
① pursuit   ② biologist   ③ theft   ④ pirate   ⑤ agent

3 We have to .... tobacco advertising for our adolescents.
① register   ② abolish   ③ achieve   ④ desire   ⑤ assign

1 익명의 선물
① 인기 없는   ② 유사한   ③ 익명의
④ 다양한   ⑤ 인공적인

2 사건을 수사하다
① 영감을 주다   ② 종사시키다   ③ 강화하다
④ 조사하다   ⑤ 조종하다, 조작하다

3 처벌받을 것이다
① 상기된   ② 처벌받은   ③ 출판된
④ 보호받은   ⑤ 준비된

4 엄격하게 금지된
① 선포된   ② 시도된   ③ 파괴된
④ 야기된   ⑤ 금지된

5 강렬함을 전달하다
① 달아나다   ② 나르다, 전달하다   ③ 잡다
④ 후회하다   ⑤ 폐지하다

1 다행히도 내 마지막 시도는 성공했다.
① 절도   ② 도래   ③ 시도   ④ 위기   ⑤ 피난처

2 변호사와 의뢰인이 함께 변호사 사무실에 있다.
① 승객   ② 용의자   ③ 시도, 재판
④ 의뢰인   ⑤ 거지

3 경찰은 불법 마약을 단속하고 있다.
① 불규칙적인   ② 불공정한   ③ 관련이 있는
④ 꺼리는   ⑤ 불법의

4 피터는 절도 혐의로 체포되었다.
① 추구   ② 생물학자   ③ 절도   ④ 해적   ⑤ 대리인

5 우리는 청소년들을 위해 담배광고를 폐지해야 한다.
① 등록하다   ② 폐지하다   ③ 성취하다
④ 바라다   ⑤ 할당하다

Step 4 빈칸에 알맞은 단어를 보기에서 골라 쓰시오.

Hint 책갈피로 가리고 이해가 안가는 경우에만 보세요.

보기
| justice | witness | capable |
| awakened | steal | |

1 Rooney is a very .... person with all-round expertise.

2 People respected the judge for fighting for ....

3 The .... made several fallacious statements to the police officer.

4 The dream .... terrible memories in my twenties.

5 I have no tolerance for people who ....

1 루니는 전문성을 두루 갖춘 매우 <u>유능한</u> 사람이다.

2 사람들은 그 판사가 <u>정의</u>를 위해 싸우는 것에 대해 경의를 표했다.

3 <u>목격자</u>는 경찰에게 몇 가지 허위진술을 했다.

4 그 꿈 때문에 이십대의 끔찍한 기억이 <u>되살아났다</u>.

5 남의 것을 <u>훔치는</u> 사람을 용서할 수 없다.

보기
| enforce | swear | manipulate |
| guilty | trespassed | |

6 It's the job of the police to .... the law.

7 Some people attempted to .... the stock price.

8 The suspect was found .... , and put in jail.

9 I .... I will never again do such a thing.

10 Hunters .... onto the farmer's fields.

6 법을 <u>집행하는</u> 것이 경찰이 할 일이다.

7 몇몇 사람들이 주가 <u>조작하는</u> 것을 시도했다.

8 그 용의자는 <u>유죄</u>로 밝혀져 감옥에 갔다.

9 결단코 그런 짓은 두 번 다시 하지 않을 것을 <u>맹세합니다</u>.

10 사냥꾼들은 그 농부의 밭에 <u>무단 침입했다</u>.

▶ 정답은 p.366에

To be a great boxer, you must believe you are the best.

If you are not, pretend you are.

Muhammad Ali

훌륭한 챔피언이 되기 위해서는 네 자신이 최고라는 것을 믿어라.
만일 네가 최고가 아니라도 최고인 것처럼 행동해라.

– 무하마드 알리, 미국의 프로 권투 선수, 세계 챔피언

부록

어휘 정복을 위한
핵심 어법 총정리

법을 알면 단어 암기가 쉬워진다?

문법, 어법 등 '법'이라고 하니 일단 거부감부터 들 수도 있겠다. 하지만 어휘 학습 효과를 높이기 위해 어법에 대한 학습도 함께 병행되어야 한다. 영어는 하나의 언어로 우리말과 다른 나름의 규칙을 가지고 있다. 따라서 어법에 대한 이해 없이 어휘만 외워서는 반쪽짜리 공부밖에는 안 된다.

여기에 어휘 학습을 위해 꼭 필요한 가장 기본적이고 핵심적인 사항들만을 정리해놓았다. 부담 없이 한번 읽어둔다면 여러분의 어휘력을 높이는 데에 많은 도움이 될 것이다.

동사의 시제 변화

동사가 하는 중요한 기능중의 하나가 바로 '시제'이다. 동사는 문장에서 우리 몸의 허리와 같은 역할을 담당하므로 매우 튼튼해야 한다. 시제를 포함하는 동사의 범위를 분명히 인식하여 정확한 문장구조를 파악할 수 있도록 하자

시제 변화표

		단순	진행	완료	완료진행
현재	1인칭	동사원형	am V-ing	have p.p.	have been V-ing
	2인칭		are V-ing		
	3인칭 복수				
	3인칭 단수	동사원형+(e)s	is V-ing	has p.p.	has been V-ing
과거		동사원형+(e)d (혹은 불규칙 변화)	단수 was V-ing	have p.p.	had been V-ing
			복수 were V-ing		
미래		will + 동사원형	will be V-ing	will have p.p.	will have been V-ing

Ex 1 규칙동사 love를 활용한 시제 변화의 예

love	단순	진행	완료	완료진행
현재	love	am loving	have loved	have been loving
	loves	are loving	has loved	has been loving
		is loving		
과거	loved	was loving	had loved	had been loving
		were loving		
미래	will love	will be loving	will have loved	will have been loving

Ex 2 불규칙 동사 go를 활용한 시제 변화의 예

go	단순	진행	완료	완료진행
현재	go	am going	have gone	have been going
	goes	are going	has gone	has been going
		is going		
과거	went	was going	had gone	had been going
		were going		
미래	will go	will be going	will have gone	will have been going

② 동사의 불규칙 삼단 변화

동사원형에 -ed가 붙으면 과거와 과거분사(수동)가 된다. 즉 '했다'와 '~이 된, ~을 당한'의 두 가지 의미를 표현할 수 있다. 하지만 많은 동사들이 -ed가 붙는 규칙변화가 아니라 불규칙적인 형태로 변화한다.

불규칙 동사표

원형	과거(past)	과거분사(p.p)	뜻
arise	arose	arisen	일어나다, 발생하다
be	was/were	been	~이다
bear	bore	born	낳다
beat	beat	beaten	때리다
become	became	become	~이 되다
begin	began	begun	시작하다
bend	bent	bent	구부리다
bet	bet	bet	내기 걸다
bind	bound	bound	묶다
bite	bit	bitten	물다
bleed	bled	bled	피를 흘리다
blow	blew	blown	(바람이) 불다
break	broke	broken	깨뜨리다
breed	bred	bred	번식시키다, 기르다
bring	brought	brought	가져오다, 기르다
build	built	built	짓다
burn	burned / burnt	burned / burnt	불에 타다, 태우다
buy	bought	bought	사다
catch	caught	caught	잡다
choose	chose	chosen	선택하다
come	came	come	오다
cost	cost	cost	비용이 들다, 들게 하다
creep	crept	crept	기다
cut	cut	cut	자르다

원형	과거(past)	과거분사(p.p)	뜻
deal	dealt	dealt	다루다
die	died	died	죽다
dive	dived	dived	물속으로 뛰어들다
do	did	done	~을 하다
draw	drew	drawn	끌다
dream	dreamed	dreamed	꿈꾸다
drink	drank	drunk / drunken	마시다
drive	drove	driven	운전하다
eat	ate	eaten	먹다
fall	fell	fallen	떨어지다
feed	fed	fed	먹이다
feel	felt	felt	느끼다
fight	fought	fought	싸우다
find	found	found	찾다
fly	flew	flown	날다
forbid	forbade	forbidden	금지하다
forget	forgot	forgotten	잊다
freeze	froze	frozen	얼다
get	got	got / gotten	얻다
give	gave	given	주다
go	went	gone	가다
grow	grew	grown	자라다
hang	hung	hung	걸다. 매달다
have	had	had	갖다
hear	heard	heard	듣다
hide	hid	hidden	숨다
hold	held	held	잡다, 유지하다
hurt	hurt	hurt	다치게 하다, 아프다
keep	kept	kept	보유하다, 계속하다
kneel	knelt	knelt	무릎 꿇다
know	knew	known	알다
lay	laid	laid	놓다, 눕히다, 낳다
lead	led	led	이끌다

원형	과거(past)	과거분사(p.p)	뜻
lean	leaned	leaned	기대다
leap	leaped	leaped	뛰어오르다, 도약하다
learn	learned / learnt	learned / learnt	배우다
leave	left	left	떠나다
lend	lent	lent	빌리다
let	let	let	~하게 하다
lie	lay	lain	눕다
lie	lied	lied	거짓말하다
lose	lost	lost	잃다
make	made	made	만들다
mean	meant	meant	의미하다
meet	met	met	만나다
mistake	mistook	mistaken	실수하다
outgrow	outgrew	outgrown	~보다 커지다
overhear	overheard	overheard	우연히 듣다, 도청하다
panic	panicked	panicked	~에 공포를 일으키다
pay	paid	paid	치르다, 지불하다
put	put	put	놓다
quit	quit	quit	그만두다
read	read	read	읽다
ride	rode	ridden	타다
rise	rose	risen	오르다
run	ran	run	달리다
saw	sawed	sawed	톱질하다
say	said	said	말하다
see	saw	seen	보다
seek	sought	sought	찾다, 추구하다
sell	sold	sold	팔다
send	sent	sent	보내다
set	set	set	놓다, 두다
sew	sewed	sewn	바느질하다
shake	shook	shaken	흔들다
shine	shone	shone	빛나다

원형	과거(past)	과거분사(p.p)	뜻
shoot	shot	shot	발사하다
show	showed	showed	보이다, 보여주다
shrink	shrank	shrank	오그라들다
shut	shut	shut	닫다
sing	sang	sung	노래하다
sink	sank	sunk	가라앉다
sit	sat	sat	앉다
sleep	slept	slept	자다
slide	slid	slid	미끄러지다
smell	smelled	smelled	냄새 맡다
sow	sowed	sown	씨를 뿌리다
speak	spoke	spoken	말하다
spill	spilt	spilt	엎지르다
spoil	spoilt	spoilt	망치다, 상하게 하다
spread	spread	spread	펼치다, 뻗다
spring	sprang	sprung	튀다, 뛰어오르다
stand	stood	stood	일어서다
steal	stole	stolen	훔치다
sting	stung	stung	찌르다
strike	struck	struck	치다, 때리다
swear	swore	sworn	맹세하다
swim	swam	swum	수영하다
swing	swung	swung	그네 타다
take	took	taken	잡다
teach	taught	taught	가르치다
tear	tore	torn	찢다
tell	told	told	말하다
think	thought	thought	생각하다
throw	threw	thrown	던지다
undergo	underwent	undergone	훈련을 받다, 겪다
understand	understood	understood	이해하다
undertake	undertook	undertaken	맡다, 착수하다
undo	undid	undone	원상태로 돌리다, 풀다

원형	과거(past)	과거분사(p.p)	뜻
unwind	unwound	unwound	(감긴 것을) 풀다, 펴다
upset	upset	upset	뒤엎다, 당황하게 되다
wake	waked / woke	woken	잠이 깨다
wear	wore	worn	입다
weep	wept	wept	울다
wet	wet	wet	젖다
win	won	won	이기다, 획득하다
wind	wound	wound	감다
withdraw	withdrew	withdrawn	철회하다
write	wrote	written	쓰다

③ 법조동사

문장의 본동사가 다양한 시제나 미묘한 의미의 차이들을 표현할 수 있도록 도와주는 동사를 '조동사'라고 한다. 조동사에는 주조동사, 법조동사, 구조동사가 있다. 여기서는 우리가 보통 조동사라고 부르는 법조동사의 '추측과 의무의 다양한 정도'와 내신이나 수능어법에 자주 출제되는 '법조동사의 과거형'에 대해 알아보기로 한다.

조동사의 종류

종류	역할	예
주조동사	시제나 수동태, 의문문, 부정문 등을 만들 수 있게 도와줌	be, do, have
법조동사	의무와 추측의 다양한 정도를 표현하는 데 기여함	will, would, can, could, may, might, must, shall, should
구조동사	2~3단어가 함께 조동사의 역할을 함	used to(~하곤 했다), have to(~해야 한다), had better (~하는 편이 낫다), be going to(~할 것이다), be able to (~할 수 있다) 등

(1) 추측과 의무의 다양한 정도

❶ must: (90%) 강한 의무와 추측

All of us **must** make an effort to love each other
우리 모두는 서로 사랑하기 위해 노력해야만 한다.

❷ will/would: (90%) 미래, 강한 의지와 추측

I **will** find the happiness I have searched for at all costs.
나는 내가 찾고자했던 행복을 기필코 찾을 것이다.

❸ can/could: (50% 미만) 능력, 허가와 약한 추측

You **can** improve your vocabulary with this book.
당신은 이 책으로 어휘력을 향상시킬 수 있다.

❹ should: (50%) 충고와 추측

Each country **should** try to reduce greenhouse gases.
각국은 온실가스를 감소하도록 노력해야 한다.

❺ may/might: (50%미만)

We need to admit that our thoughts **may** be wrong.
우리는 우리의 생각이 틀릴 수도 있다는 것을 인정할 필요가 있다.

(2) 조동사의 과거형 〈조동사 + have p.p.〉

could have p.p. ~했을 수도 있었다

must have p.p. ~했음에 틀림없다

would have p.p. ~하려고 했었다

may have p.p. ~했을지도 모른다

might have p.p. ~했을 뻔 했다

should not have p.p. ~하지 않았어야 했다

can't have p.p. ~했을 리가 없다

must not have p.p. ~하지 않았음에 틀림없다

would not have p.p. ~하지 않으려고 했었다

may not have p.p. ~하지 않았을 지도 모른다

should have p.p. ~했어야만 했다

❹ 비교 변화

형용사와 부사는 상태, 성질, 수량 등을 비교하는 기능이 있다. 비교에는 원급, 비교급, 최상급의 세 가지 급이 있다. 이들이 일정한 규칙으로 바뀌는 것을 규칙 변화, 전혀 다른 형태로 바뀌는 것을 불규칙 변화라고 한다. 특히 불규칙 변화는 독해지문에서 자주 등장하므로 반드시 암기하여야 한다.

(1) 규칙 변화

❶ -er, -est 유형

- 1음절 형용사와 부사는 원급에 -er(비교급), -est(최상급)을 붙인다.

strong – strong**er** – strong**est**   fast – fast**er** – fast**est**

- -e로 끝나는 단어는 -r, -st를 붙인다.

large – large**r** – large**st**   nice – nice**r** – nice**st**

- 「단모음 + 단자음」은 마지막 자음을 하나 더 쓰고 -er, -est를 붙인다.

big – big**ger** – big**gest**   thin – thin**ner** – thin**nest**

- 「자음 + y」로 끝나면 y를 i로 바꾸고 -er, -est를 붙인다.

early – earl**ier** – earl**iest**   happy – happ**ier** – happ**iest**

❷ more, most 유형

- 2, 3음절 이상의 형용사나 부사는 원급 앞에 more(비교급), most(최상급)을 붙인다.

important – **more** important – **most** important

- -al, -able, -less, -ful, -ous, -ive, -ing, -ed로 끝나는 2음절 이상의 단어

famous – **more** famous – **most** famous

- 「형용사 + -ly」 형태의 부사

slowly – **more** slowly – **most** slowly

- 1음절이라도 more, most가 붙는 예외적인 경우도 있다.

right   wrong   just   false

(2) 불규칙 변화

원급	비교급	최상급	뜻
good	better	best	좋은
well	better	best	잘
bad	worse	worst	나쁜
ill	worse	worst	나쁘게
old	older	oldest	(나이가) 많은
old	elder	eldest	(항렬이) 위인
late	later	latest	(시간이) 늦은
late	latter	last	(순서가) 나중인
far	farther	farthest	(거리가) 먼
far	further	furthest	(정도가) 더 한
many	more	most	(수가) 많은
much	more	most	(양이) 많은
few	fewer	fewest	(수가) 적은
little	less	least	(양이) 적은

❺ 대명사의 격변화와 재귀대명사

대명사는 말 그대로 명사 혹은 명사 상당어구를 대신하는 단어이다. 대명사에는 막연한 것을 대신하는 **부정대명사**(one, another, the other(s), others), 이것 혹은 저것을 말하는 **지시대명사**(this, these, that, those), 내 것인지 너의 것인지를 나타내는 **소유대명사**, 사람을 지시하는 **인칭대명사**, 주어가 목적어 자리 등에 다시 나올 때 사용하는 **재귀대명사**, 주절의 명사를 설명하기 위해 종속절에 있는 명사를 대신해서 연결하는 **관계대명사**가 있다.

(1) 격

격	의미	문장에서의 역할	문장에서의 위치
주격	~은[는], ~이[가]	동작, 상태의 주체	주어, 주격 보어
목적격	~을[를], ~에게	동작의 대상	목적격, 목적격 보어
소유격	~의	수식받는 명사의 소유주	명사 앞

(2) 인칭대명사의 격변화표

주로 사람을 지칭할 때 쓰이는 대명사를 '인칭대명사'라고 한다.

수	인칭	주격	소유격	목적격	소유대명사	재귀대명사
단수	1인칭	I	my	me	mine	myself
	2인칭	you	your	you	yours	yourself
	3인칭 남성	he	his	him	his	himself
	3인칭 여성	she	her	her	hers	herself
	3인칭 중성	it	its	it	(its)	itself
복수	1인칭	we	our	us	ours	ourselves
	2인칭	you	your	you	yours	yourselves
	3인칭	they	their	them	theirs	themselves

(3) 관계대명사 격변화

관계대명사는 '접속사 + 대명사'의 역할을 하는 대명사로서 문장에서의 역할에 따라서 형태가 달라진다.

선행사	주격	소유격	목적격
사람	who	whose	whom
사물	which	whose/of which	which
사람/사물/동물	that	×	that
선행사 포함	what	×	what

(4) 관용적으로 쓰이는 재귀대명사

for oneself 혼자 힘으로   by oneself 혼자, 홀로

of itself 저절로   to oneself 스스로에게

in itself 본래, 본질적으로   beside oneself 제정신이 아닌

pride oneself on ~을 자랑스러워하다   avail oneself on ~을 이용하다

어법적 기능을 알려주는 helper들

단어 끝의 철자를 통해서 단어의 품사와 어법적 기능을 알 수 있다.

	형태	역할	예문
명사(N)	N-(e)s N-ies	명사의 복수형	My son has many **dreams**. 내 아들은 꿈이 많다. There are a few **dishes** to wash. 설거지할 접시가 좀 있다. My daughter has three **hobbies**. 내 딸은 취미가 세 가지이다.
	N-ed N-ly	형용사	I am more **experienced** than him. 나는 그보다 경험이 더 많다. My wife is **friendly** to people. 내 아내는 사람들에게 친절하다.
형용사(Adj)	Adj-ly	부사	I want us to live together **peacefully**. 난 너와 평화롭게 살고 싶다.
	Adj-er	비교급	The room got **cooler**. 방이 추워졌다.
	Adj-est	최상급	This place is the **coolest**. 이 장소는 가장 추운 곳이다.
	more Adj	비교급	I found **more effective** way to learn English. 나는 영어를 배울 더 효과적인 방법을 발견했다.
	most Adj	최상급	I found the **most effective** way to learn English. 나는 영어를 배울 가장 효과적인 방법을 발견했다.
동사(V)	V-(e)s V-ies	주어가 3인칭 단수 현재시제	She **reads** the Bible everyday. 그녀는 성경을 매일 읽는다. She **goes** to church with her family every Sunday. 그녀는 일요일마다 가족과 함께 교회에 간다. My mom **studies** English very hard although she is over 70. 나의 어머니는 70세이지만 영어를 매우 열심히 공부한다.
	V-ed	과거시제	Hanna **talked** about her love story. 한나는 자신의 러브 스토리에 대해 이야기했다.
		동사의 형용사화	Our brains involve a more **complicated** system. 우리의 뇌는 더 복잡한 시스템을 포함한다. I had my watch **repaired**. 나는 시계를 수리했다.
		과거분사	I have **lived** in Korea for 5 years. 나는 5년 동안 한국에서 살았다.
	V-ing	진행형	She is **making** a cake for her husband. 그녀는 남편을 위해 케이크를 만들고 있다.
		능동형	The window **overlooking** the ocean is so wide. 바다를 바라보는 창문이 아주 넓다. Chris has published a book **containing** descriptions of Maldives. 크리스는 몰디브에 대한 묘사를 담은 책을 출판했다.

❼ 수능 빈출 연결사 정리

역대 수능과 평가원에서 소개된 연결어들이다. 이번 기회에 모조리 암기하자. 접속사, 접속부사, 전치사 그리고 연결의 기능이 있는 표현들을 모두 '연결사'라고 간주한다.

기능	연결어	의미
예시	for example	예를 들면
	for instance	
	as an example	
	as an illustration	
이유, 원인	because of	~때문에
	due to	
	owing to	
	on account of	
	thanks to	~때문에, ~덕택에
결론, 결과	therefore	따라서, 그래서, 그러므로
	thus	
	so	
	hence	
	accordingly	
	as a result	
	for this reason	
	That is why	
	consequently	결과적으로
	as a consequence	
	in conclusion	
	as a result	

기능	연결어	의미
비교	likewise	이와 마찬가지로
	similarly	
	in the same way	
	by/in comparison	그에 비해, 비교하면
대조/역접	in/by contrast	그와 대조적으로
	on the other hand	다른 한편으로는
	nevertheless	그럼에도 불구하고
	nonetheless	
	in spite of	
	however	그러나
	but	
	yet	
	still	
	though* * 앞뒤에 콤마(comma)가 있고 소문자일 때는 역접의 의미	
	on the contrary	그와는 정반대로
	contrary to ~	
	conversely	
	while	반면에
	whereas	
	instead (of)	대신에
	unlike	~와는 다르게
	at first	처음에는(시간상의 대조)
	initially	
	in the beginning	
	at other times	다른 때에는
	at the same time	동시에, 하지만
	in the past	과거에는
	in fact	사실은
	as a matter of fact	
	actually	그게 아니라 오히려

기능	연결어	의미
열거, 첨가	also	게다가, 또한
	in addition (to)	
	additionally	
	moreover	
	besides	
	what is more	
	as well	
	furthermore	더군다나
	to begin with	우선, 첫째로
요약	in brief	요약하면
	in short	
	in a word	
	to put it simply	
	in summary	
	to sum up	
	in sum	
	simply	
	in a nutshell	
	briefly/in brief	
부연, 환언	that is (to say)	즉, 다시 말해서
	in other words	
	namely	
	to put another way	
조건	otherwise	그렇지 않으면
강조	above all	무엇보다도
	by all means	반드시
	indeed	참으로
	surprisingly	놀랍게도

기능	연결어	의미
화제전환	at any rate	어쨌든, 하여튼
	at last	마침내
	finally	
	at length	
	at most	기껏해야
	by the way	그런데
기타	fortunately	운 좋게도
	unfortunately	불운하게도
	in effect	그 결과, 사실상, 요약하면
	best of all	가장 좋은 것은
	worst of all	가장 나쁜 것은
	except	~을 제외하고
	regardless of	~에 상관없이
	irrespective of	
	including	~을 포함하여
	considering	~을 고려하면
	once S V	일단 S가 V하게 되면
	as it were	이를테면, 말하자면
	so to speak	
	what is worse	설상가상으로
	simultaneously	동시에

❽ 수능 유형별 선택지 빈출 표현 정리

실제 수능 시험과 평가원 모의고사의 유형별 선택지에서 자주 출제되는 단어와 표현들을 정리하였으니 암기해두자.

(1) 분위기

peaceful 평화로운
scary 무서운, 겁나는
frightening 무서운
weird 기이한
threatening 위협적인
urgent 긴급한
romantic 애정의
monotonous 단조로운
festive 축제 (분위기)의
noisy 시끄러운
thrilling 아주 신나는, 황홀한
miserable 비참한
pastoral 목가적인, 전원풍의
desperate 절망적인
merry 즐거운, 명랑한
frustrating 좌절감을 주는
mysterious 신비스러운
friendly 다정다감한, 친절한
funny 웃기는
boring 지루한
pitiful 가엾은, 불쌍한
promising 유망한, 촉망되는
hopeful 희망에 찬
relaxing 마음을 느긋하게 해주는
encouraging 힘을 북돋아주는
fresh 신선한, 새로운

humorous 익살스러운
stressful 스트레스가 많은
dynamic 역동적인
spectacular 장관을 이루는
silent 고요한
regretful 후회하는
delightful 즐거운
idle 게으른, 나태한
grave 심각한
cynical 냉소적인
skeptical 회의적인, 의심하는
inspiring 격려하는
depressing 우울하게 만드는
disheartening 낙담하게 하는
secretive 비밀스러운
dangerous 위험한
wearisome 지루한, 싫증나는
quiet 조용한
dull 따분한, 재미없는
grotesque 터무니없는
pleasant 즐거운, 유쾌한
comic 웃기는
passionate 열정적인
fantastic 환상적인
moving 감동적인
touching 감동적인

(2) 심정 및 심경

flattered 우쭐해진
afraid 두려워하는
proud 자랑스러운
angry 화난
furious 몹시 화가 난
bored 지루한
tedious 지루한
sorrowful 슬픈
uninterested 관심 없는
nervous 긴장한
worried 걱정스러운
relaxed 느긋한
comfortable 편안한
safe 안전한
relieved 안도하는
satisfied 만족한
pleased 기쁜
indifferent 무관심한
amused 재미있어 하는
jealous 질투하는
irritated 짜증이 난
sympathetic 동정적인
terrified 공포에 질린
annoyed 짜증이 난
embarrassed 당황스러운
calm 침착한, 차분한
frightened 겁먹은
envious 시기하는
surprised 놀란
lonely 외로운

delighted 기쁜
impressed 감동을 받은
thankful 고맙게 생각하는
grateful 감사하는
upset 속이 상한
lively 활기 넘치는
vivid 생생한
excited 흥분한, 들뜬
anxious 불안해하는
concerned 염려하는
anticipating 기대하는
confident 확신하는
hopeful 희망에 찬
hopeless 가망 없는
depressed 우울한
sad 슬픈
frustrated 좌절하는
fearful 두려워하는
ashamed 창피한
horrified 겁에 질린
disappointed 실망한
apologetic 사과하는
tense 긴장하는
fascinated 매료된
discouraged 낙담한
curious 호기심이 많은
joyful 아주 기뻐하는
gloomy 우울한
confused 혼란스러운
composed 침착한

puzzled 어리둥절해하는

thoughtful 조용히 생각에 잠긴

optimistic 낙관적인

pessimistic 비관적인

objective 객관적인

guilty 죄의식을 느끼는

resentful 분개하는

alarmed 불안해하는, 두려워하는

(3) 제목 찾기 선택지 빈출 표현

how to ~하는 방법

the effects of A on B A가 B에 미치는 영향

types of ~의 유형

the control of ~의 통제

the results of ~의 결과

the role of ~의 역할

the causes of ~의 원인

the change in ~의 변화

limitations of ~의 한계

concerns about ··~에 대한 걱정, 우려

the kinds(sorts) of ~의 종류

origins of ~의 기원

influences of ~의 영향

ways to ~를 하는 방법

the importance of ~의 중요성

the division of ~의 분할

the beginning of ~의 시작

the function of ~의 기능

the creativity of ~의 창의성

the difficulty of ~의 어려움

the demand for ~에 대한 요구

the advantages of ~에 대해 유리한 점

the benefits of ~의 이득

the means of ~의 수단

the theory of ~의 이론

the lack of ~의 결핍

the freedom to ~에 대한 자유

simplicity of ~의 단순함

techniques of ~의 기술

distinguishing A from B B로부터 A를 구별하기

the use of ·~의 사용

the problems of ~의 문제

conditions for ~의 상태

trends in ~의 경향, 추세

significance of ~의 중요성

differences between A and B A와 B 사이의 차이점

varieties of ~의 다양성

development of ~의 발전

the consequences of ~의 결과

the relationship between A and B A와 B사이의 관계

characteristics of ~의 특징

the process of ~의 과정

the need for ~에 대한 필요

(4) 도표에 자주 사용되는 단어

❶ 증가, 감소, 발전, 변화를 나타내는 표현

증가	increase, growth, rise, go up, soar, multiply, add to, hike
감소	decrease[decline, drop, cut, cutback, reduction, diminish, go down] from A to B
발전	advance[development, improvement] by + 수치
변화	change
배수	two[three, four] times as ~ as A A보다 2[3,4]배 더 ~한

❷ 증가, 감소, 발전, 변화의 동사/형용사를 수식하는 부사

gradually 점차적으로
steadily 꾸준히
sharply 급격하게
dramatically 급격하게, 극적으로
considerably 상당히, 매우
drastically 급격하게

increasingly 점점 더, 점증적으로
rapidly 급속도로
significantly 상당히, 매우
substantially 실질적으로, 충분히
remarkably 현저하게, 두드러지게
noticeably 눈에 띄게, 현저하게

❸ 기타 도표 관련 어휘

above ~위에
account for ~의 비율을 차지하다
figure 숫자, 그림
average 평균, 평균의
match 일치하다
up to ~까지
overall 전부의
rank 순위, 순위를 차지하다

trend 추세, 경향, 추이
compared to ~와 비교하면
combined 결합된
participant 참가자
both A and B A와 B 둘 다
proportion 비율
besides ~외에
from A to B A에서 B까지

❾ 수능 출제 속담 정리

속담도 수능에 자주 출제된다. 매해 출제되는 것은 아니라도 출제 빈도가 높은 편이므로 한번 짚고 넘어가도록 하자.
(2003~2005년, 2007~2009년, 2011~12년은 수능 미출제)

1994년 1차

Hunger is the best sauce. 시장이 반찬이다.

Relaxation is the best at table. 식사할 때 가장 좋은 것은 긴장을 푸는 것이다.

A hungry man is an angry man. 배고픈 사람은 화내게 된다. (수염이 석 자라도 먹어야 산다)

To the hungry no bread is bad. 배고픈 사람에게는 맛없는 빵은 없다.

Doctors cure more than diet. 병을 고치는 데는 식이요법보다 의사가 낫다.

1994년 2차

All that glitters is not gold. 반짝인다고 다 금은 아니다.

Better late than never. 늦어도 안하는 것보다 낮다.

Never judge from appearances. 사람을 외모로 판단하지 마라.

Don't cry before you are hurt. 아프기도 전에 고함을 지르지 마라.

Times flies like an arrow. 시간은 화살같이 날아간다.

1995년

Time and tide wait for no man. 세월은 사람을 기다려주지 않는다.

A sound mind in a sound body. 건강한 신체에 건강한 마음이 깃든다.

Do to others as you would be done by. 네가 대접받고 싶은 대로 남을 대접하라.

Lend your money and lose your friend. 돈을 빌려주면 친구를 잃는다.

A friend in need is a friend indeed. 어려울 때의 친구가 진짜 친구이다.

1996년

First come, first served. 먼저 온 사람이 먼저 대접받는다.

Easier said than done. 말하는 것이 실천하는 것보다 쉽다.

No news is good news.　무소식이 희소식이다.

Ignorance is bliss.　무지가 축복이다. (모르는 게 약이다.)

Water will wear away stone.　물이 돌을 닳게 한다. (낙숫물이 바위를 뚫는다)

1997년

Look before you leap.　뛰기 전에 보아라. (돌다리도 두드려 보고 건너라.)

Blood is thicker than water.　피는 물보다 진하다.

The pot calls the kettle black.　가마솥이 주전자 보고 검다고 한다. (똥 묻은 개가 겨 묻은 개 나무란다)

Slow and steady wins the race.　느리고 꾸준한 것이 경주를 이긴다. (드문드문 걸어도 황소걸음)

Two heads are better than one.　머리 두 개가 하나보다 낫다. (백지장도 맞들면 낫다.)

1998년

A problem shared is a problem halved.　공유된 문제는 반으로 나눠진 문제이다. (고통을 나누면 반이 된다.)

1999년

No news is good news. (재출제) 무소식이 희소식이다.

Like father, like son.　부전자전

Many drops make a shower.　물방울이 모여 소나기가 된다. (티끌 모아 태산)

Strike while the iron is hot.　쇠는 뜨거울 때 쳐라.

There is no place like home.　집 같은 곳이 없다. (내 집보다 더 좋은 곳은 없다.)

Practice makes perfect.　연습은 완전함을 이룬다.

Easier said than done. (재출제) 말하는 것이 실천하는 것보다 쉽다.

Out of sight, out of mind.　보이지 않으면 마음에서 멀어진다.

A friend in need is a friend indeed. (재출제) 어려울 때의 친구가 진짜 친구이다.

A picture is worth a thousand words.　한 장의 사진이 천 마디 말의 가치가 있다. (백문이 불여일견)

2000년

Actions speak louder than words.　행동은 말보다 더 큰 소리를 낸다. (행동이 말보다 더 중요하다)

Don't put all your eggs in one basket.　모든 달걀을 한 바구니에 넣지 말라.
(재산이나 희망을 모두 한곳으로 쏟아 부으면 다 잃을 수 있다)

One man' music is another man's noise.　한 사람에게는 음악이라도 다른 사람에게는 소음이 된다.

Every man knows his own business best. 누구든지 자신의 일은 자신이 가장 잘 안다

The whole is more than the sum of its parts. 전체는 부분의 합보다 크다.

2001년

Look before your leap. 뛸 곳을 먼저 보고 뛰어라. (돌다리도 두들겨 보고 건너라)

Like father, like son. 부전자전

No news is good news. 무소식이 희소식

Out of sight, out of mind. 눈에서 멀어지면, 마음에서도 멀어지는 법

Rome was not built in a day. 로마는 하루아침에 이루어지지 않았다.

2002년

Still waters run deep. 잔잔한 물은 깊다. (생각이 깊은 사람은 조용하다.)

It never rains but it pours. 안 좋은 일은 겹쳐서 일어나기 마련이다. (불운은 한꺼번에 닥친다.)

It's the nature of water to run downhill. 물은 아래로 흐르는 것이 순리이다. (모든 일은 순리가 있기 마련이다.)

Water is best but diamonds shine like stars. 다이아몬드는 별같이 빛나나 물이 최고다.

When the well's dry, we know the worth of water. 우물물이 마른 후에 물의 가치를 안다.

2006년

한글로 출제

인내는 쓰다. 그러나 그 열매는 달다.

개구리 올챙이 적 생각 못한다.

실패는 성공의 어머니이다.

돌다리도 두드려 보고 건너라.

인생은 짧다. 그러나 예술은 길다.

2010년

Old habits die hard. 묵은 습관은 버리기 힘들다.

Time waits for no man. 세월은 사람을 기다리지 않는다.

Two heads are better than one. (재출제) 백짓장도 맞들면 낫다.

Actions speak louder than words. (재출제) 행동은 말보다 큰소리로 말한다. (말보다 행동)

A bird in the hand is worth two in the bush. 손 안에 든 새 한 마리는 풀숲에 있는 두 마리 새의 가치가 있다.

ANSWERS

쉠터벌 어휘 학습 후에 나오는 테스트들의 정답이 정리되어 있습니다.
절취선을 잘라 사용하시면 휴대와 정답 채점이 더욱 편리합니다.

Test 1 정답   p. 27~29

Step 1

spine
척추, 등뼈, 가시

flesh
살, 고기, 피부

pulse
맥박, 고동; 맥박 치다, 고동치다

organ
장기, 기관, 오르간(악기)

throat
목구멍

nerve
신경, 긴장, 대담성; 용기를 내어 ~하다

breathe
호흡하다, 숨을 쉬다

digest
음식을 소화시키다, 내용을 이해하다, 요약하다; 요약, 개요

tickle
간지럼을 태우다, 간질이다

shed
눈물을 흘리다, (빛 등을) 발산하다, (옷 등을) 벗다; 작은 헛간

glimpse
잠깐 보다, 언뜻 보다; 잠깐 봄, 언뜻 봄

glance
힐끗 보다; 힐끗 봄

short-sighted
근시안의, 선견지명이 없는

observe
관찰하다, 준수하다, 알아차리다, 의견을 말하다, 축하하다

scan
(대충) 훑어보다, 유심히 살피다, 정밀 검사하다, 스캔하다

transparent
투명한, 속이 뻔히 들여다보이는

pupil
동공, (어린)학생

inaudible
들리지 않는

overhear
우연히 엿듣다

fragrance
향기, 향, 향수

contact
접촉, 연락, 친교; 연락하다

itch
가렵다, ~하고 싶어 근질거리다

grasp
꽉 잡다, 움켜잡다, 완전히 이해하다

grab
붙잡다, 움켜잡다

embrace
포옹하다, 껴안다

crawl
기어가다, 기다

bare
발가벗은

quench
(갈증 등을) 해소시키다, (불 등을) 끄다

devour
게걸스럽게 먹다, 먹어치우다

swell
부풀다, 팽창하다

Step 2   **1.** 4   **2.** 3   **3.** 2   **4.** 5   **5.** 3
Step 3   **1.** 2   **2.** 3   **3.** 5   **4.** 4   **5.** 3

Step 4
1. overheard 2. organs
3. devoured 4. observed
5. glimpse 6. crawling
7. Grasp 8. short-sighted
9. inaudible 10. spine

Test 2 정답 p. 47~49

Step 1

obese
과체중의, 비만의

sturdy
(몸이) 억센, 튼튼한, 힘센

lift
(힘들여) 들어 올리다; 엘리베이터

invigorate
기운 나게 하다, 활기를 북돋우다

lively
활기[생기] 넘치는, 생생한

stout
통통한, 뚱뚱한, 튼튼한, 용감한

immune
면역성이 있는

sensitive
민감한, 예민한

suffer
시달리다, 고통 받다, (아픔을) 겪다

impair
손상시키다, 악화시키다

refuse
거부하다, 거절하다; 쓰레기

cause
~을 야기하다; 원인, 이유, 대의명분

soothe
달래다, 위로하다, 누그러뜨리다, 완화시키다

recover
회복되다

plague
전염병, 유행병; 괴롭히다

scar
상처[흉터]를 남기다; 상처, 흉터, 자국

germ
세균, 미생물

disabled
장애를 가진, 불구의

fatigue
피로, 피곤; 지치게 하다

sting
쏘다, 찌르다; 찌르기, 쏘기, 심한 고통, 침, 가시

symptom
증상, 징후

infected
전염된, 오염된

prescription
처방전, 규정, 법규

diagnose
진단하다

injection
주사, 주입

psychiatrist
정신과 의사

medical
의학의, 의료의

surgery
수술

pesticide
농약, 살충

tablet
정제, 명판

hardy
(척박한 환경에도) 강인한

prevent
예방하다, 방해하다

fatal
치명적인, 죽음을 초래하는; 운명 짓다

paralyze
마비시키다

dependent
의존하는, 의지하는, 의존적인

aspire
열망하다, 염원하다

side-effect
부작용

addict
중독자; (나쁜 버릇, 습관 등에) 중독되다, 몰두시키다

procedure
절차, 순서

examine
검사하다, 진찰하다, 조사하다, 검토하다, 시험을 실시하다

misuse
남용[오용, 악용]하다; 학대하다; 남용, 오용, 악용, 학대

entail
수반하다

Step 2　1. 3　2. 4　3. 4　4. 3　5. 3
Step 3　1. 2　2. 3　3. 4　4. 5　5. 4
Step 4　1. injection　2. diagnose
　　　　3. prescription　4. infected
　　　　5. sting　6. symptoms
　　　　7. immune　8. disabled
　　　　9. germs　10. scar

Test 3 정답　　　　p. 61~63

Step 1

gender
성, 성별

select
선택하다

infant
유아, 젖먹이, 아기; 유아(용)의, 초기의

nurture
기르다, 양육하다, 재배하다

sacrifice
희생, 희생물, 제물; 희생하다, 제물로 바치다

affection
애정, 정

growth
성장, 증가

intimate
친밀한, 친숙한

bond
유대, 결속, 채권, 접착제 본드; 유대를 맺다, 접착시키다

assist
돕다, 원조하다

adolescent
청소년(의)

hospitality
환대, 후대

grateful
고마워하는, 감사하는

prominent
눈에 잘 띄는, 두드러진, 유명한

companion
동료, 친구, 벗, 동무, 동행

relationship
관계, 관련, 친척관계

reconcile
조화시키다, 화해시키다

resume
다시 시작하다

prestigious
명성이 있는, 명문의, 유명한; 명성

greet
~에게 인사하다, 환영하다

resemble
닮다, 비슷하다

acquaintance
아는 사람, 알고 지냄, 면식

individual
각각의, 개인의

crowd
군중, 인파

Step 2　1. 2　2. 3　3. 4　4. 3　5. 4

Step 3 **1.** 2 **2.** 5 **3.** 4 **4.** 3 **5.** 4
Step 4 **1.** acquaintance **2.** adolescents
3. affection **4.** prestigious
5. relationship **6.** individual
7. reconcile **8.** hospitality
9. resumed **10.** crowd

Test 4 정답   p. 73~75

Step 1

encounter
우연히 마주치다, 직면하다; 뜻밖의 만남, 충돌

attract
끌다, 마음을 끌다

crave
갈망하다, 간청하다, 애원하다

impress
~에게 깊은 인상을 주다, 감동시키다, (도장 등을) 찍다

introduce
소개하다, 도입하다

inappropriate
부적절한, 부적합한

pregnant
임신한

welfare
안녕, 행복, 복지후생

fate
운명(특히 좋지 않은), 운명 짓다

survive
살아남다, ~보다 오래 살다

inevitable
피할 수 없는, 불가피한

coffin
관(棺)

dynamics
원동력, [물리] 역학

inherited
상속한, 유전의

heritage
유산, 전승

heredity
유전

ancestor
조상, 선조

offspring
자식, 새끼

orphan
고아; 고아로 만들다

conventional
관습적인, 전통적인

institution
기관, 단체, 협회, 제도, 관례, 관습

reputation
평판, 명성

eminent
저명한, 탁월한

refer
(~을) (…에게) 보내다, 언급하다, 참조하다, 관련이 있다

Step 2 **1.** 1 **2.** 3 **3.** 4 **4.** 4 **5.** 2
Step 3 **1.** 4 **2.** 2 **3.** 2 **4.** 2 **5.** 4
Step 4 **1.** encountered **2.** heredity
3. institution **4.** inappropriate
5. pregnant **6.** welfare
7. survive **8.** inherited
9. ancestors **10.** orphan

Test 5 정답   p. 89~91

Step 1

generous
후한, 관대한

sociable
사교적인, 붙임성 있는

reliable
믿을 수 있는, 신뢰할 수 있는

wholesome
건전한, 건강에 좋은

humble
겸손한, 비천한

affirmative
긍정의; 긍정

patient
참을성 있는, 인내심 있는; 환자

obstinate
고집 센

rigid
엄격한, 경직된

behavior
행동, 행실, 태도, 품행

conduct
처신하다, 실시하다, 지휘하다, 안내하다, 전도하다; 행위, 수행

adopt
채택하다, 입양하다

attitude
태도, (몸의) 자세

confident
자신감 있는, 확신하는

ambitious
야망, 포부, 야심

passionate
열정적인, 열렬한

volunteer
지원자, 자원 봉사자; 자원하다, 자원 봉사로 하다

courageous
용기 있는, 담력 있는

spontaneous
자발적인, 자연스러운

virtue
미덕, 덕목, 장점

respect
존경, 존중, 관계; 존경하다, 존중하다

steady
꾸준한, 변함없는, 한결같은, 고정된, 흔들림 없는

courteous
공손한, 정중한

curious
호기심이 많은

temperament
기질, 성향

tendency
성향, 기질, 추세

determined
단단히 결심한, 단호한

resolute
확고한, 결단력 있는

motivated
자극받은, 동기가 부여된

dare
감히 ~하다

Step 2 1. 4 2. 5 3. 1 4. 4 5. 2
Step 3 1. 3 2. 4 3. 5 4. 3 5. 2
Step 4 1. steady 2. attitude
3. behavior 4. volunteer
5. tendency 6. adopted
7. obstinate 8. respect
9. virtues 10. temperament

Test 6 정답   p. 103~105

Step 1

incline
(마음이) ~쪽으로 기울다, (~쪽으로) 경사지다

prone
~의 경향이 있는, ~하기 쉬운, 엎드린

pretend
~인 체하다, 가장하다

neutral
중립적인, 중립의

serious
심각한, 진지한

solemn
침통한, 엄숙한

passive
수동적인, 소극적인

brutal
잔인한, 야만적인

fierce
사나운, 맹렬한, 격렬한

harsh
거친, 가혹한, 냉혹한, 혹독한

severe
극심한, 가혹한, 엄격한

aggressive
공격적인, 진취적인

ruthless
무자비한, 인정사정없는

drastic
(변화 등이) 과감한, (수단 등이) 철저한, 급격한

radical
급진적인, 과격한, 근본적인, 철저한

reckless
무모한, 앞뒤를 가리지 않는

arrogance
오만, 거만

greedy
탐욕스러운, 욕심 많은

negative
부정적인, 소극적인; 부정, 반대

tease
놀리다; 놀려대기

jealous
질투하는, 시기하는

flatter
아첨하다, 알랑거리다

complimentary
칭찬하는, 무료의

applause
박수갈채, 환호; 박수갈채를 보내다

boast
자랑하다, 뽐내다; 자랑(거리)

favorable
호의적인, 유리한

partial
부분적인, 편애하는

bias
편견, 선입견, 성향

disappointed
실망한, 낙담한

complain
불평하다

Step 2 **1.** 2 **2.** 5 **3.** 4 **4.** 3 **5.** 4
Step 3 **1.** 3 **2.** 5 **3.** 2 **4.** 3 **5.** 4
Step 4 **1.** pretend **2.** inclined
           3. serious **4.** solemn
           5. flattering **6.** greedy
           7. complimentary **8.** severe
           9. radical **10.** prone

Test 7 정답   p. 119~121

Step 1

awkward
어색한, 난처한, 서투른

treat
대(우)하다, 취급하다, 치료하다, 대접하다, 한턱내다; 대접, 한턱

hostility
적의, 적개심

cordial
마음에서 우러난, 진심의, 다정한

gratify
기쁘게 하다, 충족시키다, 만족시키다

amuse
즐겁게 해주다

gloomy
우울한, 음산한

pleasure
기쁨, 즐거움, 유쾌함

optimistic
낙관적인

satisfaction
만족, 흡족

considerate
사려 깊은

intensive
집중적인

responsibility
책임, 책무

principle
원칙, 원리

devote
(몸, 노력, 시간 등을) 바치다

exaggerate
과장하다

squeeze
(손으로 꼭) 짜다, 짜내다, (좁은 곳에) 밀어 넣다

lower
낮추다, 내리다; 더 낮은

diligent
근면한, 성실한

strenuous
힘이 많이 드는, 분투하며 노력하는

aid
원조, 지원, 도움; 돕다, 원조하다

extinguish
불을 끄다

tremble
떨(리)다

plunge
뛰어들다, 거꾸러지다, 찌르다; 떨어져 내림, 급락

torture
고문하다, 괴롭히다; 고문, 고통

resist
저항하다

discard
(불필요한 것을) 버리다, 폐기하다

inspect
점검하다, 검사하다

impulse
충동, 자극

praise
칭찬하다, 찬송하다, 찬미하다; 칭찬

Step 2 **1.** 4 **2.** 3 **3.** 2 **4.** 4 **5.** 5
Step 3 **1.** 1 **2.** 3 **3.** 5 **4.** 2 **5.** 4
Step 4 **1.** awkward **2.** treats
      3. intensive **4.** principle
      5. devote **6.** exaggerated
      7. resisted **8.** discard
      9. impulse **10.** praise

Test 8 정답   p. 133~135

Step 1

frighten
겁먹게 만들다, 놀라게 만들다

astound
깜짝 놀라게 하다

attach
붙이다, 첨부하다

tense
긴장한, (줄 등이) 팽팽한

furious
몹시 화가 난, 맹렬한

fond
좋아하는, 정다운, 다정한

humiliation
창피 줌[당함], 굴욕, 창피

lonely
외로운, 쓸쓸한, 외딴

upset
기분이 상한, 화난; 속상하게 만들다, 뒤집어엎다

lamentable
슬픈, 애처로운, 통탄스러운

delight
기쁨, 즐거움

despair
절망; 절망하다

solitary
고독한, 혼자 있기를 좋아하는

frustrate
실망시키다, 좌절시키다

concerned
염려하는, 걱정하는, 관계하고 있는

pitiful
측은한, 한심한

enthusiastic
열렬한, 열정적인

dread
두려워하다; 두려움, 공포

thrilled
(너무 좋아서) 황홀해 하는, 아주 흥분한

comfortable
편안한

astonished
깜짝 놀란

scared
무서워하는, 겁먹은

emotion
감정, 감동

doprcssed
우울한

misery
고통, 불행, 비참

startled
깜짝 놀란

resent
분개하다, 화를 내다

charm
매력, 주문, 마술; 매혹시키다, 마법을 걸다

bother
괴롭히다, 귀찮게 하다

irritate
화나게 하다, ~을 짜증나게 하다

Step 2 **1.** 3 **2.** 2 **3.** 1 **4.** 2 **5.** 4
Step 3 **1.** 4 **2.** 5 **3.** 2 **4.** 3 **5.** 4
Step 4 **1.** irritating **2.** bother

3. emotions **4.** scared
5. lonely **6.** upset **7.** thrilled
8. attach **9.** despair
10. lamentable

Test 9 정답 p. 149~151

Step 1

mental
정신의, 마음의

abstract
추상적인, 이론적인; 추출하다, 요약하다

hypothesis
가설, 가정, 추측

theoretical
이론의

profound
심오한

contemplate
고려하다, 생각하다, 응시하다

regard
~을 …으로 여기다, 배려하다; 배려, 존경, 관계

concentrate
집중하다, 전념하다

preoccupied
몰두한, 열중하는, 사로잡힌

standpoint
견해, 관점

opinion
의견, 견해

recall
기억해내다, 상기하다, 소환하다

remind
상기시키다

absent-minded
건망증이 심한, 딴 데 정신이 팔린

imaginary
상상에만 존재하는, 가상적인

suppose
가정하다, 상상하다, ~ 을 전제로 하다

assume
추정하다, 가장하다, 맡다

overwhelmed
압도된

probability
확률, 가망성

suggest
제안하다, 시사하다, 암시하다

forecast
예측하다, 예보하다; 예상, 예보

foretell
예언하다

potential
가능성이 있는, 잠재적인

expect
예상하다, 기대하다, 기다리다

anticipate
예상하다, 고대하다

unpredictable
예측할 수 없는

comprehend
이해하다, 파악하다

appreciate
이해하다, 감상하다, 감사하다, 진가를 알아보다

acquaint
숙지시키다

clarify
정화시키다, 이해하기 쉽게 하다

Step 2 **1.** 1 **2.** 3 **3.** 2 **4.** 4 **5.** 4
Step 3 **1.** 4 **2.** 3 **3.** 5 **4.** 2 **5.** 3
Step 4 **1.** clarified **2.** appreciated
　　　　　3. comprehending **4.** expected
　　　　　5. hypothesis **6.** anticipate
　　　　　7. recall **8.** regards **9.** mental
　　　　　10. probability

Test 10 정답　　　p. 163~165

Step 1

obscure
애매한, 불분명한, 희미한, 무명의

ambiguous
애매모호한

manifest
명백한, 분명한; 명백히 하다

undecided
결정하지 못한, 미정의

obvious
분명한, 확실한

vivid
생생한, (빛 색깔 등이) 선명한, 강렬한

conspicuous
눈에 잘 띄는

vague
희미한, 모호한

confused
혼란스러운, 당황한

likely
~할 것 같은; 아마도

prudent
신중한

realize
깨닫다, 알아차리다, 인식하다, (목표 등을) 실현하다

unrealistic
비현실적인

practical
실제적인, 실용적인

logic
논리(학), 논법, 조리, 타당성

rational
합리적인, 이성적인

reasonable
합리적인, 가격이 적당한

definition
정의

intelligence
지능, 지성

genius
천재(성), 특별한 재능

idiotic
바보 같은, 멍청한

option
선택(권)

priority
우선 사항, 우선권

alternative
대안, 양자택일; 양자택일의, 대안의

criterion
기준

infer
추론하다, 암시하다

conscious
의식하는, 자각하는

recognize
알아보다, 인식하다, 인정하다

notice
알아차리다, 의식하다; 주목, 알아챔, 공고(문), 알림, 통지

contempt
경멸, 모욕, 멸시

Step 2 **1.** 2 **2.** 3 **3.** 4 **4.** 2 **5.** 3
Step 3 **1.** 4 **2.** 3 **3.** 2 **4.** 4 **5.** 2
Step 4 **1.** manifest **2.** vivid **3.** vague
4. realize **5.** logic **6.** definition
7. intelligence **8.** genius
9. infer **10.** contempt

Test 11 정답   p. 177~179

Step 1

moral
도덕의, 도덕상의

ethics
윤리학

corrupt
부패하게 만들다, 타락시키다, 부패한; 타락한

alienate
소원하게 만들다, 멀어지게 만들다, 소외감을 느끼게 하다

illusion
환상, 오해, 착각

virtually
사실상, (컴퓨터) 가상으로

confirm
확인하다, 확증하다

belief
믿음, 신념

artificial
인공의, 인위적인

genuine
진짜의, 진실한

indubitable
의심할 나위 없는, 확실한, 명백한

skeptical
의심 많은, 회의적인

suspect
의심하다, 혐의를 두다; 용의자

distrust
불신하다; 불신

incredible
믿을 수 없는

require
요구하다, 필요로 하다

essential
필수적인, 본질적인, 근본적인

convenient
편리한

assure
장담하다, 확언시키다

correct
맞는, 올바른; 바로잡다, 정정하다

evaluate
평가하다, 감정하다

assess
평가하다

estimation
판단, 평가

core
속[심], 중심부, 핵심; 핵심적인, 가장 중요한

Step 2   **1.** 3   **2.** 2   **3.** 2   **4.** 4   **5.** 2
Step 3   **1.** 3   **2.** 4   **3.** 2   **4.** 3   **5.** 3
Step 4   **1.** ethics   **2.** illusion   **3.** belief
        4. incredible   **5.** convenient
        6. core   **7.** estimation
        8. essential   **9.** require
        10. assessed

Test 12 정답   p. 189~191

Step 1

fit
(모양, 크기가 어떤 사람 또는 사물에) 맞다; 건강한, 알맞은

grade
품질, 등급, 성적, 학점, 학년; ~의 등급을 매기다

primary
주된, 초기의, 초등의

apologize
사과하다, 변명하다

worthwhile
~ 할 가치가 있는

actuality
실재, 현실

wonder
궁금하다, 궁금히 여기다; 경이, 놀라움

approximate
거의 정확한, 근사치인; (수량 등이) ~에 가깝다

prove
증명하다, 드러나다, 판명되다

fallacy
틀린 생각, 오류

deserve
~을 받을 만하다

necessitate
~을 필요하게 만들다

cherish
소중히 여기다

futile
쓸모없는, 하찮은

depreciate
가치가 떨어지다, 가치를 떨어뜨리다

trivial
사소한, 하찮은

desperate
필사적인, 절박한, 자포자기의

deceive
속이다, 기만하다

honest
정직한, 솔직한

mercy
자비

prefer
~을 선호하다

duplicate
복사하다, 복제하다; 복사의, 복제의; 복사본, 복제품

fortunate
운이 좋은

reward
보답하다, 보상하다; 보상(금), 사례(금)

Step 2   **1.** 4   **2.** 2   **3.** 2   **4.** 3   **5.** 3
Step 3   **1.** 5   **2.** 4   **3.** 3   **4.** 1   **5.** 4
Step 4   **1.** duplicated   **2.** prefer
        3. mercy   **4.** desperate   **5.** trivial
        6. cherished   **7.** necessitated
        8. approximate   **9.** prove
        10. graded

Test 13 정답　　　　　p. 205~207

Step 1

laundry
세탁물, 세탁소, 세탁업

stain
(지우기 힘든) 얼룩; 얼룩지게 하다, 더럽히다

withstand
저항하다, 참다, 견디다

remain
계속 ~이다, 여전히 ~이다, 남다, 남아 있다

trim
다듬다, 손질하다; 정돈, 손질; 잘 가꾼, 깔끔한

garbage
쓰레기

drain
물을 빼내다, 배수하다; 배수관

leak
새게 하다, 새다

overflow
넘쳐흐르다

sanitary
위생의, 위생적인

cupboard
찬장, 벽장

pottery
도자기, 도기류, 도예

kettle
주전자

nutrient
영양소, 영양분; 영양이 되는

beverage
(물 이외의) 음료, 마실 것

flour
밀가루

acid
산; 맛이 신, 산성의

nourish
영양분을 공급하다

vacuum
진공; 진공청소기로 청소하다

typical
전형적인, 대표적인, 특유의

poke
찌르다, 쑤시다, 불쑥 내밀다; (손가락 등으로) 찌르기, 쑤시기

grind
갈다, 빻다; 갈기, 빻기

impose
부과하다, 강요하다

accustomed
익숙해진

disgusting
역겨운, 구역질나는

tempt
유혹하다, 유도하다

decoration
장식(품)

arrange
정리하다, 배열하다, 마련하다, 주선하다, 편곡하다

antique
골동품인, 고대의; 골동품, 고대 유물

perfume
향수, 향기; 향기를 풍기다, 향기롭게 하다

Step 2　1. 3　2. 5　3. 5　4. 2　5. 2
Step 3　1. 5　2. 5　3. 2　4. 5　5. 4
Step 4　1. antiques　2. tempted
　　　　　3. typical　4. beverage　5. drain
　　　　　6. overflow　7. garbage
　　　　　8. remain　9. leak　10. flour

Test 14 정답　　　　　p. 217~219

Step 1

effective
효과적인, 법이 시행되는, 유효한

coarse
(피부나 천이) 거친, (알갱이, 가루 등이) 굵은, 조잡한

frame
틀, 액자, 뼈대, 구조

household
가정, 가구(家口), 세대(世帶)

dwell
살다, 거주하다, 곰곰이 생각하다

permit
허락하다, 허용하다

distract
산만하게 하다, 주의를 딴 데로 돌리다

mess
엉망인 상태, 혼란; 엉망진창으로 만들다

ventilation
통풍, 공기의 환기

absorb
흡수하다

furnish
제공하다, 공급하다, 가구를 비치하다

organize
준비하다, 조직하다, 구성하다

conserve
보호하다, 보존하다, 아끼다; 설탕절임, 잼

occupy
(시간, 공간을) 차지하다, 종사시키다

costume
의상, 복장

sew
바느질하다

routine
틀에 박힌 일; 틀에 박힌

detect
발견하다, 탐지하다

available
이용 가능한, 입수할 수 있는

impending
임박한, 곧 닥칠

indifference
무관심, 무심

approval
인정, 찬성, 승인

persist
집요하게 계속하다, 끈질기게 계속하다, 지속되다

sibling
(남녀의 구별 없이) 동기, 형제, 자매

Step 2 **1.** 5 **2.** 4 **3.** 3 **4.** 5 **5.** 5
Step 3 **1.** 4 **2.** 5 **3.** 2 **4.** 5 **5.** 5
Step 4 **1.** persist **2.** indifference
3. approval **4.** conserve
5. absorbs **6.** costume
7. sew **8.** routine
9. available **10.** household

Test 15 정답   p. 233~235

Step 1

entertain
즐겁게 해주다, 접대하다

interrupt
방해하다, 중단시키다

belong
~에 속하다, ~에 소속감이 들다

privilege
특권, 특전, 특혜; 특권[특전, 특혜]을 주다

prevalent
유행하는, 우세한

restrain
저지하다, 억제하다

audience
청중, 관중

undergo
(곤란, 어려움 등을) 겪다, 당하다

criticize
비판하다, 비난하다, 비평하다

popular
인기 있는, 대중적인

role
역할, 배역

award
상, 상금; 상을 수여하다

cue
신호, 암시, 단서, (연극) 큐, (당구 등의) 큐[채]; 신호를 주다

admire
감탄하며 바라보다

celebration
축하

burst
갑자기 터지다, 파열하다, 갑자기 ~하기 시작하다; 돌발, 파열

magician
마술사, 마법사

interfere
방해하다, 간섭하다, 참견하다, 개입하다

disturb
방해하다, (질서를) 어지럽히다

dedicate
(시간, 노력, 정성 등을) 바치다, 전념하다

assemble
조립하다, 모으다, 집합시키다

intent
집중된, 몰두한, 여념이 없는; 의도

meditate
명상하다, 묵상하다, 심사숙고하다

subscribe
구독하다(to), 가입하다, 기부하다

deliver
배달하다, 구출하다, 연설하다, (아기를) 분만하다

float
(물 위나 공중에서) 뜨다, 떠가다

journey
여행, 이동; 여행하다, 이동하다

reveal
(비밀 등을) 폭로하다, 누설하다

expedition
탐험(대), 원정(대)

accommodation
적응, 조화, 숙박 시설

Step 2   **1.** 4   **2.** 2   **3.** 5   **4.** 4   **5.** 5
Step 3   **1.** 5   **2.** 3   **3.** 2   **4.** 5   **5.** 3
Step 4   **1.** magician   **2.** interfere
       3. celebration   **4.** delivered
       5. expedition   **6.** accommodation
       7. subscribe   **8.** assemble
       9. dedicated   **10.** popular

Test 16 정답   p. 247~249

Step 1

accomplish
완수하다, 성취하다

destination
목적지, 도착지

exotic
이국적인

pack
짐을 싸다, 꾸리다, 챙기다. 포장하다

astray
길을 잃은, 타락한; 길을 잃고, 못된 길에 빠져

abroad
해외에(서), 해외로

compete
경쟁하다, 겨루다

encourage
격려하다, 용기를 북돋우다

failure
실패, 실패자

participate
참가하다

prepare
준비하다, 대비하다

aim
겨냥, 목표; 겨냥하다, ~을 목표로 하다

deliberate
신중한, 고의의; 신중히 생각하다

strategy
전략

leap
뛰어오르다, 도약하다; 도약, 비약

accurate
정확한, 정밀한

advantage
유리한 점, 이점

exhausted
소진된, 고갈된

triumph
승리, 대성공

reject
거부하다, 거절하다

retain
계속 유지하다, 보유하다, 기억하다

affect
~에 영향을 미치다, ~인 체 하다

dramatic
극적인, 연극의, 감격적인

practice
연습하다, 실천하다, 개업하다; 연습, 관행, 습관, 개업, 실천

cease
멈추다, 중단시키다; 중지

complete
완료하다, 작성하다; 완전한

continuous
계속되는

hesitate
망설이다, 주저하다

consequence
결과, 중요성

impact
영향, 충격, 충돌; 영향을 미치다

Step 2 **1.** 5 **2.** 4 **3.** 2 **4.** 5 **5.** 4
Step 3 **1.** 3 **2.** 2 **3.** 2 **4.** 5 **5.** 2
Step 4 **1.** exhausted **2.** prepare **3.** aim
4. retains **5.** triumphs **6.** cease
7. continuous **8.** hesitate

9. consequence **10.** affect

Test 17 정답 p. 263~265

Step 1

absence
결석, 부재

attendance
출석, 참석

register
등록하다, 등기로 하다; 등록, 등기

relief
안도, 안심, 경감, 완화

assign
할당하다, 배정하다, 임명하다, 지정하다

recess
휴식, 휴회

private
개인적인

peer
동등한 사람, 동료, 또래; 자세히 들여다보다

analyze
분석하다, 분해하다

survey
(설문)조사; 조사하다

submit
제출하다, 굴복하다, 복종하다

enroll
등록하다, 입학하다

tuition
수업료, 수업, 교습

tolerate
참다, 견디다, 묵인하다

compulsory
강제적인, 의무적인

intention
의도, 목적

supervise
감독하다

desire
바라다, 갈망하다; 욕구, 욕망

nervous
초조해하는, 긴장하는, 신경의

achieve
성취하다, 달성하다

regulate
규제하다, 단속하다, 조절하다

engage
참여시키다, 종사시키다, 고용하다, 약속하다, 약혼하다

agent
대리인, 중개상, 에이전트, 중요한 작용을 하는 사람

stimulate
자극하다, 격려하다

inspire
고무하다, 격려하다, 영감을주다

overbear
제압하다, 압도하다, 눌러대다

commemorate
(중요인물, 사건을) 기념하다

aptitude
소질, 적성, 재능

lecture
강의, 강연; 강의하다, 강연하다

instruct
가르치다, 지시하다

Step 2 **1.** 3 **2.** 4 **3.** 3 **4.** 5 **5.** 5
Step 3 **1.** 5 **2.** 3 **3.** 2 **4.** 5 **5.** 3
Step 4 **1.** regulate **2.** aptitude
　　　　　3. supervised **4.** intention
　　　　　5. overbore **6.** enroll
　　　　　7. engages **8.** peers
　　　　　9. tuition **10.** commemorate

Step 1

scholarship
장학금, 학문

semester
학기

graduate
졸업하다; 대학 졸업자, 졸업자

reluctant
꺼리는, 마지못해 하는

esteem
존경하다, 존중하다; 존경, 존중

review
다시 보다, 재검토하다, 비평하다, 복습하다; 재검토, 비평

ignorance
무지, 무식

indicate
가리키다, 나타내다, 표시하다, 암시하다

inform
알리다, 통지하다

enable
~할 수 있게 하다

academic
학교의, 학문의, 학구적인

formula
공식

chemistry
화학

anthropology
인류학

physics
물리학

encyclopedia
백과사전

biologist
생물학자

record
기록하다, 녹음[녹화]하다; 기록, 녹음, 녹화, 레코드, 음반

ridicule
비웃다, 조롱하다; 조롱, 조소

burden
짐, 부담

deviant
벗어난, 일탈적인

obligation
의무, 책임

novel
새로운, 참신한; 소설

terminate
끝나다, 종료되다

biography
전기

circumstance
사정, 상황, 환경

initiative
주도(권), 솔선

thesis
학위 논문

incessant
끊임없는

conclude
결론을 내리다, 끝내다, 결정을 내리다

Step 2 **1.** 3 **2.** 5 **3.** 5 **4.** 5 **5.** 4
Step 3 **1.** 3 **2.** 1 **3.** 5 **4.** 4 **5.** 4
Step 4 **1.** concluded **2.** incessant
　　　　　 3. initiative **4.** physics
　　　　　 5. encyclopedia **6.** formula
　　　　　 7. anthropology **8.** inform
　　　　　 9. enables **10.** novel

Test 19 정답　　　p. 291~293

Step 1

identification
신원확인, 신분증명

population
인구

starve
굶주리다, 굶어 죽다

neglect
소홀히 하다, 방치하다; 방치, 소홀, 무시

support
후원하다, 부양하다, 떠받치다; 후원, 부양, 떠받침

contribute
기부하다, 공헌하다, (잡지 등에) 기고하다

donate
기부하다, 기증하다

grant
수여하다, 인정하다, 허락하다

guard
경비, 경호원, 보초; 지키다, 보호하다, 경비를 보다

protect
보호하다, 지키다

rescue
구출하다, 구조하다; 구출, 구조

resolve
결심하다, 결정하다, 해결하다

controversial
논란의 여지가 있는

restore
복구하다, 회복하다, 반환하다

rehabilitate
회복시키다, 복원시키다, 재활 치료를 하다

repair
수선하다, 수리하다; 수선, 수리

search
찾다, 뒤지다, 조사하다; 찾기, 수색, 검색

selfish
이기적인

abandon
버리다, 포기하다

shelter
피신처, 쉼터; 보호하다, 피하다.

obstacle
장애(물), 방해(물)

imminent
금방이라도 닥칠 듯한, 임박한

crisis
위기

discretion
신중함, 자유재량

Step 2 **1.** 4 **2.** 5 **3.** 4 **4.** 4 **5.** 5
Step 3 **1.** 4 **2.** 5 **3.** 4 **4.** 2 **5.** 1
Step 4 **1.** discretion **2.** rehabilitate
　　　　 3. controversial **4.** population
　　　　 5. obstacle **6.** crisis
　　　　 7. imminent **8.** abandon
　　　　 9. rescue **10.** protect

Test 20 정답　　　　　p. 303~305

Step 1

compensate
보상하다, 배상하다, 보충하다

cope
잘 치러하다, 수습하나

alert
방심하지 않는, 경계하는; 경계태세; 알리다, 경보를 발하다

caution
조심, 경고, 주의; 주의를 주다

warn
경고하다

negligence
부주의, 태만, 무관심

destroy
파괴하다

wreck
난파선, 사고 자동차, 잔해, 파멸; 망가뜨리다, 파괴하다

smash
박살나다

collapse
붕괴되다, 가구가 접히다; 붕괴, 몰락

spill
흐르다, 쏟아지다, 흘리다, 쏟다

threaten
협박하다, 위협하다

escape
달아나다, 탈출하다, 피하다

related
관련된, 친척의

accuse
고발하다, 비난하다

damage
손상, 피해; 손상을 입히다

worsen
악화되다, 악화시키다

hardship
어려움, 고난

regret
후회하다, 유감스럽게 생각하다; 후회, 유감

quit
그만두다, 멈추다

arise
발생하다, 일어나다

advent
도래, 출현

appraise
값을 매기다, 감정하다

induce
유발하다, 설득하다, 귀납하다

Step 2 **1.** 3 **2.** 4 **3.** 5 **4.** 5 **5.** 4
Step 3 **1.** 4 **2.** 5 **3.** 2 **4.** 2 **5.** 5
Step 4 **1.** regret **2.** advent **3.** accused
　　　　 4. appraise **5.** caution
　　　　 6. wrecked **7.** alert **8.** warned
　　　　 9. cope **10.** arise

Test 21 정답 p. 319~321

Step 1

theft
절도

pirate
해적, 저작권 침해자; 불법 복제하다

rob
털다, 강탈하다

steal
훔치다, 도둑질하다

trespass
무단 침입하다; 불법 침입

convey
나르다, 수송하다, 나타내다

illegal
불법적인

offense
위반, 범죄, 무례, 공격

guilty
유죄의

witness
목격자, 증인, 증거, 증언; 목격하다, 증언하다.

anonymous
익명의, 본명을 밝히기를 꺼리는

investigate
수사하다, 조사하다

probe
면밀히 조사하다, (진상 등을) 규명하다; 탐사, 면밀한 조사

punish
처벌하다, 벌주다

imprisoned
수감된

attempt
시도하다; 시도

prohibit
~을 금지시키다

trial
재판, 시도, 시험, 시련

client
의뢰인, 고객

swear
맹세하다, 욕하다

judge
~을 재판하다, 판단하다; 재판관, 판사, 심사위원, 심판

awaken
깨다, 깨우다, 감정을 불러일으키다

justice
공평성, 정의

unfairness
불평등, 부당성

enforce
법률을 집행하다, 시행하다, 강요하다

abolish
(법률, 제도 등을) 폐지하다

involve
포함시키다, 필연적으로 수반하다, 관련시키다, 참여시키다

bury
묻다, 매장하다

manipulate
조종하다, 조작하다, (기계 등을) 솜씨있게 다루다

capable
~할 수 있는

Step 2 1. 3 2. 4 3. 2 4. 5 5. 2
Step 3 1. 3 2. 4 3. 5 4. 3 5. 2
Step 4 1. capable 2. justice
3. witness 4. awakened
5. steal 6. enforce
7. manipulate 8. guilty
9. swear 10. trespassed